赚1000元的
1000种方法

［美］弗朗西斯·米纳克／著　潘强／编译

时事出版社
北京

图书在版编目（CIP）数据

赚1000元的1000种方法 /（美）弗朗西斯·米纳克（F.C.Minaker）著；潘强编译.—北京：时事出版社，2023.5（2024.2重印）

ISBN 978-7-5195-0517-2

Ⅰ.①赚… Ⅱ.①弗… ②潘… Ⅲ.①私人投资–通俗读物 Ⅳ.① F830.59-49

中国版本图书馆 CIP 数据核字（2023）第 067000 号

出版发行：时事出版社
地　　址：北京市海淀区彰化路 138 号西荣阁 B 座 G2 层
邮　　编：100097
发行热线：（010）88869831　88869832
传　　真：（010）88869875
电子邮箱：shishichubanshe@sina.com
网　　址：www.shishishe.com
印　　刷：河北省三河市天润建兴印务有限公司

开本：670×960　1/16　印张：19　字数：302 千字
2023 年 5 月第 1 版　2024 年 2 月第 3 次印刷
定价：65.00 元
（如有印装质量问题，请与本社发行部联系调换）

出版说明

第一次知道本书，是源自于一部纪录片《成为沃伦·巴菲特》。片中讲述了沃伦·巴菲特7岁时曾读过一本书，名为《赚1000元的1000种方法》。他通过阅读此书，发现了复利赚钱的魔力。据《财富》杂志介绍，巴菲特"几乎可以全篇背诵它"。维基百科也介绍这本书"成功激发了沃伦·巴菲特对赚钱的兴趣"。

经过详细了解，本书的原作者是美国的弗朗西斯·米纳克，出版于1936年，已经绝版，但译者经过一番努力，终于找到此书，仔细阅读后感受颇深。该书讲述的是普通人如何用较少的资本去创业，他们投资的业务很普通，都是从自己熟悉的领域开始的。

本书诞生于八十多年前，虽时过境迁，但作为一本创造财富的启蒙书，它蕴含着深刻的哲理。全书列举了数百个通俗易懂的案例及方法，对普通的创业者而言，这是个不错的参考。

目录
CONTENTS

/ 赚1000元的1000种方法 /

第一章

如何创业	003
金钱的故事	004
赚钱第一步	005
如何开始赚钱	006
为创业筹集资金	007
现金出纳机的故事	009
彭尼如何赚到第一笔1000美元	011
"晨光"番茄汁的故事	012
伟大的沃纳梅克如何开始创业	013
麦克杜格尔太太变38美元为100万美元	014
奥托·施纳林如何赚到第一笔1000美元	015

第二章

商业销售	019
优秀销售员的资格	021
获得空白订单上的名字	022
决定卖什么	024
每个女性都是袜业的潜在客户	025

克服价格异议 ……………………………… 027
如何销售"定制"西装 …………………… 028
销售苗木的正确和错误方法 …………… 030
销售女装重现辉煌 ………………………… 032
无店制鞋业 ………………………………… 033
詹姆斯·霍纳成为"奖品专家" ………… 035
销售灭火器获利 1000 美元 ……………… 036
销售修补液 ………………………………… 037
把商店带给顾客 …………………………… 038
科尔德如何赚取第一笔 1000 美元 …… 040
利用老客户获取新客户 …………………… 041
古董回归 …………………………………… 042
沙利文的催收系统 ………………………… 043
华夫斯是如何销售防蛀片 ……………… 044
工作制服的可能性 ………………………… 046
5 美元开启邮票交易 ……………………… 047
"吸引人"的卡片商品 …………………… 048
肥皂销售"险中求胜"获成功 …………… 050
每个男人都需要衬衫 ……………………… 051
年轻男孩赠送女孩的礼物 ………………… 053
艾丁格通过销售贺卡赚钱 ………………… 054

第三章

销售自制品 ………………………………… 059
免费手工艺品培训 ………………………… 060
提供满足市场需求的产品 ………………… 061
比利·范和他的"松树"肥皂 …………… 062
纳普专营鸡肉压碎生意 …………………… 063
开一家馅饼面包店 ………………………… 064
每月 100 美元的制毡工作 ………………… 065
开发一项特色食品业务 …………………… 066
利用旧轮胎赚钱 …………………………… 067

在社区营销手工艺品 ………… 068
鸟屋建筑师 ………… 069
自制软糖生意 ………… 070
去哪儿兜售糖渍爆米花 ………… 071
开办洋娃娃修理店支付手术费 ………… 072
为黑面包和烤豆交税 ………… 073
蛤蜊壳可以用来做什么 ………… 074
托斯代尔姐妹自制华丽的枕头实现巴黎之行… 075
制作微型古董复制品 ………… 076
擅长制作"汉堡" ………… 078
蚀刻瓶子和盒子易于销售 ………… 079
锻铁住宅标识引领时尚潮流 ………… 080
詹姆斯·麦克的三明治吧 ………… 081
甜甜圈带来利润 ………… 082
残疾人电动轮椅 ………… 083
其他100件容易制作的东西 ………… 084

第四章

养殖适合市场销售的产品 ………… 091
戴维斯培育堇菜以供应市场需求 ………… 092
地图销售员学习如何饲养和销售肉鸡 ……… 094
福克斯太太的水貂牧场 ………… 095
山羊乳制品——未来有利可图的行业 ……… 097
山羊奶酪的商机 ………… 099
与众不同的家禽农场 ………… 100
通过邮件销售"斗"鱼 ………… 101
养狗获得的乐趣和收益 ………… 102
靠养蜂赚钱 ………… 105
养兔子销售兔毛 ………… 107
"剑兰"花园带来的欢乐和利润 ………… 108
通过经营药草园赚钱 ………… 109
养金鱼赚取奖励 ………… 110

火鸡的清理工作 …………………………… 112
饲养爱尔兰梗犬 …………………………… 113
种植蘑菇实现快速盈利 …………………… 115
广告让农场盈利 …………………………… 116

第五章

关于发明和专利 …………………………… 121
专利相关的因素 …………………………… 122
申请专利的成本 …………………………… 125
改进的专利产品更畅销 …………………… 125
伯特·庞德的爱好成就一项事业 ………… 126
电子玩具在道富街大卖 …………………… 128
丁斯代尔通过削木材创造利润 …………… 128
鞋子防磨器开创新事业 …………………… 130
科尔曼靠抛光剂赚了1000美元 …………… 131
罗伊顿太太的纽扣眼羔羊 ………………… 132

第六章

经营路边摊生意 …………………………… 137
"谷仓销售"创造丰厚利润 ………………… 139
路边轮胎修理店 …………………………… 140
果岭用于高尔夫球练习 …………………… 141
利用路边摊卖鱼饵 ………………………… 142
开高尔夫球场向"驻足练习击球的人"收费 … 142
吸引顾客 …………………………………… 143
路边书店 …………………………………… 144

第七章

经营零售店 ………………………………… 147
决定开什么类型的商店 …………………… 148
选择最佳地理位置 ………………………… 150

商店经营成功的秘诀 …………………… 151
保持商品流动 …………………………… 152
创办邮票店 ……………………………… 153
开杂货店赚钱 …………………………… 154
经营礼品店的"来龙去脉" …………… 156
建立客户群 ……………………………… 157
如何成为女服胸衣商 …………………… 158
开办二手杂志店 ………………………… 160
关注利润 ………………………………… 160
销售优质汉堡 …………………………… 161
轻松开设销售黄油和鸡蛋的商店 ……… 162
通过广告吸引客户 ……………………… 163
袜吧 ……………………………………… 164
销售大码男装的店铺 …………………… 165
化妆品专区 ……………………………… 166
宠物店通过展示笼中鸟赚钱 …………… 167
利用狗展增加利润 ……………………… 167
养殖热带鱼获利 ………………………… 168

第八章

推广小型业务 …………………………… 173
表演技巧在商业中的作用 ……………… 174
利用奖品促销 …………………………… 175
直邮广告 ………………………………… 177
通过比赛增加商店客户名单 …………… 178
如何利用报纸广告赚钱 ………………… 179
哈丁如何经营餐馆 ……………………… 180
改变策略开启洗衣房走向巅峰之路 …… 181
30美元广告开启米洛·琼斯香肠生意 … 182
满足儿童需求的餐厅 …………………… 183
可回收容器促进销售 …………………… 183
一次广告冒险为韦伯面包店开辟了成功之路 … 184

每月150美元广告费如何创造出1000万美元的企业 ·············· 185
露天市场增加额外利润 ·············· 186
与美食共度美好时光 ·············· 186

第九章

通过邮购销售商品 ·············· 191
邮购业务的要点 ·············· 192
再次订购的重要性 ·············· 193
编写"文案"用于邮购销售 ·············· 194
邮寄销售可获利商品 ·············· 195
引人注目的推销信 ·············· 197
编写优秀推销信的技巧 ·············· 199
太多的"你"比太多的"我们"更糟糕 ·············· 200
让别人大声赞美你 ·············· 201
请求订单 ·············· 202
业余生意发展成世界上最大的邮购公司 ·············· 203
拥有百万客户的单人生意 ·············· 206
吸引农民的诀窍 ·············· 207
利用无线电增加消费者数量 ·············· 208

第十章

出售个人服务 ·············· 211
查宾创业起点源于培训课程 ·············· 212
一天提供一朵鲜花服务 ·············· 214
清洗地毯是一项快速盈利的生意 ·············· 215
创办包装品配送服务业 ·············· 217
为"难以找到合适衣服"的女人制衣 ·············· 218
组建射箭俱乐部 ·············· 219
代写生意 ·············· 221
快照支付假期账单 ·············· 222

遛狗 ·········· 223
一辆旧卡车可以做什么 ·········· 223
从事全国易货业务的交易员 ·········· 224
大有可为的男孩俱乐部 ·········· 225
如何开始明信片广告服务 ·········· 226
把节目带给观众 ·········· 227
点石成金 ·········· 228
卡车菜园俱乐部 ·········· 229
为餐馆规划"小型晚餐" ·········· 230
开在卡车上的"修理"店 ·········· 231
用"小额资金"开办艺术学院 ·········· 232
迎合学童需求 ·········· 233
将天赋转化为利润 ·········· 234
专攻小狗素描 ·········· 236
关于"手提袋"的新观点 ·········· 237
为母亲服务成为一门生意 ·········· 238
在商店里放一张台球桌 ·········· 239
流动图书馆的成功取决于满足客户喜好 ·········· 240
为艺术家提供剪报服务 ·········· 241
65岁开始印刷业务 ·········· 243
做一个"自由摄影师" ·········· 245
销售信息 ·········· 246
寻找稀有硬币 ·········· 247
开在家里的手工店 ·········· 249
捕虾女 ·········· 250
租赁轮胎解决销售问题 ·········· 250
52种女性赚钱的方法 ·········· 251

第十一章

支付大学学费 ·········· 263
利用街拍支付大学费用 ·········· 264
制作活动百叶窗支付学费 ·········· 265

玛莎·霍普金斯开办商品交易会助力支付学费
………………………………………… 266
在路边石上印门牌号赚钱 ………… 267
畅销的体育图片 …………………… 268
利用冰淇淋机支付大学费用 ……… 269
兼职"代理父母"赚钱 …………… 270
从衣领行业获利 …………………… 271
芬顿太太的蔬菜罐头生意 ………… 272
为家庭主妇提供"家政服务"解决大学学费
问题 ………………………………… 273
销售核桃赚取大学费用 …………… 274
通过汽车抛光赚学费 ……………… 275
赚取大学学费的 101 种方法 ……… 276

第十二章

赚取第一个 1000 美元后续 ……… 283
来自资深金融家的好建议 ………… 284
你无法与"共同筹集资金的人"抗衡 … 285
具体投资实例 ……………………… 286
商人的最佳投资 …………………… 287
迎风抛锚 …………………………… 288

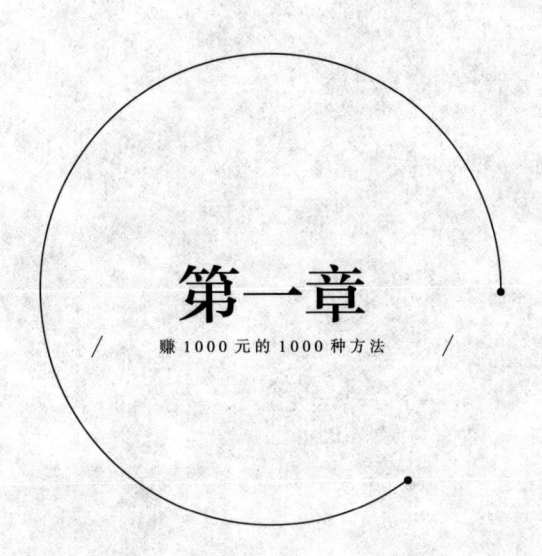

第一章

赚1000元的1000种方法

第一章

如何创业

当年轻的古斯塔夫斯·斯威夫特成功售卖第一头小牛给科德角的渔民时，这为他创办世界最大的肉类包装企业奠定了基础。赚钱的欲望是年轻的斯威夫特走向成功的动力。在巴恩斯特布尔，他被认为是一个很有魄力的人。毋庸置疑，当他想要赚钱时，不是浪费时间在许愿上，而是鼓起勇气在自家后院做起了牛肉加工生意。

毫无疑问，巴恩斯特布尔的其他年轻人也很想赚钱，当他们还在琢磨该怎么办时，斯威夫特就已经下定了决心。这对他来说是一份工作，但并不轻松，因为可能会面临被加工过的牛肉没有及时卖出的困境。当时的科德角是一个地广人稀的地方，他不得不步行数英里去推销牛肉。但他并不在乎，因为他想要赚钱，他认为赚钱是一件有趣的事。他与当下的年轻人截然不同！通常后者对玩乐更感兴趣，因为创业有太多限制，他们更愿意享受生活，将明天视为新的一天作为自己的哲学理念。如果他们尽我所能去赚钱，相信他们也会变得很富有。

还有一些人为了赚钱而努力工作，却没有成功，原因是缺少目标。他们就像拿着猎枪的猎人，频繁射击，却收获很少。因此，除了愿意为成功而努力工作外，更重要的是要有一个明确、清晰的目标。因为只有先学会爬才能走，所以建议你将目标定为1000美元。

你可能会说，为什么止步于1000美元？为什么不是10万美元呢？虽然把眼光放高有好处，但也容易偏离轨道。设定一个你能达到的目标，完成第一个目标后，再考虑下一个目标。因为创业初期你会遇到许多挫折，如果你有一个触手可及的目标，将有助于你渡过创业挫折期。

金钱的故事

既然这是一本关于赚钱的书,就会频繁提到钱,它是为了让人们清楚地认识到金钱的本质。金钱既不能吃,也不能穿,除了用来交换所需的物质,别无他用。但金钱可以充当任何物质,这就是称它为"交换媒介"的原因。在早期的美国西部,威士忌可以用来充当货币,便有了一则农场称其价值为桶装威士忌的广告;印第安人后用珠子作为交换媒介,曼哈顿岛就是用珠子交易来的。硬币首次被作为货币使用要早于耶稣基督的诞生。为了省去计量每枚硬币来确定其价值的麻烦,政府统一在硬币上做印记,人们就可以在不称量的情况下进行交易。即使在今天,英国的银行也会对所有递交上来的金币进行称重,以确定其磨损程度。

英国是最早使用信贷货币作为交易媒介的国家之一。人们把银币拿到财政部,换取一根计数棒。根据借给政府银币的"磅"数,在计数棒上切出缺口。计数棒约有 0.75 英寸见方,10 英寸见长。切出缺口后的计数棒被一分为二,一半挂在财政部,另一半由借出银币的人留存。起初,这些计数棒只是充当收据,一段时间后,人们用它们来交换东西。然后,财政部发行相同银币磅数的计数棒切口——1 磅、5 磅、20 磅等,这比携带实际数量的银币要方便得多。最终,计数棒被纸质收据取代,这就是现代纸币的前身。由于每根计数棒的切口都不一样,因此,当计数棒的主人去财政部取钱时,计数棒上的切口则可证明他是银币的主人。然而,著名的苏格兰银行家约翰·劳认为仍然需要将资金带入下一个发展阶段,因为各种资产担保的票据,往往什么都无法担保。

了解目前货币制度的发展是至关重要的,这样可以知晓它在商业计划中的真实地位。当你决定赚 1000 美元时,考虑的不是 10 张 100 美元钞票的自身价值,而是能用这些钞票买到什么。同样的道理也适用于那些可以提供给你钱的人。人们谈论金钱时,好像金钱很重要,但实际上是在交换服务。所以,能否成功赚到第一笔 1000 美元,取决于你是否有能力做一些对社会有价值的事。人们在意的不仅是金钱,还有他们为此需要付出的代价。

在过去，可以通过制造和出售马车赚钱。从数字上看，从马车行业起步似乎有利可图，但事实并非如此。今天的人们需要飞机、燃油汽车等类似的代步工具，如果两个人在同等条件下开始做生意，一个经营马车生意，另一个经营柴油车生意，那么经营马车生意的人可能只够糊口，永远也挣不了"大钱"。即使经营马车生意的商人足够聪明，人们也不愿意用钱更换马车，而更愿意购买一辆一加仑原油就能跑100英里的汽车。

赚钱第一步

发现赚钱的商机很重要。例如，在加州淘金热时期，奥格登的五金商人靠卖铁铲发家致富。随着人们不断涌向美国西部淘金，商人很快意识到采矿将需要很多铁铲。于是商人买了所有铲子后，再卖掉它们不费吹灰之力。只要登个广告，说有铁铲要卖，采矿人就会从他手里以高价买走。这种商品的销售既不需要任何技巧，也不需要任何商业知识。然而，淘金热早已结束，西部已经安定下来。今天，要想在生意上取得成功，光有存货并不够，你必须知道怎样销售商品才能创造利润。如今，90%的人创业失败，是因为他们无法达到这些要求，尤其是达不到最后的要求。

所以，创业的第一步就是要对创业有所了解。你不需要了解全部，但也要了解一些。幸运的是，你想要了解的知识都可以在书籍和行业期刊中找到。设备制造商通常会向你提供创业所需的必要信息，联邦政府和州政府的出版物对你也会有帮助。因此，你可以阅读有关创业方面的出版物，结合他人经验，从他们失败的地方开始你的计划。

你会发现很多人都在嘲笑从书中学习如何赚钱的想法。他们会告诉你，商业的成功取决于内在交易能力和行动力，还会列举一些一生中虽不曾读过一本书却赚得盆满钵满的商人案例。不要受这些人的影响。通常人们会吸取他人的经验再开始创业，为了缩短自己的创业时间并站稳脚跟。当你读一本关于经商方面的书时，就像被邀请到作者家中，和他坐下来探讨你的问题。只有那些自以为是的人，才会认为这样的思想交流是愚蠢的。为什么要花几百美元去挖掘一个商业想法或是制订一个计划？尝试过这个计划的人会在书中告诉你答案。在书的末尾，你还会发现一些有价值的参考资料，它们会让你避免不幸和损失。

但你要明白，单靠阅读并不能在事业上取得成功。想要赚钱的最佳方法如果不将它付诸实践就毫无价值。毋庸置疑，聪明人想要赚钱的点子多如牛毛，可他们却买不起一辆二手车。这是怎么回事？他们就像发明家一样，永远不会停止发明，直到他们的发明能够转化成产品并出售。其实，把一个可以赚钱的好主意付诸实践胜过美国最聪明的人脑袋里酝酿的1000个主意。

如何开始赚钱

开始赚钱的方法就是行动起来。听起来可能很愚蠢，成千上万想要赚大钱的人没有赚到钱，是因为他们只是在等待这样或那样的时机来临。有的人在等待生意好转，有的人在等待合适的时机。大多数情况下，世上之事没有任何等待的理由，只是把今天应做的事推迟到明天来做比较容易。经商是一场"投入"和"收获"的游戏，除非你"投入"，否则无法"收获"。

人们往往推迟创业，因为他们不能清楚地预见未来，所以会向朋友们寻求帮助。当你咨询朋友时，要明白过分保守是人的特点。你应该记得本杰明·富兰克林，他曾询问他的朋友，对他在费城出版一份报纸的成功机率的看法。他的朋友无一例外地表示反对，理由是费城已经有太多报纸。他们既没考虑富兰克林自身的能力，也没有考虑他是否具备成功的能力。如果他们冷静下来分析一下形势，就会建议他全力以赴去做。事实上，这么多已发行的报纸反而为创办更好的报纸创造了更大的机会！一般来说，大多数人对那些考虑创业的人的建议是"不要创业"。如果你征求别人的意见，几乎一事无成。

真正有资格建议你该做什么的人只有你自己，因为你比任何人都更了解自己，也只有你自己知道有多大决心可以取得事业成功。在最后的分析中，约有90%的成功取决于我们的"勇气"。如果有必要，你是否有"勇气"每天工作18个小时，是否有"勇气"不用钱就可以让你的事业渡过难关。当别人说你只是在浪费时间时，如果你有"勇气"坚持下去，那么很有可能会成功，因为这是成功的基础。

因此，不要一开始就过分忧虑现实或想象中的巨大困难。起航前，不要眺望航线另一端的港口，只要你勇往直前、不断前进，大部分困难都会在你渴望成功的热情和决心面前迎刃而解。你可能会多次改变计划，但这有什么关系呢？最重要的是你已经开始创业了。

接下来，你会从书中读到很多和你一样的人，他们也有想赚1000美元的欲望。有些人靠制作东西赚钱，有些人靠销售东西赚钱；有些人赚得快，有些人赚得慢。你会发现这本书里的每一个故事都有一个共同点，即每个人一旦行动起来，就意味着开始赚钱。如果这些人没有做出创业的决定，就永远赚不到钱。他们的成功始于创业的决定，你们也是如此。

为创业筹集资金

因为缺乏资金，所以有许多好想法想要创业的人会犹豫不前。不可否认资金很重要，缺乏资金是创业失败的主要原因之一。然而，缺乏资金并不会阻碍一个意志坚定的人。俗话说："有志者，事竟成。"

有时候，有创业赚钱的好想法会得到注资。许多著名企业就是这样产生的，海尔斯的根汁啤酒就是一个很好的例子。1877年，查尔斯·海尔斯在一个农舍里发现了根汁啤酒配方，但他从来没有给啤酒做过宣传。一天清晨，《费城公众纪事报》出版人乔治·查尔兹乘坐有轨电车时坐在海尔斯旁边。"海尔斯先生，"他说，"为什么不为你们的根汁啤酒做广告呢？"

"怎么做广告？"海尔斯说，"我没有钱。"

"做广告可以赚钱。到《费城公众纪事报》办公室来，我会告诉会计不要给你记任何广告费用账单，直到你支付得起为止。"

海尔斯先生是个实干家。他知道，不冒险就一事无成，于是他接受了查尔兹的提议。从那时起，《费城公众纪事报》每天都会登一英寸长的根汁啤酒广告，终于初见成效。最后通过广告宣传获得的利润足以结算广告费用，数额达700美元。这确实是一项很好的投资，为海尔斯公司的成立提供了资金基础。10年来，海尔斯先生把所有的利润都投入到广告中，只留下勉强维持生计的收入。他成为美国最大的全国性广告客户之一，每年的广告费用超过60万美元。

当一种产品持续不断有着良好质量口碑时，有时会引起广告代理商的兴趣，为创业者提供信贷。如果一个创意能提供大量广告机会，一些较大的代理机构可能会接受该公司用股票来抵消广告费用。目前市场上以这种方式起步或部分股份归广告公司所有的知名产品有：白速得牙膏、Barbasol剃须刀、宝纳米清洁剂、萨普里奥肥皂、棕榄肥皂和金宝原味豆。大家会注意到，所有这些产品都有两个共同点：一是这些产品可以向公众出售；二是这些产品可以快速重复销售。最后一个条件很重要，通常情况下，确保产品的售价与首次售价相同，才能诱使顾客再次尝试产品。因此，从广告中获利的唯一机会是产品的重复因素。产品必须有真正的价值以及突出的特点，才能便于通过广播或报纸进行大规模推销。

另一种融资方式是成立一家股份制公司，把股票卖给朋友和当地有意投资的商人。在这个计划中，持有自己的投票控制权很重要，否则你会发现，当公司摆脱赤字开始盈利后，你已经出局了。注资成立公司需要两倍资金，而持有51%的普通股或表决权股，就可以用于投资具有创意或专利或任何具有吸引力的行业。其实，最好是在现收现付制的基础上，从企业的收入中为企业融资，而不是组建股份制公司。理由如下：一是当你卖股票给别人时，实际上是把他们当成合伙人。你拥有的合伙人越多，你对企业政策的控制权就越少，发生纠纷的风险就越大。二是除员工外，小股东对企业除初始资本外的贡献很小，没有理由把49%的利润分给他们。他们有权因企业使用他们的资金和所承担风险而获得"租金"，但在一家成功的企业中，普通股股息通常意味着每年百分之几百的回报。

筹集创业资金的最好方法，从长远来看也是最有利可图的方法，就是找到可以销售的产品。让佣金在银行累积，直到所积累的资金足以开始小规模创业。然后，通过一个简单的过程，把利润重新投入到拓展规模中，就像海尔斯先生那样，让企业不断扩大。通过这种方式，在持有控制权的同时，也不必使他人分走大比例收益。

关于这方面，你可在本书的第十二章找到一些可销售产品的建议。如果你缺乏创业所需的资金，也许会在那一章找到答案。通过这个计划，你可以快速积累1000美元或更多的商业资本。

现金出纳机的故事

俄亥俄州代顿市的收银机是美国商业成功的案例之一，而现金出纳机也是对其天才创始人约翰·帕特森的纪念。它证明了一个有想法、有决心的人能够取得成就。1884年，帕特森引进了现金出纳机，没有人认为这是一项有用的发明，因为它的有用性似乎取决于一个假设，那就是商店雇员不诚实才会使用现金出纳机，因而遭到零售人员的强烈反对。

帕特森先生的成功在很大程度上就是将无法克服的异议变成了购买理由。通过教导现金出纳机销售人员向经营者指出，当他们对职员施加诱惑时，他们会和偷走现金的职员一样感到内疚，将异议变成了自己的优势，将矛头指向了老板而不是职员，从而把问题引向企业经营者。一旦找到了解决销售问题的正确方法，业务就开始增长。直到今天，这家伟大的公司在全球销售领域建立的领导地位，可追溯到其将异议变成为购买理由的策略时期。用一位著名现金出纳机销售员的话来说："把递给你武器的人和武器一起捆绑出售。"

现金出纳机不是由约翰·帕特森发明的，他早期从事煤炭生意，40岁来到代顿，以6500美元价格收购了国家制造公司，开始持有现金出纳机的基本专利。这本是一台原始设备，通过在纸条的适当列上打孔来发挥作用，大众似乎对机器根本没有需求，使帕特森对现金出纳机的投资成了笑柄。因为帕特森的同事总是拿现金出纳机开玩笑，同事提出给股票卖方2000美元来解除合同。然而，股票卖方并不愿意。当提议被拒绝后，帕特森下定决心要进入这个行业并取得成功。

幸运的是，帕特森对制造业一无所知。如果他知道，可能就不会去触碰这个行业。在不了解市场对产品需求的情况下，经营一家企业并非易事。1884年12月，他将公司更名为国家现金出纳机公司，从那时起，直到他78岁去世，他一直与现金出纳机相伴——"同睡、同吃、同喝"。没有人能看到现金出纳机的未来，但他拒绝因为别人看不到未来而改变自己的看法。他完全是白手起家，不得不改进那台笨重的旧机器；他必须找到并开发出现金出纳机的市场；他通过广告来推销他的产品；他必须培养销售人员来销售。有人说，他发明了现代推销术，因为在那之前，大多数销售方式都只是接单而已。

到1888年，公司开始变得强大，而且经受住了1893年的恐慌和随后的大萧条考验。帕特森夜以继日地工作，克服了常人无法克服的困难。有时候，如果承认自己有破产的可能，失败就会接踵而来。但他不承认失败，也不能失败。通过不断改进产品、销售方法以及制造设施，他在代顿建立了全球性企业，为帕特森家族赚取了数百万美元，展示了一位有勇有谋的人所能取得的成就。

彭尼如何赚到第一笔 1000 美元

詹姆斯·彭尼第一份工作的月薪为 2.27 美元。32 年后，他成为一家拥有 1000 多名合伙人的大企业的成功领导者。他只是一个乡村小镇的普通男孩，是运气吗？完全不是，这是热情、远见和单一目标相结合，并以行动为后盾的结果。他承认单靠努力工作不会成功，但再加一个明确的目标就会有所成就。

年轻的彭尼在卡拉汉他的朋友经营的商店里当了一段时间店员后，成为了合伙人并管理一家新店。他有 500 美元存款，却远远不够，两位合伙人同意以 8% 的利率借给他资金。然而，精明的彭尼与银行协商，可以以 6% 的利率从银行贷款。

这家新店于 1902 年 4 月 14 日开业，耗资 6000 美元，其中 1/3 由彭尼出资。新店一开业便很成功，第一年的销售额达到 28891.11 美元，彭尼得到的利润远远超过 1000 美元。虽然向客户推销和购买商品这种工作对很多人来说是一件苦差事，但彭尼觉得很有趣。他认为推销商品是他的专长，他只需精力充沛地做好想做的工作。

1904 年，彭尼开了第三家店。这时，卡拉汉和他的合伙人决定分道扬镳，提出把这三家商店的股份卖给彭尼。但彭尼没有足够的钱，出于对彭尼的信任，他们接受了 3 万美元的票据转让。

当时，这些商店被称为黄金法则商店，彭尼一开始就提出了一个不同寻常的想法——管理人员的培养。培养自己的员工，而后派他们去开新店。反过来，他们再培养管理人员，派他们继续去开新店。这样，每一家新店都会累积足够的资金开下一家店。当然，每个开新店的经理都可以分到该店的利润。因此，彭尼培养出的管理人员不仅发展了业务，而且还培养了更多有业务能力的人，这就是想法和远见。看看超过 2.5 亿美元的销售数据，足以说明他的成功。

"晨光"番茄汁的故事

像其他成千上万的家庭一样，伊利诺伊州埃文斯顿的斯尼德一家在大萧条初期也面临困境。斯尼德先生失业了，他的两个儿子准备去达特茅斯发展。意志不坚的家庭会认为"运气"不佳，不再挣扎，但斯尼德夫妇不是轻言放弃的人。

他们经过商量，决定代理一种酸橙饮料，可以和当地的杜松子酒混在一起喝，看看能否将它卖给芝加哥北岸的富人。然而，北岸的富人对斯尼德家族的酸橙饮料不太感兴趣。

一天，斯尼德一家的情绪几乎低落到极点。一个住在州南部农场的朋友送给他们一箱上好的番茄种子。因为不知该拿它们做什么，斯尼德太太决定榨番茄汁。她将几瓶番茄汁送给邻居，邻居对此大加赞赏。这让斯尼德太太开始质疑，也许她的丈夫和孩子们按照固有方式推销酸橙饮料不及兜售番茄汁。由于销售酸橙饮料的生意没有快速好转，他们决定试试斯尼德太太的主意。之所以称它为"晨光"番茄汁，是因为其意寓着无论前一晚多么糟糕，它都能让你在第二天清晨容光焕发。

销售新鲜、自制的番茄汁的想法，从精选的番茄种子压榨成汁开始。斯尼德夫妇自制番茄汁的价格比杂货店高，但没有人抱怨。已故的西蒙斯上校曾说过："价格被遗忘后，人们对质量的回忆依然存在很长时间。"为保证番茄质量，斯尼德夫妇谨慎地与一个种番茄种子的农夫达成协议，以确保最好的番茄品种。他们接管全部番茄作物，进行播种并榨汁。通过这种方式，他们不仅以最低的价格获得了原材料，还制作出味道上乘的番茄汁。最重要的是，他们找到了创业的好点子——一个点子的好与坏可能是成与败的分水岭。

没过多久，斯尼德一家便卖光了在自家厨房制作的番茄汁，因而不得不扩大设施。他们在铁路旁租了一间工厂，开始考虑如何打开全国市场。他们考虑了各种各样的分销方式，考虑通过中间商销售，就像许多食品制造商一样，但是中间商认为他们的价格太高。他们考虑雇用大学生挨家挨户去推销，但这个想法花费太大。最后，他们决定继续使用北岸的计划。

因此，他们在选定的城市中挑选了一些社会知名人士，比如费城的德雷塞尔和比德尔，写信告诉他们"晨光"番茄汁的故事。提供订制番茄汁的想法很有吸引力，订单开始纷至沓来。斯尼德先生得到这些知名人士的支持后，开始进入这些城市的高级酒店销售，为该市第一批家庭提供自制的番茄汁作为早餐。随着其在酒店大受欢迎，"晨光"番茄汁又被推荐给铁路公司。宾夕法尼亚铁路公司一直以来总是挑选最优产品为顾客服务，他们订购了试用装，并将其列在高档列车的菜单上。接着，番茄汁在伊利诺伊州中央车站也颇受欢迎。不仅如此，"晨光"番茄汁还免费获得了价值数千美元的广告赞助。没过多久，斯尼德的生意变得"火爆"起来。在经济大萧条最糟糕的时期，斯尼德一家的创业原本只是权宜之计，而现在已经发展成为一个成熟的企业，不仅经营番茄汁，还经营其他食品。这个家庭来之不易的成功证明了一个经常被忽视的真理：要向大众推销，首先向社会知名人士推销。

伟大的沃纳梅克如何开始创业

约翰·沃纳梅克有 1900 美元存款，而他的妹夫内森·布朗只有 1600 美元，他愿意以合伙的方式冒险支持沃纳梅克。"为什么不创业？"布朗对他的姐夫说。他认为任何时候都是创业的好时机，只要真正开始行动。当时的商业环境很差，许多银行倒闭，随之而来的全国经济大萧条导致失业率上升，制造商和批发商士气低落，尤其是费城，被阴霾笼罩。1861 年，美国内战爆发。然而就在那时，沃纳梅克下定决心签了租约，他的商店开始营业。在他 23 岁时，不管国家大事、商业环境，也不顾朋友们的劝阻，他已经准备好承担商业风险的责任。

店内固定装置售价 375 美元，一些服装面料售价 739 美元。从新店开业到接下来几天都没有生意。虽然很多人经过商店，但很少人进去。账簿上显示，只售出了价值 24.67 美元的"绅士衣领、袖口和领带"。与此同时，约翰·沃纳梅克和他妹夫拼凑起来的 3500 美元也所剩无几，很快他们就要面临关门的困境。

幸运的是，沃纳梅克有机会买到一家服装制造商的股票，该制造商因经济萧条抛售股票。他花了 30 天就成功接手了这支股票，并用仅剩的 24 美元在费城报纸上刊登了 6 则出售股票的广告。刊登的广告达到了他们预期的效果，两周内售完整支股票。

从那以后，沃纳梅克把所有的钱都投入到广告营销中，生意开始越做越大。到 1869 年，沃纳梅克和布朗的公司已成为美国最大的男装零售经销商。今天，沃纳梅克商店依然是世界上最伟大的商店之一，也是信仰广告的一座丰碑。

不断扩张并依靠广告扩大市场是沃纳梅克的销售策略。他的竞争对手认为他的行为很蛮勇，是建立在一种至高无上的信念之上，即相信广告的力量可以增加销量，并认识到销量能吸引销量。当生意萧条或陷入恐慌时，沃纳梅克的策略依然是通过增加销售额而扩大广告投入。

麦克杜格尔太太变 38 美元为 100 万美元

1907 年，纽约市的爱丽丝·富特·麦克杜格尔太太失去了丈夫，她要独自抚养 3 个年幼的孩子。除了做家务，她唯一能做的工作——调制咖啡。虽然只有 38 美元，她决定继续经营丈夫的咖啡生意，但这似乎很难，因为店里的咖啡师表示只做 6 个月就离开。可是 6 个月过去了，她却站稳了脚跟。她不仅克服了这个行业对女性的偏见，而且学会了最简单的经营流程。

麦克杜格尔太太的大部分收入来自俱乐部、医院和疗养院。起初，她通过邮件征求订单，而后意识到必须亲自拜访才能争取更多的业务。创业 2 年后，她的咖啡生意年收入为 2 万美元，但利润很少，因为每磅咖啡的净利润只有 4 美分。几年后，由于咖啡品质好赢得了声誉，她在纽约中央车站开了一家小咖啡店，供应咖啡和简餐。

开店不到1年，咖啡店每个月客流量达到了8000人。渐渐地，这家店发展成为6家连锁餐厅，每家店的布局都是根据典型的欧洲景点设计而成。顾客喜欢这种悠闲的异国情调，人们纷纷涌向她的餐厅。她的餐厅年收入高达168.4万美元。

而后遭遇了大萧条，像其他人一样，麦克杜格尔太太破产了。不过，麦克杜格尔太太并没有被打倒，65岁时东山再起，又成为3家连锁餐馆的女主人。她依然注重餐馆的"氛围"，再次吸引了公众的注意。麦克杜格尔太太又一次踏上了成功之路。

奥托·施纳林如何赚到第一笔1000美元

早在1914年，21岁的奥托·施纳林开始自己创业，但那时只有几美元。他租了一小间办公室，开始做代理商。他克服创业过程中的各种困难，积累经验，然后，他认为真正的"突破"时机来了。1916年，施纳林了解到可以用100美元买一台糖果制作机，他想："已经有人靠做糖果生意发财。"所以他也想做糖果生意。

机器一送来，就被立即投入使用，他做了一批自认为很好吃的糖果。第二天，他拿着这些糖果，和几个店主商定代销糖果的方案。然后他又回到办公室，完成第二批糖果的制作。当他第二次拜访店主时，发现糖果销量并不好。但是，他没有气馁，因为他早已决定要从事糖果制造业。他认为关键是要找出糖果卖不出去的原因，然后才能制作出受欢迎的糖果。

施纳林不经意犯了一个多数人在决定进入任何一个制造行业时都会犯的错误，他只是制作了自己喜欢的产品，而不是大众喜欢的产品。如今有的制造商正在慢慢走向破产，就是因为他们没有遵循这个简单的原则。他们总是试图把自己的想法强加给公众，而忽视了公众的需求。

施纳林很快就发现了自己的错误。他发现只有三种糖果卖得最好，分别是巧克力糖果、焦糖糖果和花生糖果,他开始专注于制作并销售这些类型的糖果。

因为没有预期的那么好,施纳林开始试验各种各样的糖果棒。他花了3年的时间才找到理想的组合——巧克力、焦糖和花生的混合,糖果爱好者对糖果棒的态度,证明了他的试验很成功。后来,他决定给糖果棒取名为"露丝宝贝",因为每个小孩和成人对"宝贝"这个词都很熟悉,而"露丝"这个常见的名字也很容易被大人和小孩读出来。这款糖果棒被定价为5美分,取得的成功立竿见影。

要制作销售量好的糖果,并不一定需要一台糖果制造机。可以从自家厨房开始,遵循上述原则,也许用几天时间就能制作出一种受欢迎的糖果棒配方。糖果配方不受版权保护,但产品的商标名可以在专利和版权局注册,除本人外,任何人不得使用。根据糖果制造商的经验表明,巧克力糖果的销路一直很好。厨房制作的巧克力奶油、焦糖和其他类型的糖果销路都很好,因为它们更新鲜,而且需求无限。当地的商店里总是有代销产品的市场,如果在规定时间内未售出,回收它们也是可以被普遍接受的。

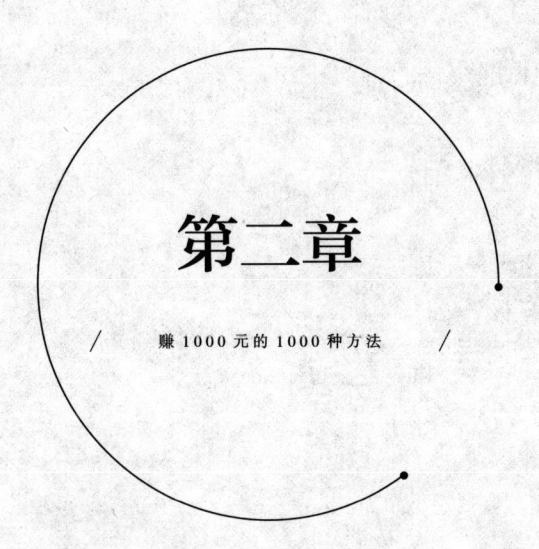

第二章

赚 1000 元的 1000 种方法

商业销售

伐木营地的厨师大喊着:"来拿吧!"军号手便会吹响食堂号角,一大群饥饿的伐木工人就会跑过来吃饭。

同样,如果一个商人能在顾客听得见的地方大喊"来买吧!",就会有顾客被吸引过来,销售就变得简单。正如我们所想,人们有时并不急于购买产品,而是要通过引导和劝说,向他们展示购买的产品,这就是销售员的工作。

人们对销售员的需求无处不在,销售员可以来自各行各业。律师可以放弃原本的职业,转而从事销售,有的已经成功致富;外科医生可以脱下白大褂,成为一名销售员;银行职员因厌倦了坐在玻璃窗后或办公桌前而转向更令自己舒心的销售工作;农民放弃耕作转而从事销售工作等。各行各业的人们会因销售员这个自由的职业而轻行。

很多人放弃其他类型的工作,转而从事销售工作的原因有很多。首要原因是销售员可以自己决定薪资,不必等待老板给你加薪。优秀的销售员几乎可以在任何时候给自己加薪,而且不必像药剂师、餐馆或汽车修理厂员工那样,双休日和节假日还要加班。

在销售领域,你可以成为自己的老板,可以自我设定薪酬目标,就像航行在海上的船长一样,依靠的是自己的判断和能力。当然,还有许多其他事情可以让销售变得更加有趣。你可能会遇到最成功、最有趣、最有影响力的人,可以随时了解世界上正在发生的事情,为你的成功和获取丰厚的薪水奠定基础。

几乎没有人能做到像销售员那般完全独立和可靠,还可以和顾客建立信任和友谊。商人可能会因遭受意外之灾导致生意无法正常经营,或者可能会因产品问题,损失整个季度的利润;随着年龄的增长,外科医生灵巧的双手可能会变得笨拙;律师可能因一个重要案件的败诉而陷入籍籍无名的境地;大雨倾盆或河流泛滥可能会让农民失去整个季节的劳动成果。正如你所知的,销售员的业绩不会受到意外之灾的影响,而是完全取决于客户的信任。

当然，毫无疑问，大多数人从事销售是为了赚钱。但除了赚钱以外，还有满足感和慰藉。曾经有一名保险销售员极力向纽约某报社的员工推销人寿保单，报社的员工盛情难却。保单上有意外事故和疾病条款，承保人在生病或伤残情况下，每月可以得到100美元赔偿。当他签申请书并支付保费时，身体尚佳。可是不到两年时间，他因病住院，每月可以领取100美元的赔偿金。他是不是应该感激那位保险销售员？若不是销售员的坚持，他不仅会损失10个月的收入，而且也没有能力支付昂贵的医药费。然而，在购买保险的人看来，他似乎是在给销售员帮忙。结果，反而是销售员帮了他的忙，他对此一直心存感激。

不久前，一名销售员把收音机卖给了一位跛足、不便出门的老妇人，他怀疑自己是否做得对。因为收音机很昂贵，而她只有微薄的收入。"我想也许我不应该卖给她，很明显她的房子需要重修和粉刷。但当她付钱时，我意识到这台收音机能把世界带到她身边。之后，她告诉我，除了她的丈夫和孩子，收音机就是她生命中最大的乐趣。"

很多人将他们的大部分快乐归功于销售员。想想看，如果房地产销售员没有向人们推销房子，他们可能永远不会拥有自己的房子。想想作为母亲，她们的生活因销售员卖给她们洗衣机、吸尘器或熨衣机而变得更轻松。纽约一家大型广告公司的总裁，他的升迁之路可以追溯到一位销售员向他推销广告函授课程。无数的例子表明，销售员利用自身能力来引导和说服人们采取行动，为人们的生活带来了新的幸福感和满足感。这就是销售带来的乐趣。

优秀销售员的资格

他身材高大、金发碧眼，是一名顶级的销售员。他喜欢与人握手，从不错失结交朋友的机会。他喜欢穿粉红色衬衫，经常参加各种社团和俱乐部活动。他就是人们熟知的典型销售员的样子。另一名顶级的销售员则完全不同。虽然他平时沉默寡言，与人交往时也不够自信，但是擅长销售。每售出一份订单，他就结交一个顾客，并与之成为挚交。

提及这两名销售员是为了强调一个观点，你不必成为一个擅长讲故事的人、擅长喝杜松子酒的人或擅长交流的人，但可以成为一名优秀的销售员。许多优秀的销售员从不喝烈酒，也觉得没有必要参加俱乐部、社团，或出入各种娱乐场所。要想成为一名成功的销售员，甚至不需要有"能说会道的天赋"。实践证明，更多的销售员是因为说得太多而失败。

通俗地讲，一个销售员并不一定要善于"交际"，但不要认为一个吝啬鬼也能成为优秀销售员。其实，善于交际的人和吝啬鬼之间还有一个中间地带。如果喜欢与人会面交谈，不害怕别人对你表现出粗鲁和不悦，不害怕辛苦的工作和学习，对成功有持之以恒的决心，你就具备了成为优秀销售员的最重要品质。

当然，如果你富有想象力，能预见想做之事的内在价值；如果你能用有趣且有力的措辞解释价值观；如果你有天生的领导才能，那就更好了。这些品质很重要，但拥有这些品质的人在销售上取得的成就却很小。

你可能会问什么是"天生的领导才能"？你是否曾经担任过棒球队的队长？你是否总是会在一些小团体、分会、协会或俱乐部担任职务？人们是否会被你吸引并费尽心思想要认识你或取悦你？如果这些都是事实，那么你就是一个天生的领导者，没有比做推销员更好的职业来发挥你的能力了。但是如果你喜欢独处，宁愿阅读有关足球比赛的内容，也不愿去看一场比赛并呐喊助威；宁愿坐在冬夜的炉火旁读一本好书也不愿参加聚会，最好不要尝试从事销售，除非你愿意努力克服自己的天性。

再给你一句忠告：不要太在意朋友对你说的话。许多潜在的优秀销售员都被家长、朋友善意但错误的建议毁掉。毕竟，每个人都要自己决定想做什么，无论是经营零售店、创办企业、经营农场、销售还是其他事情，一旦下定决心，就要勇往直前。如果你属于那种经常因朋友的建议左右摇摆不定的人，那么最好不要尝试成为一名销售员。

获得空白订单上的名字

当你开始从事销售工作时，会发现几乎每个人都会向你口头做一些承诺。你会被告知，"我会记住你的"，或者"当我需要任何东西时，我会告诉你"。人们对你说的真的只是客套话，而当销售员离开后，他们便置之脑后。你必须明白，口头承诺的订单不用支付佣金，不会让工厂的机器转起来。不需要在一系列冗长"回调"的情况下完成销售，这是销售员能够拥有的最大资产。没有这种能力，你只是在推销业务，而不是从事销售工作。有句老话常说，"人人都可以招揽生意，但只有销售员才能完成订单"。

完成交易时要记住的第一件事，是大多数人在做决定时需要一点动力，每个潜在客户的自然倾向都是尽可能地推迟购买。在复活节的前几天，如果一个女人想购买一顶帽子或一件新衣服，她会看遍每一家商店的商品。虽然她渴望拥有一顶新帽子或一件新衣服，如果得不到，她即使会伤心，也会选择再等等，看看能否找到更喜欢的。

作为销售人员，应将"人性至上"这一点牢记于心，帮助人们做决定时要明白坚持和压力的重要性。以一个人买一辆新汽车为例。他可能想买一辆福特、雪佛兰或普利茅斯，但是选哪一款呢？这三辆汽车都有各自的优点，难以抉择。销售员的作用就是让他作出决定，促使他作出决定有一定的方法。譬如，一个销售员可能会说："先生，如果你能确定颜色、轮胎和车身款式的偏好，我直接帮你下单，下周日你就能开上这款车了。"

接下来看看销售员是如何简化潜在客户的决策问题，看看他们推进销售的方法。譬如："考虑一下，让我知道你想要什么样的轮胎和车轮。"洗衣机销售员会说:"琼斯太太,如果你在这份备忘录上签字,周一前就可以把这台洗衣机送到你家地下室,中午以前就能洗好衣服,周一下午你就可以专心地工作了。"

完成订单前,最好让一切变得简单,优先采取一些简单的流程让潜在客户签约。打字机销售员如何才能让一家大公司的总裁相信他的机器是优质的,要知道这家公司大约还有 25 台旧机器需要以旧换新并为其起草相关合同。销售员留意到总裁总是很忙,习惯了别人给他准备好签署"同意"的备忘录。如果销售员等到总裁让人列出所有需要更新的旧打字机并起草合同,他将永远拿不到订单。

销售员从总裁办公室里出来后,撕下一张包装纸,在上面列出了所有需要以旧换新机器的序列号,并在清单上写明:"所有机器可以获得 21 美元的补贴。"回到总裁办公室后,销售员把备忘录拿给总裁看,说道:"您只要签署'同意'即可,我会让你们的采购代理准备好订单。"于是总裁草草签下了他名字的首字母和"同意"备忘录,之后销售员便去找采购代理,让其为这 25 台新打字机准备一份正式的采购订单。由此可见,销售员在销售过程中应想尽办法让采购工作变得简单。

部分潜在客户第一次签署协议时,聪明的销售员会"请求下订单"。如果客户不同意,他会继续解释,甚至在某些情况下,反复提到他之前说过的话,然后再次请求下订单。多数人犯的错误是请求下订单的时间太晚而不是太早。从事销售工作要牢记一点,在你放弃之前,可以重复 5 次请求下订单。通常情况下,潜在客户会佯装需要看一下储备情况,然后再决定;或者他会告诉你,需要确认所需物品的颜色、尺寸或数量。这就是体现销售员能否获得订单能力的时候,否则只能算是招揽生意罢了。如果他是一名合格的销售员,他会说:"好的,先生。您只要把颜色(或尺寸、数量)空着就行。我会让你的职员(或助理会计、秘书)填写细节。"

这篇文章写出来前不久,一名销售员正试图向房东出售开尔文电冰箱(瑞典伊莱克斯股份有限公司旗下品牌),而另外两名冰箱销售员也不放弃。房东拿不定主意,表示需要与房客沟通征求其喜好后再定。开尔文电冰箱销售员直接去找房客,并阐释了此品牌冰箱的所有优点。然而,另外两个销售员只是等待。当他们再次与房东接洽时,房东说:"抱歉,我已经买了开尔文电冰箱。"开尔文电冰箱销售员直接找房客商谈,"搞定"了订单,告诉房东："我刚刚与你的房客面谈过，并告诉了他关于冰箱的一切信息。他很高兴能拥有一台开尔文电冰箱。"

决定卖什么

想卖什么？不要误以为有机会可以卖任何东西。从事销售工作的第一步是决定想卖什么以及能卖什么。或许你销售电灶成绩斐然，但销售电动马达却一败涂地，反之亦然。你可能销售人寿保险大获成功，但销售会计机器却惨遭失败。过往的经历、兴趣、爱好、教育和背景都会影响你对商品的抉择。如果你喜欢材料的感觉和触感，如果你对风格、线条、颜色有鉴赏力，如果你是天生喜见钱财易手的交易员，那就一定要在零售商店柜台上卖东西。但如果你属于只把零售商人视为"店主"的那类人，便不会对商品及其可能产生的利润感兴趣，就会忘记向零售商推销产品。

喜欢汽车吗？对每年生产出来的所有新型号感兴趣吗？这种兴趣可以通过出售汽车转化为财富。你有销售机械的思维方式吗？这里有1000种机械设备等待出售。以此类推，所有制造出来的产品，都有值得推销的价值，只有找到你感兴趣的，才表明向销售职业迈出了第一步。

本章接下来的部分，你将会读到一些人，像你一样，有着真正的销售欲望，他们在满足欲望的同时赚得盆满钵满。你会注意到他们几乎每次冒险都是成功的，因为提供的产品可以为买方服务。因此，当你在寻找要销售的产品时，需确保它不仅吸引你，更会吸引你的销售对象。

每个女性都是袜业的潜在客户

露西尔·安东尼太太被丈夫抛弃后,不得不独自抚养六个月大的孩子。为了谋生计她选择从事丝袜销售,因为她对漂亮的丝袜几近着迷。她表示,与制袜商联系主要是为了能够挨家挨户地结识不同的人。

"除了对薄纱丝袜的真正喜爱之外,对其他产品几乎没有热情。"露西尔解释说,"我收到了该公司寄来的六个不同颜色袜子的样品,它们都装在一个轻便的折叠盒里。因为急于告诉我的朋友们关于丝袜的事,以至于第一次拜访她们时,根本不像是做销售。"

"我先去拜访朋友们,大多数人订了三双或三双以上丝袜。所有的朋友很快都被推销了一遍,无论你认识多少人,这些人脉迟早都会被用完。因此,在拜访完所有的朋友后,我开始向陌生人推销,这比预料的要困难得多。很多女性打开房门时,没想到会是女销售员,就没有了买东西的心情,甚至还皱起了眉头。拜访陌生人时,没有人像朋友那样请我进去,让我感到这个世界是冷漠而残酷的。三天内只做了两笔销售,我想肯定有什么不妥的地方。

"我意识到拜访这些女性时,没有使用科学的方法,只是说出了自己想到的第一件事。由于推销没有取得任何进展,我理所当然地认为是产品的问题。像其他人一样,把自己的无能归咎于从事的销售工作。事实上,我很确定,正是因为我挨家挨户地推销,家庭主妇才不会考虑我的产品,为此我既恼火又心烦。然而,我出售丝袜、处理丝袜、向所有人谈论丝袜的想法,使我克服了放弃继续销售的冲动情绪。出于对销售的第一印象,我对推销有了一些更清晰的认识,意识到我的问题在于销售方式。站在门口说了什么并不重要,重要的是说话的方式。要知道,没有什么话语可以让客户允许陌生人随便进出自己家里。

"很快我便意识到,如果一直说下去,就会取得成功。那些开门告诉我不会买任何东西的女士,通常会等到我要离开时才把门关上。于是我开始使用其他策略。我站在离门几英尺远的门廊边缘大声说话,并告诉那位女士我随身携带着漂亮的丝袜。

"'不，今天什么都不需要。'

"'只要您给我一分钟时间……'

"'今天不行，我很忙。'

"'一点也不花时间。您不让我进来吗？'

"'今天不行，我没有钱。'

"'可是，史密斯太太，如果您看了这些丝袜，一定会喜欢的……'

"'下星期再来吧。今天我什么也不买。'

"'您不一定要购买，只是花点时间看看可以吗？'

"'今天不行，很抱歉，我很忙。'

"'我知道您很忙，史密斯太太，但真的不会占用太多时间。能让我进去吗？'

"通过这样的方式交谈后，家庭主妇通常会邀请我进门，便有机会进行推销。事实证明，我对丝袜的热爱促使那位女士下了订单。"

安东尼太太平均每天拜访45个客户，从事销售的下半年，她就获得了1107美元佣金。芝加哥大学毕业典礼前夕，她日均收入达到最高值。她参加了两个女大学生联谊会，在两次联谊会中卖出了56双袜子。每双袜子的佣金为50美分，是客户下订单时收取的定金，余款通过货到付款的方式收取。许多成功的销售人员都使用了进门方法，并取得了不错的效果。

这种类型的工作适合那些渴望把业余时间变成金钱的女性，工作时间由自己安排，且不需要任何投资即可开始这项报酬丰厚的业务。

克服价格异议

商人和企业家通常会觉得负担不起自己想要的东西，这似乎成了他们的共性。正如亨利·福特曾经说过："每个人都觉得自己比实际情况穷得多。"当你推销商品时，请牢记这一点。你要将异议价格变成购买理由。通常情况下，这种"负担不起"的心态可以被销售人员加以利用。如果你销售一种看起来"很昂贵"的产品，但实际成本却远低于潜在客户的预想，他就很乐意支付，这一点特别实用。

以乔治·康拉德为例。为了销售切片机，他制订了一个万无一失的计划。当他走进一家商店时，一言不发，在距离商人柜台较宽的地方放置着销售切片机的彩色插图，机器却留在车里。

"您觉得这个怎么样？"他询问潜在客户，客户是一个小型肉类市场的老板。

"看起来不错，"肉店老板看了彩色插图几分钟后回答说，"但我买不起那样昂贵的切片机，因为太贵了。"

"但你需要一个，不是吗？"

"是的，但我的生意不太好，花不起那么多钱买切片机。"

康拉德笑了笑，走向车里，拿了一台样品机，挂在柜台后面，要求老板（此时他仍然表示买不起）试一下这台机器。

"喜欢吗？"几分钟后康拉德问道。

"当然，但我就是付不起……"

"我明白了。这是一款低价切片机，但我能保证它的外观及效果与昂贵的切片机一样。你能花多少钱来买这台切片机？"

"我的价格不会超过 10 美元。"他摇了摇头。

"好吧，如果你能付那么多，就把钱拿出来，"康拉德通常都是这么回答的，"这款切片机只需 7.5 美元。"

当康拉德向杂货店、肉店、餐厅、熟食店和酒馆的老板推销手工切片机时，他的面谈很有技巧。正是这种技巧让他在过去两年里，平均每周赚到了75美元。

康拉德说:"这款切片机看起来很贵,可能要花很多钱。它是一种坚固的旋转式切片机,其不锈钢刀片可调节至任何厚度,因此它可以将火腿切成纸一样薄,或将面包切成任何想要的厚度。不过,在这款机器问世之前,普通杂货店和熟食店的老板大约要花150美元才能买到。当然,当他们看到这台机器时,它看起来和那台昂贵的机器一样好,令人相当满意,让人难以置信这不是一套昂贵的设备。我让他们这么想,在他们心里制造尽可能多的阻力,认为必须花高价才能购买这款机器。然后,当他们亲自操作切片机并承认机器很好时,我再以低价报价击败高价异议。这样一来,我很少错过销售机会。"

对于那些喜欢去商店销售产品的人来说,一款优质的切片机可以提供赚钱的机会。一周内康拉德卖出了多达80台机器,每笔销售的佣金是2美元。无论如何,他平均每周大约可以销售37台切片机。

如何销售"定制"西装

约翰·格里森仅用了三个月销售定制西装,就"净赚"了1000多美元。但在前几个月,他几乎没有获利。事实上,正如他自己所说,他只是另一个成功推开销售大门的人。一开始,他很难接受潜在客户提出的反对意见,很难找到有能力购买西装的人。当他拜访潜在客户时,结果总是让他大失所望。作为一名销售员,格里森不得不承认,他并没有那么"优秀"。

之后他改变了一些销售方法,学会了与人轻松相处。也正是因为他愿意让一个年长的人为他指明道路,才得以跻身赚钱的行列。

"楼上住着一个我非常崇拜的销售员,"格里森解释说,"他温文尔雅,从事销售工作已经很多年了。当我和他熟稔之后,向他请教销售方面的建议,他提出的观点让我感到费解。起初,我以为这些只是理论,所以没放在心上。后来我对从事销售越来越没自信,就跟他说了这件事。"

"非常抱歉，"他说，"我可以做些什么来帮你。"

"如果你愿意，一定可以帮上忙，"格里森马上回答，"如果你愿意和我一起拜访一两个潜在客户，就可以教会我很多东西。"

他同意了。

格里森安排好与他一起去拜访潜在客户。第一次拜访的是一名医生，医生很快把格里森轰走了，没有取得进展。在去拜访下一个客户的路上，他若有所思却没有发表任何评论。当格里森失去第二次销售机会时，他轻声说："我们去餐厅谈谈这件事吧"。在餐厅面对面坐下时，他才对这件事做了进一步的评论。他指出了格里森在销售策略上的一个明显错误。他说："当你进去见客户时，他们就知道你的来意，而你为何还要谈论是代表一个负责任的大公司来销售高质量的产品？为什么不直接向他们推销西装呢？他们都很忙。他们知道自己想要什么。别做无谓的介绍，直接开始谈正事。"

"你应该了解，必须说点开场白。"格里森辩解道。

"你要确定自己真正要做的事，"他反驳道，"我们马上开始实践我的观点吧。当我们去拜访下一个客户时，我会把我的想法告诉你。"

半小时后，他们走进一家房地产商的办公室。"我有一些你从未见过的最实惠的西装。"他说。但房地产经纪人摇了摇头。他继续说，"你穿的这套西装真好看，这不正是我们2250生产线生产的吗"？

"不是，"房地产经纪人回答，"这是我在一家商店买的。"

他走过去仔细检查了经纪人的外套。"嗯，"他喃喃地说，"的确是件好西装，对吧，格里森？"

格里森走上前看了看，房地产经纪人笑了。"让我给你看看同样的产品！"此时他伸手示意格里森拿一件样品。格里森打开箱子，取出一件样品，快速地放在经纪人的手上。

"你喜欢袖子这么短的西装吗？对你来说稍微有些短呢。"他有些挑剔地说。

经纪人承认袖子有点短。格里森立刻领会了他的意思，迅速量了经纪人的袖子，并在空白订单上做了记录，然后独自完成了整个测量。

量完尺寸后，问经纪人要不要做一套西装。经纪人还在犹豫，但他缓解了尴尬局面。"这种料子可以做出很好的西装，穿在你身上也很好看。"经纪人再次被引导回关于面料的考虑上。最后，经纪人的选择范围缩小到两种面料，这次销售很快完成了。

老销售员指出了格里森在销售中犯的错误：第一，开场白既不自然，也不有趣；第二，没把潜在客户和再买一套西装的想法联系在一起；第三，没有说明所售西装与其他西装相比的优势之处；第四，没有向潜在客户描述穿上所推销西装的画面；第五，在推销结束后，本应该下订单，却因一个否定建议让之前所有的面谈化成泡影。

格里森谨遵朋友的教诲，取得了成效。此后平均每天售出4套西装，每天净赚12.95美元佣金，比一年赚3000美元强多了！

格里森去拜访商人、商店及办公室的工作人员，从不浪费时间。午餐时间他会到工厂门口推销，并安排感兴趣的客户晚上来家里见面。他只卖样品，客户可以根据自己的需求，定做一套合适的西装，空白订单就是用来做登记的。客户在下单时支付的订金是销售人员的佣金，余款由制造商以货到付款的方式收取。

服装销售不需要任何销售天赋，但确实需要一个销售计划，并在执行计划方面有一定的主动性。许多服装定制公司都是通过直销员向客户销售西装，并为销售员提供服装的详细说明。

销售苗木的正确和错误方法

威廉·维尔纳在从事苗木销售后，第一笔就赚了1000美元。维尔纳在一家家具店工作，因为家里经济困难，需要赚些外快，他不得不利用业余时间销售苗木。

"有一天，"维尔纳说，"我碰巧向银行出纳员提到了我在销售苗木的事。出纳员在建新房，正好需要一些树木和灌木。当谈及我们的库存不多，这些树木需要几年时间才能长成大树时，出纳员冷静了下来。'到那时它们会是什么样子？'他问。我试着努力描述了一番，他说会仔细考虑。当我再次拜访出纳员时，他仍在犹豫是向我购买还是向当地温室购买。'温室销售人员编造了一个美丽的故事,形容一棵冷杉树在一年内会变得多么漂亮,多么阴凉,他几乎说服了我的妻子。如果你也想把你的故事讲给她听,我毫无异议。'

"当我到出纳员家拜访时,让他的妻子走进院子,看看他们所住公寓的旧砖墙。然后我试着让她想象那堵光秃秃的墙上爬满英国常春藤,墙脚开满艳丽鲜花的画面,将会是多么迷人!我的描述似乎给她留下了深刻的印象。我们谈到了很多不同种类的矮树丛和灌木,她表示更喜欢紫丁香,特别喜欢它在空气中散发的香味。我就告诉她,种下紫丁香这类落叶灌木后此处将会呈现的景象。

"离开前,我获得了一个207美元的订单,那个星期天从下午2点开始,直到6点半才拿到。这笔订单的佣金是29美元,我兴高采烈地给公司写了一封关于此次销售方式的信,之后收到一封带有许多中肯意见的回函。信中高度赞扬了我并写道:'请牢记,当人们购买苗木时,他们期望得到明确的结果。他们要的是结果并不是一尺高的树,而是要把结果卖给他们。'从那以后,我反复思考了这些话。前几天,我向一个农民推销100棵苹果树的新品种时,他想知道这些树能结多少个苹果。我为他描述了树上挂满果实的画面。当然,他和我一样清楚的知道,种下的树很小,但随着时间流逝,它们会长大,最终结出果实。他想看到硕果累累的愿景,而我帮他实现了。

"仅仅报出浆果丛、果树、灌木丛以及其他苗木的价格,我将永远拿不到订单。我发现,大多数人完全缺乏想象力。只有把东西展示出来,他们才能把它描绘出来,因此需要我为他们描绘出可想象的画面。订单的大小各不相同,当然佣金也相差很大。我销售各种各样的灌木,从城市居民后院的一棵树,到整个果园的1000棵树。在成功向银行出纳员妻子销售后的6个星期里,我挣了1200多美元的佣金。"

取得成功后的维尔纳从家具店离职,全身心投入到苗木销售上。他拜访了很多人,但平均每天只能成功约到7个潜在客户。自从销售苗木以来,平均每天2个订单,每笔销售佣金为9.1美元。销售订单确认后,佣金按周支付,这是苗木销售行业的既定政策。但也有一些人认为,销售人员应在下单时以保证金的形式收取佣金。一些苗木销售员会定期拜访教育局、运动场等经常需要补充或更换树木和灌木的地方,这样可以挖掘更多的潜在客户。可见从事这份有利可图的行业并不需要任何投资。

销售女装重现辉煌

里斯特失业后，家里没有积蓄，短时间内找到一份工作又很渺茫，但他的妻子并没有抱怨。她读过一篇关于一家女装制造商委托代理商销售产品的报道，于是写信给制造商，请求做他们的代理商。她很快收到了一些款式卡片和一套服装样品，以及一些实用的销售入门建议。里斯特太太立即采取行动，计划去拜访家庭主妇、立志赚钱。

"第一次拜访很幸运，"里斯特太太说，"当我靠近房门时，似乎有股恐惧的气息即将吞噬我。这时，潜在客户打开门，微笑着说'早上好'，我却因紧张、害怕说不出话来。当时若非赚钱心切，可能我早就仓皇而逃了。然而，这个潜在客户非常亲切，似乎感觉到我的无奈。她请我进屋，让我渐渐从怯场中恢复过来。之后我开始谈论正在销售的女装，仿佛在拜访朋友一样。我们讨论了样式、颜色和流行款式。我给她看了款式卡片，并指出当下最新潮的巴黎时装，在近期的女性杂志上也有类似的设计。我们拿出女性杂志，将杂志插图与我的女装风格特色进行比较。由于太专注谈论衣服，忘了此行的目的是为了获得这位女士的订单。当她告诉我会选择订购制造商推出的三款衣服时，我表示赞同。我获得了4.3美元佣金，正好是所需的订金金额，余款由制造商按货到付款的方式收取。我高兴极了，那天再没拜访其他人，在杂货店买了做晚餐的食品就匆匆回家了。"

然而，第二天里斯特太太并没有那么幸运。他拜访了几家，但都没有接到订单。分析前一天的销售业绩，她想知道为什么第一笔销售完成地如此容易。"我想第一笔交易是由于第一个潜在客户的宽厚和善意促成的。"里斯特太太指出，"想到这些会让人失望，但我希望能改变这种想法。过了一段时间，我发现在推销过程中自己并没有刻意去争取订单，而是用一种生硬、不自然的方式，和另一个女人谈论衣服的风格，没有激发客户的兴趣。之后，我改变了交流方式。现在，当我去拜访女客户时，说话方式就像大多数女人谈论衣服那样，显得格外亲切、自然。我还特意穿上样品，这样潜在客户就可以直接感受到产品的面料、材质与上身效果。我还会提醒客户注意衣服下摆的法式接缝，以及缝在每件衣服上的洗涤商标。通过这种方式，激发了潜在客户的兴趣。"

前9个月，里斯特太太从服装销售中赚了1000多美元。对此，她评论道："我所做的就是和女人谈论衣服。"她不需要投资购买服装样品或款式卡片，这些都由制造商提供。她平均每天拜访30个客户，每天销售至少4件女装，佣金总额不少于5.17美元。里斯特太太曾不止一天卖出了10～13件女装，有几天甚至超过了15件女装。她发现，拜访家庭主妇的最佳时间是早上9点半到下午3点半。

由于女人都喜欢谈论衣服，因此她们会欣然接受那些上门拜访的女装制造商的代表。你随时可以成为制造商的代表。下单时支付的订金或首付款由销售员保留，作为销售的佣金，余款按货到付款的方式收取。

无店制鞋业

霍金斯在俄亥俄州克利夫兰市担任一家鞋类批发公司的代理已有20年，当市场经济低迷时，他决定直接与客户建立联系销售鞋子，5个月后他赚了1000美元。

霍金斯说："我只是利用了工作的便利条件。每一个有经验的鞋业销售员都知道，人们对鞋的大小只有一个模糊的概念。你会惊讶地发现，普通人有很多次买到的鞋子并不合适，却依然相信鞋是合脚的。这是因为鞋店不可能一直保留鞋子的尺码、款式和颜色的完整库存。当商店没有合适的尺码时，店员会换一个与其相近的尺码，一般人感受不到其中的差别。

"我练就了一眼就能看出一个人的鞋是否合脚的本领。穿着不合脚鞋子的潜在顾客，通常会抱怨鞋子不合脚，并对我能否提供满意的鞋子产生怀疑。我告诉他们：'保证合脚，如果不合脚，不要钱。'鞋子以按货到付款的方式支付，只要鞋子一到我就给客户打电话。我知道订购的鞋子不会有替代品，因为订单都是在批发仓库里完成的。"

  大约4周后，人们才完全意识到霍金斯卖的鞋确实比商店的更合脚。他的第一个订单来自铁路工程师，其对鞋子非常满意，并告诉了消防员。当霍金斯再次拜访铁路工程师时，又获得了两个订单：一个是消防员，另一个是列车员的。后来，他接到了33个来自铁路调车场的订单，这些订单的成功要归功于第一个订单。与此同时，他拜访了当地一家机械公司，从主管那里得到了一个订单。当主管收到鞋子时，给霍金斯打了电话。

  "我从没穿过比这更合脚的鞋。"主管说。这个电话竟让霍金斯又获得了16双鞋的订单，每双鞋的平均佣金是1.25美元，并且他还提前收到了佣金。佣金是从鞋的售价中扣除，余款则由快递员在交付时收取。霍金斯并没有鞋子的库存，仅销售样品。他在公司提供的特殊订单上只填写测量数据，就是为了确保制作出合适的鞋子。

  "掌握鞋子是否合脚的诀窍不需要很长时间，当你掌握了诀窍，卖给顾客一双合脚的鞋子时，他会很乐意推荐你给他的朋友。我的大部分销售都是通过这种方式实现的，前15次的销售就获得了97个订单。第一个订单花了大约2周才完成，2周过后，一切都很顺利。差不多过了4个星期，因为老顾客的推荐，生意有了真正的突破，当时我只卖出29双鞋。随后，订单很快堆积如山。"

  霍金斯宣称，每天都可能通过直接拜访各行各业的顾客来获得订单。然而他只销售男鞋，只拜访在工厂、商店和办公室工作的男性。虽然他拜访的客户不多，一天大约15个，但业务量很大。

詹姆斯·霍纳成为"奖品专家"

不劳而获，这是人类的天性。詹姆斯·霍纳深知这一点，他认为向商人出售奖品比做任何事情都更容易赚到1000美元，结果证明了他的观点是正确的。他的成功是由于使用了简单又实用的计划，令人惊讶的是居然没人尝试过。

霍纳先生解释说："我计划去拜访城里最有名的商人。我给了他大约200张优惠券，一些印在橱窗上的标语、发给顾客的传单，以及用于宣传的奖品。商家会给购买5美分、10美分或25美分商品的顾客发放这些优惠券，当优惠券达到一定数量时，会得到额外奖励。作为一种商业刺激手段，奖励的成功与否取决于奖品的质量。奖品应毫不逊色于商店里出售的同类商品，而且是顾客感兴趣的奖品。不能满足这些要求的奖品不易开发出太多业务，我通常会建议考虑时钟或银器。这些时钟有收音机式、壁炉式和挂钟式，是特别好的奖品。

"附赠时钟奖品的创意开始实施时，商店回头客的数量非常惊人，他们经常一次性订购25或30个时钟。这个创意实施一段时间后，我建议使用另一种奖品，例如银器。优质的银盘可以像送钟表一样赠送出去，那些已经有钟表奖品的顾客，开始攒钱买银器。这样商店的交易会一直进行下去，为商家建立稳定的业务。

"我多次拜访商家，不仅是为了同他们保持友好关系，也是为了告诉他们正确使用奖品的方法。我发现几乎没有商家提出异议，因为每个商人都知道这个创意是合理的，也是最好的'销售刺激器'。在与商家交谈的过程中，他们发现在经济萧条最严重时期，奖品能让他们的生意免遭严重损失。公众对奖品的接受证实了这一点，帮助我完成了订单。但我只拜访较小的城镇，因为大城市的商店主管需要预约才能见到。"

霍纳在威斯康星州工作，先后拜访了沃特敦、麦迪逊、基诺沙、拉辛和简斯维尔等地区的商店。他限制每家商店只做一种奖品交易，每天拜访20家商店，平均每周收取70美元的佣金。每个商家都想增加销售额，当你拜访他并告诉一个既能吸引新客户又能留住老客户的方法时，他肯定乐于听取你的意见。

销售灭火器获利 1000 美元

如果你问弗兰克·德里斯如何赚到 1000 美元，他会毫不犹豫地告诉你："卖灭火器。"这个答案源自其自身经历，因为他花 6 周赚到了这笔钱。他与灭火器制造商建立联系大约 2 个月后，创造了新的销售记录。第一个月，尽管他拜访了很多人，但销售额很低。"这是我的问题，因为拜访的人并不是优质的潜在客户，"德里斯说，"此外，一开始我没有任何销售经验，又迷失在各种相互矛盾的销售观念中，以至于没有取得任何进展。一周的收入有时是 5 美元，有时是 10 美元。然而，我确信如果别人能赚大钱，我也能。"

"我知道，有 50% 的潜在客户会使用灭火器，但 10 个人里有 9 个人没有真正使用过。因此，拜访的再多和交谈都是浪费时间。一天晚上，我和妻子讨论了这种情况，她认为明智的做法是只拜访需要灭火器的客户。起初，我并没有想到这一点，但听起来很不错。于是第二天我研究了电话号码簿，列出了一份我认为需要灭火器的公司名单，仅在一个商业区就有 27 家公司。这些公司距离很近，可以按路线的先后拜访它们，这样就不用从一个地方换到另一个地方。那天总共赚到了 36 美元佣金。"

德里斯制订了每天拜访 25 个公司的计划。在这 25 个公司中，平均就卖出 12 个灭火器。这并不意味着他要向 12 家不同的公司销售，因为一家小工厂可能就会订购 10 个或 12 个灭火器。其中有一个星期，他的佣金高达 300 多美元。他也曾连续 10 个星期赚取了近千美元的佣金。

德里斯的销售集中在小工厂、批发公司、仓库和车库等。火灾保险承保人已经批准了其出售的灭火器，因此，他可以向潜在客户指出购买他出售的灭火器将降低火灾保险成本。

生产灭火器设备的公司不需要有经验的销售员,也不需要销售员的现金投资。任何一个雄心勃勃的销售员都可以与该公司建立销售联系。

销售修补液

来自蒙大拿州巴勃罗的德怀特·里奇拜访一位朋友时,留意到桌子上放着一管修补液。"那是干什么的?"里奇问道。"哦,它是用来修补衬衫和袜子上的小洞,非常实用,只需一分钟即可修补丝袜上的裂口或破洞。"他的朋友回答说。里奇记在心里了。后来,他写信给制造商,请求成为当地的代理商。他从来没有挨家挨户地推销过产品,所以从事新工作的前几个星期,发现还有很多东西要学。不过,他很快明白了产品示范的重要性,不多久,每天平均的销售收入大约是12美元。

里奇平均每天卖出6打修补液。有几天,他的销量在10~12打,扣去所有费用,利润可达22美元。然而,他做得并不轻松。他承认刚开始的几天很幸运,但随着时间推移,遇到各种各样的问题,销售变得困难起来。

"产品固然重要,最好是人们每天都能用得着的,但更重要的是它的销售方式,"里奇坦率地说,"我知道产品很好,但在开始系统地销售之前,很难说服其他人。当我试图将修补液卖给一个住在城外农场的女士时,她说没钱,但我表示愿意接受农产品作为报酬。我建议她用一只鸡换两管修补液,而另一位没钱的女士则提出用鸡蛋交换。"

"必须向人们演示产品的用途。我有一本演示专用书,用来做一个简短的演示。我在书中附带了当前的报刊,希望有助于专用书的销售。另外,我还在书内附上了使用这款产品修补过的丝袜、棉布、亚麻和其他面料的图片。翻开此书,我指着这些面料说:'当你的丝袜抽丝时,如果想要修补它,只需用牙签或吸管在袜子抽丝的顶部和底部沾一点修补液,一会儿就补好了。修补液可以比用针和线更快、更好地进行修补。'当客户点头赞同时,我继续说:'你会需要用到两三管修补液,每管仅25美分。'同时拿出修补液递给客户。许多人买了三四管，也有人只买了一管。大多数女性开门时都会说：'不，我什么都不需要。'起初这句话让我束手无策，如今我会说：'没关系，我只是想向你演示如何阻止丝袜抽丝。于是我的演示就从这里开始。"

里奇是个工作狂。从早到晚，平均每天拜访 67 个客户。他宣称，如果想赚钱就必须出去推销。

从一个小的领域开始，不需要任何资金投入，譬如像里奇这样，产品可以在任何地方销售，而且通过挖掘产品新用途扩大销售范围，可以获得更高的利润。

把商店带给顾客

查尔斯·格雷夫斯把一辆绿色小轿车停在路边，从后座拿了一个装有十来条毛巾的包裹，急匆匆地走到白色小屋的门口。他按下门铃，一个女人打开房门。格雷夫斯说："马克姆太太，你曾告诉我，如果这些毛巾的尺寸和质量符合我说的那样，你就会订购其他产品，我也确实有一些真正物美价廉的产品。"于是马克姆太太邀请格雷夫斯进屋，打开包裹仔细地检查。"这些毛巾真的很好，而且很便宜。"她说。

"当然，"格雷夫斯快速地接过话，"你会发现从我这里购买的所有产品都是同样的高质量。请记住，马克姆太太，在我送货上门并在家中完成检查前，您无需支付任何费用。就像你所看到的，我靠汽车赚取微薄利润，不像商人那样有巨大的开销。商人要计算租金、包装、税收等，并将其附加到所销售产品的价格中。如果不这么做，就无法赚到钱。而我不用考虑这些成本，你可以享受更大的优惠。这里有一些你会喜欢的东西，比如顶部用小环饰边的 320 针真丝雪纺长袜，从头到脚都是丝绸。一盒一打，每盒仅需 5.2 美元，还有比这更实惠的吗？""听起来确实有道理！"马克姆太太回答说。她摸了摸透明的绸缎，心里盘算了每双在 40 美分左右，觉得格雷夫斯又在做大促销了。

他以这种方式销售商品有3年了，因为注重提供物美价廉的产品，所以生意做得很好。前6个月，他过得很滋润，银行存款将近1000美元。

"我认为你必须通过商品来赚钱，"格雷夫斯声称，"我的意思是，你必须能够展示商品价值，与客户建立联系，并加以充分利用。事实上，我销售的大多数商品都低于商店的价格，成本很低，但每笔销售利润都比商店高，原因是我一直从那些经营物品批发商处购买商品。他们以一定的价格买下整批货物，赚取微薄的利润将其出售，让资金得以迅速周转。他们能提供各种各样的商品，满足商店经营者的商品储备，引起大多数商家的兴趣。但是批发商有足够的高质量商品出售给像我这样经营小本生意的人，让我继续目前的销售。当然，价格才是我的重点。"

"我使用'三明治'方法来建立订单。与客户交谈时，我会询问她准备购买些什么，她告诉我准备在当地百货公司为丈夫买些袜子。'我有一双很好的袜子，我想他一定会喜欢的，每打只要1.59美元。'我说，'你购买的浴巾花了多少钱？我是指大号Cannon土耳其浴巾。'她告诉我价格后，我接着说：'我可以卖给你一打大号Cannon土耳其浴巾，每打只需2.1美元，每条均价不到20美分。'这两种都是很畅销的低价商品，没多少利润，而我销售的其他商品都能赚很多钱。因此，在抛出两件低价商品吸引顾客的兴趣后，我抛出了一件有利可图的商品——肥皂。而后我又提到了另一个赚钱的商品——家居服。之后，我还会提到一个低价有优势的商品。这个时候，潜在客户就会觉得我的每种商品都很便宜，这就是我所说的商品推销。"

格雷夫斯的一些订单销售额高达30美元，平均销售额为4.75美元，每单平均利润是1.69美元。格雷夫斯建立了一条固定的销售路线，每3个星期拜访一次，每天拜访23个客户。在他拜访的23个客户中，完成12个订单，日均收入接近19美元。他从事销售所需的全部装备，初始投资仅为50美元，以及一辆花了300美元购买的二手车。因此你只需少量投资，就可以在自己的社区建立一个像格雷夫斯一样有盈利的生意。

科尔德如何赚取第一笔 1000 美元

科尔德公司的总裁科尔德不仅创立了奥本汽车公司,而且是许多重要企业的负责人,他通过重建福特汽车赚到了第一笔钱。

科尔德花了 75 美元买了一辆二手福特 T 型车,把它改装成高速档,添加了一个自制的赛车车身,涂上一层油漆,以 675 美元的价格出售。

这个计划大获成功。于是,他又购置了 20 辆福特汽车,进行同样改装,然后每辆车以 500 美元的平均利润将它们全部出售。

当然,这种机会今天已经没有了,但还有其他的机会。各种二手商品经常被用来交换新商品。如洗衣机、收音机以及真空吸尘器经常被用来交易。只要换上一些新零件、涂上一层油漆或瓷釉就可重新进行销售。

在每个城镇,对于那些喜欢机械制作、善用工具的人来说,都有机会通过翻新二手家用设备过上舒适的生活。

几乎每个销售二手设备的经销商给的折扣都很低。为了处理掉这些设备,他常常愿意以购买价出售,有时甚至更低。重装和翻新家用设备市场比较稳定,不愿花钱购买新设备的顾客是重装设备的潜在优质客户。

你要准备的只是一些工具和一台二手机器,比如洗衣机、吸尘器或冰箱。第一步是将设备拆开,彻底清洗,更换磨损和损坏的部件,在需要的地方进行重新抛光,然后就可以开始第一次销售。向你的邻居推销第一个重装设备,如果他不买,就把它卖给下一个邻居,以此类推,直至卖出去为止。每次销售时,请询问客户是否对其他设备也感兴趣,因为在拜访完一些客户后,你可能会接到一些其他设备的订单。此时,你可以开始购买二手设备,进行重装后再出售。一些尝试过这个计划的人都接到了订单,并要求他们在未来几周内完成所有的重装工作。

设备成本、元器件和材料的成本应加到合理的价格中,以补偿重装的时间和劳动力。然后再加上 50%,就是你的销售成本。因此,如果你花了 7.5 美元买一台旧洗衣机,花 3.25 美元买新零件、上瓷釉等,再加上两天的人工成本,算上每天 4 美元人工费,你的销售价格是:7.5 美元加上 3.25 美元,再加上 8 美元，得到的总数是 18.75 美元。再加上总数的 50%，售价即为 28.125 美元，可创造 9.375 美元的纯利润。一些设备重装商向其他人支付 20% 或 25% 的佣金用于商品销售。为此，你应该在支付自己的工资后将成本加倍。额外的利润用来支付销售人员的酬劳，感谢他们给予你必要的帮助。

利用老客户获取新客户

威斯康星州密尔沃基市的查尔斯·安格尔通过为购买香精的女士制订客户合作计划，从此他的香精业绩从每周 20 美元提高到每年 4000 美元。这个计划方案也许能解决你所面临的销售难题，正如解决他的难题一样。

安格尔先生解释说："香精销售利润不大。四瓶香精仅售 99 美分，外加赠送一份甜点，销售变得很快。然而，销售员仅赚 30 美分，必须卖出大量特价商品才能赚到钱。我曾在密尔沃基市销售过一段时间，但赚得很少。之后，我劝说一位女士向她的朋友推销我的香精，承诺她每卖 5 瓶香精就免费送她 4 瓶香精以及 1 份可口的甜点。这个建议效果极佳。于是我向住在两个街区外的另一位女士也提出了同样的建议。她立刻行动起来，不到一周，我就接到了 39 个特价订单。为了回报她，除了答应送她的几瓶香精外，还额外送了一双丝袜。

"有了这样的经历，我更加努力争取与客户合作，而不是直销产品。不到两个月，我利用该计划在密尔沃基市建立了 34 个合作客户，每个客户平均每周完成 12 个销售订单，我会给她们提供一些奖品作为回报。

"我发现，如果女性觉得自己的努力得到了赏识，她们会很乐意并竭尽全力推荐产品，她们相信你不会忘记她们的努力。寄一张复活节或圣诞节的卡片给她们，她们会感到很开心。"

安格尔出售的香精质量上乘，深受人们喜爱。他从不需要订购确切数量的香料来确保批发价，无论数量多少，供货公司很乐意为他供货。正因为如此，安格尔在没有资金的情况下，也能建立起良好的业务。在密尔沃基市，有46名女士帮他提高销售额。每天下午5点半后，他在推销结束并准备回家的路上，她们便打来电话下订单。这些女士日均完成两笔订单，加上安格尔的个人销售，每天的利润在14～19美元。

古董回归

　　杰克·奥弗豪斯是芝加哥一家家具零售经销商的卡车司机。一天，他被指示把卡车开到一个铁路仓库去取一辆手纺车，据说是一件商人很费力才弄到的昂贵古董。当他打开手纺车时，忆起小时候在明尼苏达州杰克逊市，他在外婆家阁楼上玩过一个类似的手纺车，于是向雇主提起了这件事。

　　"如果你知道哪里还有这样的手纺车，并能帮我买到，我就付你50美元。"经销商对他说。奥弗豪斯知道杰克逊市附近至少有十几个这样的手纺车，并告知会亲自去寻找。奥弗豪斯来到杰克逊市，向邻居们打听手纺车，并以平均每辆4美元的价格买到7辆。返回芝加哥前，他从杰克逊市和周围地区的居民那里又找到了39辆手纺车，他们很乐意按照奥弗豪斯提出的价格出售这些手纺车。

　　在杰克逊市，寻找手纺车时，奥弗豪斯注意到所拜访的家庭及农场的阁楼和谷仓里有一些物品，例如燧石锁手枪、燧石锁步枪、博伊猎刀、印第安人战争中使用的弓和箭、长矛、斧头和其他物品，这些物品已被保存多年，但主人对其不再有感情。奥弗豪斯列出这些物品清单，并把清单副本寄给了几家家具店和古董经销商。几天之内，他从一位经销商处获得了一份订单，赚了300多美元。

　　这种从古董中获利的业务只需要少量资金就可以在社区开展。每个城镇都有十多户人家，他们的阁楼里摆放着多年来收集的家具和各种物品。在购买这些物品之前，列出你认为有价值的物品清单，并把这份清单的副本寄给大城市的家具制造商、经销商、古董店及收藏家。他们回复时通常会提到为每件商品支付的金额，并且乐意对有前景的物品支付高价。

虽然在经济大萧条期间对古董的需求有所下降，但随着经济的复苏和建筑业的复兴，古董需求开始回升。进入繁荣时期后，成千上万的房屋将被翻新和局部改造。因为美式建筑的魅力和独特性，许多房主将按照早期的美式风格进行重修。各种古董的需求开始猛增，这项业务的参与者必将从中获利。这是一个有趣的行业，可能会让你成为一个拥有自己的商店和工厂的室内设计师。

沙利文的催收系统

在经济大萧条最严重的几个月里，来自华盛顿西雅图的沙利文在53天内就赚了1080美元，他是通过向当地商人出售一套催收系统来实现的。"我的佣金约为售价的2/3，"沙利文说，"7.5美元的产品可获利约5美元，价格越高的产品，佣金也越高。其中最大的优势在于利用熟人名单。前200名拜访的商人中，大部分人我都认识，而且我有足够的销售经验，去了解如何与那些不认识的潜在用户打交道。有人对我的销售产品感兴趣后，为了达成交易，我会使用公司提供的一系列背书信件。背书信件就像一座金矿，包含来自各个行业公司的数百封信函，从小型杂货店、市场到大型事业公司，而这些公司分布在美国各个州。"

"当我开始从事催收系统销售时，虽身无分文，但没过多久就赚到了钱。第一次拜访的是一家小工厂，向老板销售产品，他和我是旧相识。我说：'我这里有一样东西，相信你会认同它是一个非常棒的收款噱头。看看这个产品，它可以解决你认为永远拿不到的欠款问题。'我打开了一大堆推荐信，从中挑选出和他同一行业的几位领导的名字，他仔细读了信里的每一个字。没有哪个商人在看到竞争对手的动态时不会表现出真正的兴趣。'你卖的是什么系统？'他问道。我指着样品向他解释，并让他检查整个设备。我说：'如果你用这种方法收回旧账，这个系统就能回本了。'他同意我的意见，并下了订单。这次交易让我感到赚钱很轻松。

"接下来的六天，我主要想办法应对对该系统持异议的人，然后我发现没有必要这么做。经过适当的分析，这些异议反而成了卖点。开始与客户交谈时，我稍稍改变了说辞且不去询问潜在客户的应收账单总额。大多数商人在查看资产负债表前都不了解财务状况，查看后一般会感到惊讶，进而变得比较忧虑。当我问一个潜在客户他的应收账单总数是多少时，他通常会打电话给簿记员要一份对账单，随后开始认真考虑我的建议。'我想我们应该使用这种系统会更好，刚才你说的产品大概多少钱？'他通常会这样问，然后订单就来了。"

沙利文表示，他每天拜访的客户并不多，大约平均10个客户，因为销售面谈通常需要花一个小时。10个客户若成功销售6个，完成销售比例就很高，而每笔交易的佣金则超过8美元。

在当前信贷紧缩的时代，催收系统非常受欢迎。虽然你赚的钱可能不如沙利文出售催收系统多，但它确实为缺乏经验的人提供了一个机会，他们更倾向于拜访工厂、办公室、商店的商人。沙利文说，一个商店的运营成本大约要7.5美元，其他的则更多。佣金可以提前收取，也可以在货到付款时全额收取，再寄给销售员。

华夫斯是如何销售防蛀片

杰伊·华夫斯和他的妻子只用了6个月，在伊利诺伊州的罗克福德市及其周边地区销售除臭剂共赚了1207美元。

华夫斯因身体原因被迫辞去罗克福德市工厂的工作，被送往明尼苏达州的梅奥兄弟医院，在那里经过几周治疗后出院。在家期间，他没有如预期好转起来，听说去加利福尼亚治疗能加速康复，但华夫斯没有足够的钱。"我们必须尽快弄到一些钱。"他的妻子说。接下来一周的某一天，他们与一家防蛾药片制造商建立了销售联系。

"第一周，我们向邻居们卖了一些防蛀片，"华夫斯说，"但这还不足以增加我们的存款。大多数家庭主妇通常以'我没有钱'为借口而拒绝购买。刚开始拜访时，似乎镇上的每个女人都没钱，我们感到很困惑。妻子从街的一边推销，我从另一边推销，我们会在街区尽头碰面并交换各自的交易记录。'这么干毫无进展。'有一天我闷闷不乐地说。她不认同我的看法，并想起公司曾提到过的一个成功销售员案例，而我坦率地对此表示怀疑。那天晚上，我们回到家，心情非常沮丧。吃晚饭时，门铃响了，太太去开门。我听见她对门口的男人说：'今天不行，我没钱。'销售员似乎根本没听见她说的话，继续推销。她一遍又一遍地重复没有钱，最后他只好走了。她对我说：'我想，如果他再呆一会儿，我就会买了，他肯定有个好看的开罐器。''如果我们在门口多站一会儿，也许人们也会从我们这儿买东西。'我心不在焉地说，她盯着我看。'就是这样。一定是这样！'她喊道，'你知道吗？我们推销演讲的效果不及刚刚那个销售员一半，我们必须作出改变！'"

华夫斯一家聚在一起，制定了一套全新的推销术。那天晚上他们互相试着向对方推销，直至午夜才去休息。第二天早上醒来，他们对新计划充满了热情。"边推销边反省"——他们决定这样做。那天早上的销售情况果真变好了，获得了6.9美元利润。更重要的是，他们发现了销售演示中的弱点。从那时起，他们开始养成销售面谈中记录客户对话语录的习惯。这需要花费一些时间，因此，只好减少了拜访数量，但一周内却将销售面谈的比例从10%提高到了60%。同时，他们也看到了这种方法的另一个弱点。他们带了五种产品，主要销售防蛀片、保龄球清洁剂和冰箱除臭剂，这三种产品的利润加起来共75美分。他们先讨论一种产品的销售，在接到一个订单后，又找到了销售另外两种产品的方法，结果是每笔销售都增加了收入。2个星期后，他们的利润从每天6美元增加到12美元。

华夫斯说："如果把所有提出反对意见的女性都算进去，我想总数将包括这个国家的每一位女性。她们当然有权利反对，但通过巧妙的方式转变反对意见以及制造一点压力，她们就会购买。一位女士曾多次告诉我家里没钱，但每次我都微笑着表示同意，然后指出使用防蛀片可以节省多少钱。10分钟后，她邀请我进屋，让我展示防蛀片挂在衣橱的功效。与此同时，我告诉她，如果她了解产品后，想要购买，可以打电话给我。我还告诉她防止蛀虫进入含有填充物家具的特殊方法，她让我在客厅演示。我们坐下来，她查看并购买了我所销售的产品。"

华夫斯在进行销售时就交付产品，并收取全额。他从制造商那里低价购买除臭剂，然后转卖给潜在客户，获得丰厚的利润。

工作制服的可能性

当切斯特·伯顿从加油站办公室走出来时，拿到了一个订单，佣金总共69美元。该订单是与采购代理和17家连锁加油站的总经理面谈一个半小时的结果，订单是为他们生产107套工作服，工作服的正反面都要写上"怀特加油站"的名字。当然，这不是伯顿当天接到的第一个订单，而是第二个，前一个是当地一家汽车修理厂订购的制服。然而，他通过向加油站、旅馆、汽车代理商、搬家公司、乳制品厂、餐馆、药店、洗衣店、面包店和办公大楼出售工作制服来赚钱却是个典型案例。工作制服在这些地方已被视为必需品。

伯顿在与这些制服的制造商建立联系之前没有任何销售经验，他花了整整5个月才挣到第一笔1000美元。

"别以为通过第一个订单拿到第一周的薪水是件容易的事。在确定正确的销售方法前，我犹豫了好几天。在此期间，我拜访了工作制服的潜在客户。我给他们看了样品，介绍了制作制服的方法，以及制服的耐用性，但没有达到预期效果。我想可能是我个人的原因或推销方法出了问题，于是决心找出问题。接下来的3天里，我对买家进行了详尽地调查，终于发现我得不到业务的原因。为了让制服给人留下耐磨性的印象，我一直把制服和工作服做比较，完全忽略了与其有关的最大卖点。

"他们并不想要工作服，而是想要一套看起来整洁、款式合适、剪裁得体的制服，让员工的外表看起来显得庄重。加油站在这一点上特别讲究。'我们的员工经常与公众接触，'一位大型连锁采购员告诉我，'我们必须让他们的外表看起来既机灵又活跃。为了让公司员工看起来有辨识度，有必要在所有岗位上保持统一的外观。'这也是我正在寻找的新想法。我带着这些问题的答案,利用买家的观点,录制了一段销售短片,表示我的制服能满足所有要求。我拍了一些穿着我们制服的加油站工作人员照片,并向其他公司的买家展示了这些照片。我还添加了医生、药剂师和其他人的制服照片,这样收藏的照片则会更加完整。拍这些照片开销不大,因为无论到哪里我都带着一个小型柯达相机。当我认出一名员工穿着我们的制服时,便上前拍照。

"成功拿到销售订单则证明做得所有这些都是有价值的。一些大公司想看看工作人员穿制服时的样子,我向他们展示制服照片,如同制服展示的效果一样好,他们就会明白我的意思。"

需要指出的是,伯顿在销售中发现竞争对手很少,他系统化地安排客户,每天拜访大约12家公司,日均收入接近17美元。所以没有什么理由能阻挡一个有进取心的人在这一行业努力赚钱。

5 美元开启邮票交易

詹姆斯·沃伦高中毕业后出去找工作,但工作机会很少,于是他决定自己创业。

他在自家阁楼上的一个旧箱子里发现了一封写给他母亲的信,这封信写于1870年。信封上有一张2美分的黑色邮票,上面有安德鲁·杰克逊的肖像。他把信封(集邮家称为封面)拿到邮票经销商那里,以5美元的价格出售。

沃伦用这笔钱买了一本斯科特的邮票目录和三套大约3000张混合"传教士"邮票,这些邮票是世界各地教会的传教士寄给经销商的。沃伦一直对历史和地理很感兴趣,发现邮票对他有特别的吸引力。

他萌生了一个想法,选一张特定的邮票,找出关于它的一切。他写了一篇关于邮票上的人物的有趣故事,然后去找当地学校的历史老师,向她兜售利用邮票来教历史的想法。就这样，他掀起了一股集邮"热潮"。

沃伦搭上这股"潮流"，找了5个学生作为代理人，向其他男孩卖邮票。他来到一家印刷厂，让人把他的名字印在信笺和审批单上。没过多久，原来购买的3000张邮票大部分都赚到了可观的利润。

他用这笔钱从波士顿一家邮票批发公司购买了更多的邮票，开始在镇上的几家商店以寄售的方式出售一些特殊分类的小包邮票。当这些分类邮票卖得不畅销时，他会不断调整直到售完为止。

沃伦向全国各地以及海外出售邮票，因此附近城镇的代理人数也在不断增加。他已经赚到了第一个1000美元，并且即将赚到第二个1000美元。

"吸引人"的卡片商品

雪茄推销员卡尔·奥尼尔正在和一位顾客谈论他的定期销售路线时，突然产生了一个想法，促使他在9个星期内赚了1000多美元。就在店主中止与奥尼尔交谈时，一个年轻人走进了商店，雪茄店老板问他要买什么，年轻人从一个样品箱里分别拿出5美分和1美分商品的展示卡给他看。"这张卡能为你带来120%的利润，"年轻人说，"这些卡片产品可自行销售。"一张卡片上是阿司匹林，另一张是剃须刀片。商店的顾客可以通过这些平版卡片为自己服务，店员无需通过太多的销售谈话来描述陈列商品的优势，顾客可以在不打扰店员的情况下自行购买小件商品。不到2分钟，雪茄店主购买每种卡片各一张，付完钱后，又回到一直在听他们说话的奥尼尔身边。当年轻的销售员离开后，奥尼尔从雪茄店主购买的卡片上记下卡片产品制造商的名字和地址，并在当天晚上给制造商写信，询问是否能将出售卡片作为副业。

"我马上就联系上了，"奥尼尔说，"买了几张卡片随身携带，并决定把它们介绍给我的固定雪茄经销商。我认识县里每一个卖雪茄的人，确信可以赚到钱。我毫不费力地卖掉了前25张卡片，然后又重新订购了25张。

当商品陈列在商店适当的位置时,就会自行出售。"

"通常我会把卡片放在引人注意的地方。然而,有时店员会四处移动卡片,并抱怨商品卖不出去。另一些店员会说,他们已有这种商品,因销量不佳而拒绝购买。从事卡片推销的前两周,这种抱怨非常普遍,并阻碍了我的销售。但是无论店员把我的卡片放在哪里,都销售了很多带卡片的商品,这引起了我的反思。我无法强迫店员把卡片放在任何想放的地方,但如果我对商品陈列有足够了解,就可以说服店员把它放在我预期的位置。于是我研究了商店的陈列,发现靠近收银机的位置就是放卡片的好地方。另一个好地方是玻璃陈列柜的顶部,里面放着廉价的雪茄。我将这些情况告诉客户,并为他们精确地计算出每个位置陈列商品所产生的价值。结果不出所料,不到一周,大多数客户订购了额外的卡片,并把它们都放在了我预计能发挥最大作用的地方。"

奥尼尔做得很成功,他很快就放弃了卖雪茄,转而专注于销售带卡商品。每天早上,他在车上装 50 张卡片,驱车穿过乡间,确定固定的路线,在各种商店里放上卡片。他每天拜访 90 个客户,每拜访两个客户就能卖出一张卡片,每天的利润不少于 12 美元。他集中精力制定了一个长达 9 周的计划,让商家在一个位置同时展示三张卡片代替一张卡片,这段时间他的佣金高达 1019.2 美元。

缺乏经验又不喜欢挨家挨户推销的销售员,他们可能会发现,拜访使用卡片销售商品的商店可以获利。雪茄摊、药店、杂货店、报刊亭、酒店和各类车站都为卡片商品提供了合适的分销点。

肥皂销售"险中求胜"获成功

肥皂推销员卡尔·菲兹在俄亥俄州代顿市挨家挨户拜访家庭主妇,用他所谓的"赌博系统"来获得业务,以此赚取可观的利润。考虑到从事这项业务几乎不需要成本,仅投资 1.5 美元购买肥皂就能开始,其有效的销售方法可能会大受赞赏。卖完这些肥皂后,菲兹拿着全部收益投资更多的肥皂业务,不断购买肥皂,直到拥有庞大的库存。第一周的销售令他倍感失望。他知道,大多数女性会买一盒肥皂,一盒 39 美分的售价很合理,普通市售价格比这还要高。可是尽管他很努力,两天里也才卖出 10 盒。

他解释说:"无论在哪里打电话,我都会听到同样的回答。'我要等到周六丈夫发工资的时候才有钱。'隔壁的人也以同样的理由拒绝我,于是我转身离开。从事肥皂销售的第三天,我对一个给我同样借口的女士说:'好吧,我留下肥皂,星期一再来。如果你愿意,可以现在支付一笔小订金,或者周一再全部付清。'她向我道了谢,答复没问题,于是我递给她一盒肥皂,把她的名字和地址记在本子上,然后继续拜访下一个。同样的,我又遇到了相同的拒绝理由,但我又留下了一盒肥皂。不过,在接下来的三次拜访中,家庭主妇出于对我的信任,愿意以现金购买。下午早些时候,我售出了 15 盒肥皂,收到了十多个肥皂的全款。那时肥皂已全部售完,我将收到的所有款项都交给了肥皂供应公司,然后重新投资到新的肥皂供应上。第二天早上,当有女士跟我说没钱时,我又用了和前一天下午一样的理由。不到两个小时,我就留下了 25 盒肥皂,其中 15 盒是现金销售。我又回到了公司,这一次拿了 30 盒,并在天黑前全部售完。"

"下周一当我收取肥皂款时,只有一位女士拒绝付钱。那时我的销售利润是 46 美元,完全承受得起几美分的损失。"

菲兹继续用他的"方法"并取得了显著成果。每天早上,他都带着装有 25 盒肥皂的塑料袋出门,大约中午回来再拿 25 盒。有时一天的销量高达 75 盒。在 4 个月里,平均每天卖出 62 盒,赚了 1000 多美元。菲兹每天大约拜访95个客户，平均销售额约为50笔。由于每盒利润为20美分，日均收入大约是10美元。菲兹建立的销售业务的优势在于它是生活必需品，因为每个人都要用肥皂，而且每个人都会买，无论是困难时期还是繁荣时期，肥皂可以不断反复购买，促使他能迅速建立起一个稳固的业务。

如果你在挨家挨户销售过程中经常遭到拒绝，比如"我今天没钱"，请试试菲兹的计划。只需支付少量押金即可留下你的产品，如果是一件较便宜的商品，可无需支付任何押金。大约99%的人都很诚实，当你再次拜访时，一般不会遇到不付款的问题。记住这是通向客户的大门，而后直接把你的产品交到客户手中！

每个男人都需要衬衫

克拉伦斯·特拉维斯想知道如何能赚到1000美元。他把一大批衬衫直接卖给穿衬衫的人，很快赚到了钱。上个月他又在银行存了1000美元。住在得克萨斯州亚瑟港的特拉维斯刚开始时也很失望，但制订了计划后，就开始赚钱了。

特拉维斯说："我不想说这个计划与其他人的计划有何实质性的不同。我相信很多人都在使用类似的计划。简而言之，就是忘记上门拜访的目的，多考虑如何与客户建立联系。不久前，我拜访了一位在奶酪厂担任主管的潜在客户。他告诉我，一年前他曾向直销员下订单，结果被'骗'得很惨，决定不再从挨家挨户的销售人员那里买东西。不可否认的是，其他销售员脑子里想的都是订单。这位顾客说，在订单送达前他等了很长时间。而当订单送到时，衬衫却和订购的不一样。我承认他的抱怨是合理的，但我言明，那个销售员失信于人，不代表其他人也会这样做。当时我没有接到他的订单，但在多次拜访后，我成功地说服了他，保证他的资金将物有所值。那已经是很久以前的事了，如今他早已成为我的忠实客户，并把我推荐给许多朋友。"

"开始从事销售不久,我走进当地的一家汽车修理厂,看看是否能让一些人对中等价位的衬衫感兴趣。我遇到了一个脸色阴沉的负责人,他认为我在浪费他们的时间。我急忙解释说,我并不想打扰工作人员,这一差错无疑是由于缺乏经验造成的。然后又询问他方便的洽谈时间。我特意对他非常客气,也表示认可他的说法。之后他平静了许多,粗暴的态度也缓和了,并问我在卖什么。我给他看了样品,做了讲解和展示,最后他下了订单。然后他说,如果我一次只跟一个员工交谈没问题。员工们目睹了这一幕,所购产品给他们留下了深刻印象,之后我带着15件衬衫的订单离开了。半小时后,我在一家快递公司的办公室里尝试了同样的做法,效果非常好。于是我开始拜访工业厂房和办公室,并建立了许多销售联系。虽然大多数类似的拜访都遭到了公司的拒绝,但有足够多的办公室和工厂的领班或主管允许我与员工交谈,从而在这个行业创造利润。"

特拉维斯大部分以三件衬衫为一个单位进行销售。不过,因为每件衬衫的价格不同,所以佣金从65美分到1美元不等。他专注在工厂、办公室和商店进行销售,尽管每天只进行7次面销,但每天平均能售出15件衬衫。有些衬衫推销员专门面向商务人士和专业人士推销衬衫,还附加销售袜子、领带和内衣。特拉维斯所售衬衫根据客户选择的材料量身定制,采取货到付款的方式,下单时所需的订金也由销售员保留并作为佣金。

年轻男孩赠送女孩的礼物

今天制造的某些特色产品为男性和女性提供了大量的赚钱机会。有些是奢侈品，有些是实用性与新颖性结合起来的产品。乔治·雷曼认为出售自动烟盒打火机绝对是个赚钱的好主意。按下打火机按钮，香烟被点燃并从盒子里自动跳出来。因为销售这款打火机，3个月赚了1000多美元佣金。接下来就是他的故事。

"我被这种烟盒打火机吸引了，因为它是许多男人想拥有的东西之一，但我承认，第一次推销失败了。每个人都喜欢它的外观，他们认为这是新奇的东西，但似乎并不想购买。之后，我意识到拜访的人都是靠微薄薪资勉强维持生计的，并非合适的销售对象。于是，我拜访了年轻人，其中一个给了我启发。他给'女朋友'买了一个烟盒打火机作为生日礼物，她非常开心。之后他高兴地告诉我，他的一个朋友也想为女朋友买一个烟盒打火机。我萌生了把它作为礼物卖给年轻人的想法。

"我发现20～25岁左右的未婚小伙子喜欢这类新奇的烟盒打火机。无论你在哪里，当你按下打火机按钮，一支点燃的香烟会自动跳出来。我很快把它推销给所认识的大部分年轻男客户，并决定采取更有效的方式向他们推销。司机开车时点烟并非易事。但是如果选用我提供的烟盒打火机，只要按下按钮，他的唇间会立即冒出一根被点燃的香烟。因此，我把大部分精力花在向司机推销上。只要站在受欢迎的加油站，当有人停车加油时，向其展示打火机并说明使用方法即可。每12个人中就会有1个人询问打火机的价格，当我表明价格后，他们就直接购买了。

"经验告诉我，加油站是销售打火机的最佳地点，因为司机正在开车，烟盒打火机最易出售。此时，若是他想点支烟，需先在一个口袋里找烟，然后在另一个口袋里找火柴，开车很容易跑偏方向。自然而然，他会喜欢我卖的烟盒打火机。然而，在家或办公室，情况完全不同。在家里，司机会忘记开车点烟带来的不便，而在办公室里，他的注意力集中在其他事情上。因此，向司机出售的最佳地点是在繁忙的十字路口旁的加油站，加油站的工作人员通常不会介意我在附近逗留，我可以帮助他们做些简单的工作。当生意不景气的时候，他们还可以向我倾诉。"

雷曼每天卖出16个自动烟盒打火机，净赚17.37美元。交通拥堵时，可以卖出多达35个。2.5美元的售价对顾客来说并不高。

雷曼的成功，说明他找到了适合销售产品的地点，并以正确的方式介绍和展示产品，从而达到预期的销售目标。

艾丁格通过销售贺卡赚钱

去年，詹姆斯·艾丁格需要一些额外的资金。他知道在节日期间卖贺卡会赚不少钱，但他并没有挨家挨户推销贺卡，而是专注于两个特殊领域——专业领域和服务领域。他集中拜访这两个领域的潜在客户，不仅在最短的时间内拜访了最多客户，还把精力用在实用却未涉足的领域。

他的销售计划只包括他所在城镇的办公楼，尤其是那些设有医生办公室的大楼。为了这些潜在客户，他携带了两种贺卡——一种是用于个人，另一种是用于商业。为了顺利拜访医生，他先集中精力向办公室女职员销售。成功完成销售后，他再请求去拜访医生。通常，他的真诚和随和，以及随身携带的精美贺卡给女职员留下了深刻的印象。在成功向医生销售后，下一步就是向他们的妻子进行销售。一般情况下，他会得到许可，打电话预约展示贺卡的时间。

这种"无止尽连锁"销售方法成功的原因在于牢记客户的需求，让顾客感受到自己的重要性。作为一个专业人士，他需要合适的贺卡类型。做了几笔销售后，他发现判断潜在客户想要传统的、与众不同的还是花哨的贺卡是件很容易的事。大多数职业男人不喜欢匆匆忙忙的生活，不忙的时候他们喜欢与人交谈。他们的健谈让艾丁格有机会打听到其他潜在客户的名字，他总是问医生的兄弟、叔伯、姐妹或者提到的其他家庭成员是否对挑选圣诞卡感兴趣。

不久，艾丁格发现大多数医生下午都比较忙，而且会提早离开办公室。因此他决定在下午、晚上和周末去服务站销售，这个领域对贺卡也有需求，但很少有销售员涉足其中。几乎每个住宅小区的服务站都依赖从周边地区获得业务。这种日复一日的稳定交易是业务的支柱，经营者当然希望与客户保持联系。艾丁格发现这些人很乐意从他那里买贺卡。

艾丁格第一次尝试在假日销售贺卡，5周内赚了295美元！尽管其他人在挨家挨户销售中已经做得很成功，但他仍难以置信通过挨家挨户销售能赚到这么多钱。艾丁格更喜欢高度专业化的领域和快速的销售结果。他希望今年能够赚取更多的钱，因为他不仅知道如何获得潜在客户，还手握众多老客户的名单，他总是提早开始准备，投入到下一周的工作中。

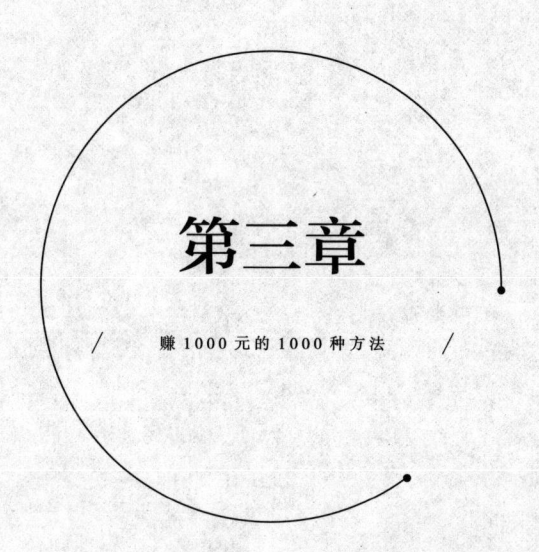

第三章

赚1000元的1000种方法

第三章

销售自制品

德国奥伯阿默尔高殖民地有一群世代相传的木雕师，专门从事宗教雕刻。多年前，木雕艺术品唯一的销售渠道只有教堂，小殖民地创始人开始雕刻宗教雕像，并把它们卖给教堂。他们对雕刻在木头上的历史人物非常感兴趣，以至于萌生了利用木雕重现他们生活的想法。从此，一种艺术发展出了另一种更伟大的艺术，他们雕刻的《奥伯阿默尔高激情球队》很快闻名于世。然而，这座木雕是他们作为木雕师取得成功的结果，而不是原因。如今，安东·朗和他的助手们雕刻的宗教雕像在世界各地的教堂里显得格外珍贵。无论是罗马教会还是英国国教会，都因拥有他们雕刻的木屏风或十字架而自豪。

现在，只要奥伯阿默尔高有一两个出色的木雕师，人们就会认为他们取得的巨大成功是因为雕刻的天赋而不是后天的努力。在奥伯阿默尔高，几乎每个人都会雕刻，而且雕刻得非常出色。这说明能够把事情做好，与其说是天赋，不如说是对所做事情有足够的兴趣，愿意通过努力获得成功。古语有云："天才是1%的灵感加上99%的汗水。"

你经常会听到人们说："我多么羡慕某某人，要是我有他那样的写作天赋就好了。"的确，有些人的文字表达能力生来就比其他人强。然而，你会发现，成功的小说家之所以能走到今天，是因为他们把写作放在第一位，时刻保持一种写作风格并成为一种特长，让自己的作品脱颖而出，吸引公众的注意力。有人说，如果你想成为一个成功的短篇小说家，先尝试写100个故事，然后全部扔进废纸篓，再把第101个故事寄给出版商。其实，无论你选择做什么，练习技能是关键。与其寄希望于消费者身上，不如自己勤加练习技艺。

但不要因为需要练习而放弃尝试，相反，尝试会让你变得更容易面对挫折。记住，奥伯阿默尔高的木雕师安东·朗也曾是个默默无闻的初学者。在他的一生中，也曾困顿于如何提高木雕技艺感到无能为力。幸运的是，当他还是初学者时，得到了村里有经验的人的帮助和启发。其实，每一个伟大的艺术家一开始都是如此。记住，只有你开始行动起来，否则永远无法到达成功的彼岸。一旦开始，就不要气馁，也不要偏离自己选择的目标，因为取得成功最重要的是要始终向着目标前进。

显而易见，把自己真正喜欢的事情做到熟练，那么就会更容易获得成功。如果喜欢木头的手感和气味，那么用木头做东西会比用金属做东西更容易感到快乐，也更容易成功。如果你思维清晰又严谨，制作橱柜可能会是你的强项。喜欢用什么样的工具？看到线锯、车床或锻炉，是否有感觉？或者你对刀或凿子这样的工具更感兴趣。如果你有制作"钟表的想法"，很可能在制作复杂的小型船舶模型、设计发动机或建造模型房屋方面会更加成功。

你现在卖不出自己制作的产品，可能是因为它们不是你喜欢的。一个人可能会在某个领域工作多年，等到鼎盛期过去之后才发现可以通过做自己真正喜欢的事情过上更好的生活。如果因为需要而无法选择职业时，请继续保持自己的喜好，迟早你会找到机会把它变成金钱的。

免费手工艺品培训

如果你已经放弃尝试制作东西，觉得永远无法获得制作出优秀产品的必要技能，那么你可能是在工具的正确使用或选择合适的设计方面缺乏指导。在大多数大城市，公立学校都会提供免费的手工艺品课程；报摊上会有许多适合工匠阅读的杂志；政府也会发布在农场或家中制作物品的计划和说明的公告；城市的图书馆也有很多讲述如何制作物品的书籍；制造商也会向你发送产品的使用说明书。这些都可以为渴望获得技能的人提供帮助。

借助几本好书或其他材料来指导自己进行大量练习，提高技能，做出自己真喜欢的物品。当你制作的东西看起来很专业时，必须要考虑产品营销的方式。因为无论产品多好，在没有找到市场之前，都无法从中获利。

甚至在开始制作东西前,最好先了解你所在社区人们的需求和喜好。逛一逛百货公司、礼品店、商品交易会及其他销售网点,可以更好地了解大众所需的商品。

今天几乎所有领域的趋势都倾向于"流线型"效果。切记,制作的产品要远离过时的设计。翻阅关于室内装饰和家具的各种期刊,就能发现人们的品味。当前"经典的现代"家具表明,任何橱柜产品都可以省略过多的装饰,这意味着你的产品必须在设计和工艺上非常出色,才能实现简洁明了的流线型效果。亚麻制品、玻璃器皿、珠宝、灯具、厨房用具和家具,或多或少都体现了现代设计的风格,今天,虽然旧式风格的家具和装饰仍有需求,但也要符合简化装饰和线条的现代设计要求,现代的设计风格似乎更适合我们的生活。

提供满足市场需求的产品

你的社区属于什么类型,是否位于郊区?这里的人们是否对花园家具、玫瑰棚架、手工家具以及其他适用于家庭和花园的优质产品感兴趣?也许你的社区是一个公寓式小区,人们几乎没有时间做好吃的食物,你可以尝试把自己做的面包、蛋糕、甜甜圈或烘豆卖给他们,又或者他们可能对你制作的彩绘锡灰托盘、羊皮纸灯罩、鸡尾酒桌更感兴趣。如果你所在社区有很多孩子,他们父母的收入属于中上等,那么可以通过销售玩具、彩色动物剪纸和类似的产品赚钱。

当你制作的产品准备上市时,可以通过租赁商店铺位销售,也可以通过交易会做广告,还可以挨家挨户地推销,或是把产品陈列在人们经常光顾的场所进行销售,让人们了解你所制作的产品,其实你可以向所有人推销你的产品,你不能指望别人来找你,而是将产品推销给他们。

比利·范和他的"松树"肥皂

比利·范曾是一名喜剧演员,让人发笑就是他的工作。正当他觉得自己在所选的职业上取得一些进展时,患上了肺结核,不得不离开波士顿的演艺圈。他几乎没有存款,他的同事和朋友资助他在新罕布什尔州的怀特山疗养。他在那里恢复了健康,两年后又回到剧院工作了6个月。在松林呆了这么久,他萌生了两个想法:一是想让那些既没有时间也没有钱去松林的人们闻到松树的清新芬芳;二是在那里建立事业,一旦离开剧院也能养活自己。

他认为制造松树肥皂能够实现他的愿望,于是尝试了许多配方,目的是找到一种能真正保留松针香味的配方。找寻一段时间后,他发现了可以大量制造这种肥皂的方法,于是他开始亲自销售肥皂。起初,他对喜剧演员成为推销员的想法感到好笑,后来,他意识到这是他表演生涯中一直在做的事情——推销,夜复一夜地向听众"推销"自己,而他认为推销肥皂应该更容易。每天早上他都在口袋里装满肥皂样品,心里充满着希望,开始挨家挨户地按门铃推销。

困难无处不在。药剂师不了解他的肥皂,批发商不愿意采购,他也没钱做广告。他突然想到可以向旅馆推销肥皂。他一生中大部分时间都在旅馆度过,认识全国各地的酒店经理,但他们觉得"比利·范改行卖肥皂"简直是个天大的玩笑!另外,他发现向朋友推销肥皂也没有捷径可走,终于他获得一家旅馆的试订。他将每块肥皂都包着一张传单,上面写着:"这块肥皂能清洁一切,除了你的良心。"每张传单上还附着一张优惠券并写着:"亲爱的比利:我喜欢你的肥皂。送我六个蛋糕,我会给你报酬。"这个主意非常奏效,许多订单都来自这家旅馆。就这样,比利·范因在直邮广告中使用反语而获得成功。以此开启松树肥皂销售之旅。从那时起,他一步一步地推进销售计划。最终,他在处处散发沁人心脾的松树香味的怀特山做起了利润丰厚的生意。

然而,这个故事的重点不是曾经的喜剧演员比利·范如何成为一名成功的肥皂制造商，而是他赚钱的方法。许多人愚蠢地认为，只有那些别出心裁的想法才能赚钱。其实，最赚钱的想法只是等着人们去发现，就像比利·范从怀特山空气中发现制造松树皂的想法一样。当比利·范销售肥皂时，市场上已经有许多品牌的肥皂，但他发现，如果产品质量好且能满足特定需求，总能占据一席之地。

纳普专营鸡肉压碎生意

每个农业社区都有机会开展鸡肉"压碎"生意，无需任何技能，只需少量的资金。只要与社区的农民和家禽饲养者签订合同，当他们的鸡太老无法下蛋或者肉质太硬难以下咽时就出售给你，而且花费也不多。之后，你买或借一个蒸汽压力锅，就可以开始做压碎鸡肉生意。

纳普一家的经历证明经营这样的生意可以快速赚钱。他们在密歇根州伊顿县有一个养鸡场，离州首府不远。除了销售鸡蛋，农场还有2000只蛋鸡以及许多其他品种的鸡可以出售，但主要是肉鸡。然而，当繁殖季结束时，他们只能以最低价出售一些老母鸡和阉鸡。一段时间后，他们萌生了一个想法，可以通过烹饪鸡、出售压碎的鸡肉来获利。

用于压碎的鸡肉最好放入高压锅中烹饪，因为利用高压烹饪只需30~40分钟，而在开口锅中烹饪则需要2~3小时。有了高压锅，纳普太太可以节省额外烹饪的时间。待鸡肉完全煮熟后，将肉横切（以减少肌肉丝的长度），然后调味（有时在烹饪过程中会加入一些调味料），加入鸡汤以及一汤匙普通明胶。明胶有助于鸡肉压碎模具保持坚固，并在鸡肉凝固后更易于将鸡肉糕切片。模具涂上油脂，防止里面的东西黏在一起。鸡肉塞满模具后，放入冰箱中凝固。除了制作普通鸡肉糕外，纳普太太还在其中添加切片蔬菜、橄榄、米饭和煮熟的鸡蛋黄等。利用制作好的鸡肉糕就可以做出一道非常吸引人的菜肴。制作时应注意，鸡肉按照通常的方法烹饪，将白肉和深色肉分开，把它们切得很细或用切碎机剁碎。煮熟的鸡蛋黄和蛋白应该分别切碎，分别调味。然后将白肉、深色肉、蛋黄和蛋清这四种原料与已经煮得足够浓稠的鸡汤混合在一起，再将白色和深色的肉以及黄色和白色的鸡蛋分层排列，压在平底锅或罐子里，放置过夜。

在高汤中加水可制出更多鸡肉糕，且售价也更低。在优质市场上，一条鸡肉糕的售价为每磅50美分。一只5磅重的公鸡，压碎后重量通常按照损失45%来计算，会减少到2.75磅，获取的利润大约1.28美元。通过在烹饪过程中加水并将其加倍，制得的鸡肉糕以每磅25美分的价格出售。虽然加了水，鸡肉糕的营养没那么丰富，但每只鸡的利润不变。选择加水稀释制作鸡肉糕还是不加水制作营养更丰富的鸡肉糕完全取决于市场。如果能开发出优质市场，确保每磅鸡肉糕按50美分的价格出售，意味着可以在更少的顾客身上赚到同样多的钱，从而减少工作量。但是，如果顾客更喜欢较低价的稀释产品，除了迎合市场需求之外别无他法。

开一家馅饼面包店

五年前，约翰·梅耶夫妇在密歇根州的本顿港开了一家馅饼面包店。此前人们如果想买蛋糕、饼干、面包或甜甜圈，不得不去其他地方购买。梅耶夫妇想把一件事情做到最好，他们成功烤出了好吃到足以吸引人们回购的馅饼。他们的销售市场包括酒店、餐馆和附近的避暑胜地，多数馅饼以一个35美分的价格直接卖给消费者。

在美国很多地方，人们对美味馅饼的需求使梅耶一家能够经营一本万利的生意，供养他们的漂亮房子和汽车，过上舒适的生活。馅饼市场的需求是无限的，几乎进入餐馆的每个顾客都会点馅饼，即使知道馅饼可能并不一定美味。为什么在一个将"甜点"特指"馅饼"的国家里，优秀的馅饼烘焙师如此之少，这是一个未解之谜。对于那些拥有像"母亲"般手艺制作馅饼的人而言，竟毫无竞争对手。

每月 100 美元的制毡工作

住在圣安东尼奥的露丝·琼斯急需用钱，结婚前她没有任何从商经历，也没有特殊的能力或天赋，那么她该怎么赚钱呢？

有一天，她听到一个朋友的儿子抱怨找不到一个能把校运动队标志首字母剪好并缝在棒球服上的人。于是，琼斯太太萌生了一个想法。经调查，该市的体育用品商店都不提供这种服务。然而，她发现一家小店在做制毡工作，便和店主洽谈。结果，她接手了这家店，正确安装完制毡设备就离开了。

琼斯太太在裁剪和设计毛毡方面的唯一经验是源于大学时为自己和朋友剪了几条三角旗。现如今，只要有一台现代化的缝纫机、一把上好的剪刀、一些锋利的刀片和一小堆毛毡，就可以开展制毡业务。她拜访了城里所有的体育用品经销商和体育用品公司，向经理们介绍她的服务，请求他们与她合作，并指出会将客户制服送到专门设计和需要缝制任何字母或标志的地方，满足客户需求。

大多数服装经销商只是把制服购买者介绍到琼斯太太那里，此后的交易完全在她和制服购买者之间进行。只有一两个商店更喜欢直接与她交易，并从中赚取小额利润。

这家小店的制毡旺季当属棒球赛季开始前，泳衣、篮球衣和足球衣也会带来一些制毡业务，给毛衣缝制标记和字母也有助于增加全年销售额。

琼斯太太的投资不足 100 美元，但全年平均每月赚 100 美元，需求高峰期的月份竟能赚 150 美元左右。她认为如果没有商店、或没有制服工厂可以提供制毡服务，那么从事制毡工作可以创造赚钱的机会。

开发一项特色食品业务

一天早上，英格兰的约翰尼在做面包时突然意识到烘焙是自己最喜欢做的事，于是决定开发一项"特色食品业务"来增加家庭收入。第二天，她和商店约定，以佣金的形式代销她的咖啡蛋糕、甜甜圈和果仁面包。车站附近的一家餐厅每天都能提供给她订购甜甜圈的订单。有一家茶室生意也很好，尤其是星期天，除了需要订购坚果面包外，还需要面包卷和馅饼。之后她发现自己的产品需求量越来越大，信心大增，鼓起勇气去争取更多的业务。城镇周边有一个旅游营地，这种地方几乎都不会有烘焙店。一天下午，她让儿子骑着自行车，带上装满甜甜圈、饼干、派和咖啡蛋糕的篮子到那里兜售。这些食品不仅毫不费力地全部卖完，而且约翰尼还带回了更多的订单。整个夏天的销售额证明了她的烘焙市场前景广阔。

那年秋冬，她转行做餐饮业，准备在"派对季"里大展拳脚。俱乐部举办的大型万圣节派对等都需要甜甜圈。她获得订单就是因为负责供应茶点的委员会知道她可以烘焙出最好吃的甜甜圈。她做的每样东西都很好吃，深受顾客喜爱，这就是她成功的秘诀。她发现姜饼深受镇上年轻人的喜爱，于是，她通过在添加了姜粉的酥饼上浇软糖酱来制作特色姜饼吸引顾客。烘焙生意发展起来后，人们习惯在有客人来访时打电话找她帮忙，她通常会设法提供一些美味来代替茶水、午餐或周日晚餐。她记得举办桥牌派对的女主人喜欢奶油蟹肉和鸡肉馅饼壳之类的菜肴，但是镇上很难买到美味的馅饼壳，她就把这道菜加到清单上，推荐在周日晚餐和桥牌派对上食用，成功引起了人们对这道菜的喜爱。

"口口相传"自然而然为她销售产品做了广告，面包、蛋糕、咖啡蛋糕及其他产品随附的小卡片也有助于生意的宣传。这些卡片约 6 英寸长，3 英寸宽，背面写着为午餐、周日晚餐、桥牌派对和儿童派对等提供特殊"款待"的建议。许多女主人在准备食物时，翻出附有"今晚桥牌派对可以给客人提供什么"的卡片清单，便可轻松解决难题。这些卡片是她朋友精心打印出来的，只收取少量费用。在圣诞节、复活节和其他节日里，她会给顾客寄一张列有特别适合节日聚会的食物清单的卡片。

当接到大订单或餐饮订单时，需要额外雇人帮忙。通常情况下，刚读完高中还没找到工作的年轻女孩渴望赚点零花钱，愿意来店里兼职。工作很简单，包括给小蛋糕涂糖霜、在甜甜圈上洒些糖霜或糖粉、用电动打蛋器打鸡蛋、将蛋糕或甜甜圈放入盒子、洗烘焙用的盘子和平底锅等。另外，约翰尼需要经常配送一些特别订单。但各种特殊菜肴的准备工作，她从来不会交给任何人处理。

作为一名没有商业经验的女性来说，她成功了。因为她投入了每个渴望成功人士所必须投入的——知识、勤奋和独创性。

利用旧轮胎赚钱

詹姆斯·哈德利的仓库位于美国中西部城镇，仓库里有许多无人认领的磨损轮胎。他既收不到仓库租金，也不能出售轮胎。听说有一种机器可以用旧轮胎制造门垫，他决定去看看。

哈德利解释说："我手头有很多旧轮胎，如果能把它们做成垫子，或许能从中赚点小钱。"于是，他花了300美元购买垫子制造机和附属设备，做了一些垫子，堆放在仓库里，然后在当地报纸上刊登广告。

哈德利说："我以为通过广告可以卖出大量垫子，但并非如此。我很失望，因为没有人争着要买垫子，只有少数人购买，垫子的销售额远不够支付广告费用。我认为这是因为人们对垫子的质量不够了解，而我要做的就是让他们了解。我尝试将垫子陈列在橱窗里，但几乎没有人注意。我试着挨家挨户推销，虽卖了一大部分，但还是无法打消我去寻找更好市场的念头。"

詹姆斯·哈德利一直在寻找更好的市场，他来到办公楼和经理们交谈。他们告诉哈德利，办公楼进口处会使用垫子，并承认他的垫子质量很好，但那里已放置了垫子。"我走访了两个星期，"哈德利继续说，"发现没有使用正确的营销策略，决定做出改变。这次我将重点拜访公司，在每家公司都留下一个样品垫。然后指出，由于垫子是用旧轮胎制成，每个垫子都比普通垫子更耐磨、更结实，并进行演示来证明其寿命更长。"

"一家生产麻花钻公司的采购员告诉我，如果操作平面磨床的工人喜欢这款垫子胜于目前使用的垫子，我就会获得订单。他把我的垫子放在磨床前面的地板上。如果操作磨床使用的溶液滴在光秃秃的地板上，就会发生事故。当我的垫子被证明可以避免此类事故时，工人们就会使用它。当天采购员就打来电话，让我带45张垫子去公司。就这样，我渐渐解决了垫子和轮胎的库存。"

购买一个旧轮胎要花5美分，每个轮胎可制成3平方英尺的垫子。他以每平方英尺70美分的价格出售这些垫子，总成本（包括生产成本和管理费用）是每平方英尺25美分，净利润45美分。有了制作垫子的设备，每天可以完成300平方英尺的垫子。哈德利前10个月就赚了1000多美元。

在社区营销手工艺品

在营销自己制造的东西时，或多或少会受到买家刁难，这也是常见的现象。如果你所在社区有几个人在做类似的事情，那么可以组织一个社区营销机构，由一个人代理所有成员进行产品销售。这种营销模式已经在农业社区成功运作，同时也受到那些通过礼品店、百货公司或批发商等渠道销售产品的人的青睐。

马萨诸塞州楠塔基特成立的柳树小屋编织便是这类机构的一个典型例子。几个成员在推销手工艺品遇到困难后，成立了一个中心销售部门，致力于建立和维持产品销售的市场。

满足客户对款式的需求是说服其为优质产品支付高价位最重要的因素。其次，不符合色彩潮流趋势的设计一直是许多工艺美术团体企业的最大缺点。为了克服这些缺点，柳树小屋编织的销售代理每年多次到款式中心基地考察当年的流行趋势，尤其是颜色偏好。柳树小屋95%的产品都是原创设计，他们重在产品符合服装的潮流趋势，许多顾客会根据样品下订单。

直销需要双管齐下，一方面通过向老客户邮寄产品获得订单。他们与一个"巡回展"共同合作，旨在吸引新的潜在客户，并与该城市拜访过的老客户保持联系。一些手工纺织品生产商通过在百货公司演示来简化展示产品过程。柳树小屋组织的负责人喜欢在酒店、俱乐部、商店或其他可以制造特殊气氛的地点进行产品展示。他们依靠精心挑选的产品来吸引潜在买家。

柳树小屋编织的第二条销售路线与通常的手工艺品营销方法截然不同。12家织机厂的代表每年数次走访主要城市，与室内装饰商、室内装潢织物商等大宗采购商保持联系，该销售计划已经在规模较大的机构中获得大量新业务。例如，康奈尔大学新宿舍的面料订单打破了记录。由于现代室内装潢设计和室内装饰需符合时代需求，必须做大量的工作才能确保颜色搭配一致。

这些织工大师发现了一个与稳定客户保持联系的秘诀，这似乎是大多数手工制品的开拓者无法做到的。这个秘诀就是用围巾、颈饰、跑鞋、垫子、办公室和梳妆台等特色物品来填补西装和外套的订单空白。除了为织工创造更多额外的订单外，从某种意义上说，增加的业务还培养了制作其他物品的副业，用于编织、图案和颜色组合的样品中。

鸟屋建筑师

约瑟夫·多德森这个名字早已家喻户晓，当看到他的名字时，马上会联想到树上摇摆的小鹪鹩鸟屋，或者是宽敞的马丁鸟屋公寓。

这项蒸蒸日上的业务始于几年前。当时约瑟夫·多德森在芝加哥的一家债券公司工作，他的大部分业余时间都花在家里的地下室制作鸟屋。这些鸟屋的独特之处在于，每个鸟屋的外面都钉了一小块闪闪发光的金属。

他发现许多鸟儿喜欢在镜子前打扮自己，只要贴上这块小金属，就可以吸引更多的鸟儿。

不久，邻居请他帮忙建造鸟屋，然后邻居的朋友也发来订单，他很快意识到这个爱好可以发展成商机。以建造简单的鸟屋为开端，业务发展得越来越好。今天，约瑟夫·多德森仍在制作鸟屋，从他居住的伊利诺伊州小镇销往全国各地。这个主意可能会吸引你，让你赚到我们所说的1000美元。几乎每个社区都有一个很好的"豪华"鸟屋市场，尤其是销售马丁鸟屋，利用一些巧妙的设计和工具，鸟屋很容易就建成了。

自制软糖生意

本特利太太家里有四个适龄入学的孩子，因此她必须增加收入。她家位于芝加哥附近的轻工业区，她推断办公室的女孩们喜欢吃糖果，男孩们也是如此。于是她做了一些软糖，用玻璃纸包装后在办公室里推销。在第一天中午前，她卖光了所有软糖，计划在下星期二再回到她去过的那些办公室销售。那天晚上她又做了一批软糖，第二天早上去街对面的办公室也卖得精光。

没过多久，生意逐渐稳定下来。她把销售区划分成几个区域，每个区域花半天时间销售。这样，每个区域办公室的人都可以计划在一周的某一天买到软糖。姑娘们和小伙子们都下了订单，很快订单就满了，可以准备去往下一个办公室。

遇到母亲节、情人节、纪念日等特殊节日，她会用精美的盒子包装软糖，盒子外观是用明暗亮片交替形成的图案装饰。她提前订好这些盒子，并雇用孩子们放学后送来盒子。

她安排了两家学校附近的商店和一家面包店代销糖果，还在一间茶室放了一盒软糖，每颗售价1美分。通过在附近一家大型自助餐厅当收银员的堂姐，可以在收银机附近的柜台上找到摆放糖果的好位置，还从孩子们就读的小学和高中的老师们那里获得了额外的订单。这些订单的利润也很可观，尤其在圣诞节，许多老师回家过节，都会下订单在给家人的圣诞礼物里多加几盒糖果。本特利太太的另一个销售创意是在每个包装里放一张卡片，上面写着"甜蜜软糖"，还有她的姓名、地址、电话号码和每磅糖果的价格。为了降低成本，她选择了普通的、深奶油色的盒子，用硬棕色蜡笔在盒子上用独特的反手手写体写上"甜蜜软糖"字样。当然，要掌握正确的反手写法，还需要一些练习。起初，她发现用蜡笔在封面上写字很难掌握力度，但将盒子封面放在一块光滑的木头上却写得很顺利。诸如此类的产品包装往往意味着产品营销的成败与否。

去哪儿兜售糖渍爆米花

爱荷华州滑铁卢市的詹姆斯·巴洛站在能容纳350人的场地中观看棒球比赛时，突然闪过一个念头——他想买爆米花！而最近的商店居然在两个街区外。这里有100多人都想吃爆米花，这是多好的赚钱机会啊！他决定在下周日测试这个想法的可行性，于是就买了一个爆米花机。

他的妻子提供了用玉米糖浆和水制作焦糖的配方，巴洛根据此配方调制定量糖浆浇在玉米上，然后将焦糖爆米花压成球状，用红色蜡纸包住。比赛开始前，他用衣篮装满爆米花球，带到观看比赛的人群中售卖。他在比赛场边线上踱步，很快以每个5美分的价格卖掉所有爆米花，并在比赛期间回家取了三次爆米花球，总共卖出179个。

制作焦糖爆米花不需要昂贵的设备。在玉米爆开后立即将薄薄的焦糖糖浆浇在玉米上，而后静置几分钟，焦糖爆米花就做成了。当玉米糖浆或糖蜜与水混合并煮沸后，可以制成上好的焦糖。然而，所制糖浆必须很稀，这样才容易铺开并快速变干。

爆米花能保持两三天的新鲜度，在人们消遣的地方，如海滩、野餐地、公园和旅游营地，爆米花卖得很畅销。在公共建筑、集市和剧院外也可将其快速出售。

一旦掌握了制作爆米花的"窍门",用一小笔佣金雇几个"活跃"的高中小伙子来推销,生意就会蒸蒸日上。虽然制作爆米花前需要做一些准备工作,但这是非常值得的。

开办洋娃娃修理店支付手术费

莫莉·温德是一位纺织品推销员的妻子,她的右脚在一次车祸中受伤了。一次手术大概需花费 800 美元,她如何才能赚到这么多钱呢?虽然她丈夫有工资收入,但需要支付房贷、保险费和生活费。温德太太利用他丈夫公司停产的纺织品样品,经常在圣诞节期间为朋友孩子们的洋娃娃做衣服。她认为给洋娃娃做衣服也许是个赚钱的办法。

她发现朋友们都很愿意购买洋娃娃的衣服作为孩子们的生日礼物。洋娃娃衣服卖得很快,因为模仿了当前流行女装和童装的款式,穿着时尚的洋娃娃总是很受孩子们的欢迎。她从 9 月开始制作洋娃娃衣服,11 月和 12 月集中精力为圣诞节争取更多订单。制衣过程中,她不仅要为圣诞节做洋娃娃衣服,还要对其进行缝补,因为妈妈们带来的娃娃不是断臂就是断腿,要么脸上有划痕,要么头部破裂或假发严重毁坏。因此,在给娃娃穿上衣服之前,必须先进行修补。

做些简单的修补对她来说很容易。用些胶水或针线,将假发重新卷起来,穿上新衣服的"贝琪·安"或"莎莉·卢"看起来焕然一新。莫莉·温德是一个和蔼可亲的女人,她有很多朋友和熟客,开始这项业务之前,关于她的制衣口碑早已传开,因为她曾在洋娃娃修理店工作。然而,她不止擅长修补洋娃娃,人们还把各种各样的玩具拿给她修补,甚至还有瓷器和小摆设。她觉得用"精心制作"一词来形容特色洋娃娃销售和穿着各国服装的洋娃娃市场更为贴切。这些娃娃在教堂集市和社团、旅馆等举办的慈善活动中通过抽奖形式进行出售。

次年6月莫莉做了手术，此时她有足够现金支付医院账单，其中一半以上手术费用需支付给医生。如今她拥有许多客户资源，第二个圣诞节制衣利润同样丰厚。由于需要在工作上投入所有时间，她便把家务交给了上高中的大女儿。温德太太是幸运的，因为她拥有工作中所需的大部分材料，只需很少的花费来购买其他制衣所需用品。然而，即使需要增加材料费，经营一家社区娃娃修理店依然有利可图。

为黑面包和烤豆交税

居住在公寓区或附近的女性可找到向潜在客户销售面包、饼干、蛋糕等类似产品的市场。一位住在芝加哥南部的女性每周五下午拜访附近的住户，打算打开销售黑面包和烤豆的市场。许多需要烤豆、奶油鳕鱼和星期五食品的家庭发现，黑面包才是制作完美餐点的必需品。然而，大多数女性不会制作黑面包。它是一种特殊食品，商业食品公司也无法制作出它的美味。

她一开始只想卖黑面包，考虑到其与黑豆的关系，没过多久就开始一起销售这两种食品。她通过携带一个类似于打字机的小箱子来推销黑面包，里面装着几条黑面包和一片切片黑面包。切成两半的切片面包作为样品让潜在客户试吃。样品面包特别好吃，不久就获得了几个食品订单。美味的烤豆呈棕色，装在大小不一的褐色陶器中，大小取决于家庭订购的尺寸。大多数女性喜欢无需任何繁琐的准备工作就直接做饭。她们从桥牌派对回到家，将一锅豆子放进烤箱加热，切好面包，准备一份丰盛的沙拉，拿出泡菜和番茄酱，还有提前准备好的甜点。

这位女士非常有生意头脑，列出一份用于搭配黑面包味道不错的食物清单，比如烤豆、土豆沙拉、熏鳕鱼等。她还建议孩子们的午餐用黑面包搭配一大杯牛奶，同时，切成圆圈或其他形状的黑面包涂上奶酪可用于午宴和派对。正在上高中的女儿在食谱大小的卡片上打印她的名字、地址和电话号码，卡片的背面还列出了食用黑面包的方法和价格。这些卡片被邮寄给客户的朋友（通过询问客户确定名单），还有那些对她的产品感兴趣的潜在客户和老客户。顺便说一句，她从不错过任何一个拜访客户所住大楼里其他租户的机会。

除了通过拜访住户开展业务，她还拜访了附近三家酒店，并向邻近街区的其他四家酒店出售产品。这样一来，酒店至少可以满足挑剔常客的需求，同时也为黑面包的销售开辟了另一个领域。上高中的女儿和12岁的儿子在家附近送货，而她自己开着车，给酒店以及附近的客户送货。随着业务发展，她积攒了不少钱，除用来支付每年的房屋税，还用于满足自己及孩子们的生活需求。

蛤蜊壳可以用来做什么

玛丽·库珀刚失去了工作，和两个孩子住在廉价的公寓里。不过，她是个很有创造力的人，利用蛤蜊和牡蛎壳可以制作各种新奇的东西，很快做起了小生意。她从附近的一家海鲜店拿来免费贝壳，把它们做成新奇的东西，再带到曾工作过的美容院销售。老板给她一个橱窗陈列，并收取佣金。这些新奇的东西制作成本并不高，所用的材料包括普通的清管器、蛤蜊壳、牡蛎壳和其他贝壳，而且不需要特别的技能。接下来说明它们的制作过程：

在牡蛎壳偏小的一端钻一个孔，将清管器的一头插入孔中，用金属丝绕在外壳边缘上方和周围来将其固定，清管器主要向上延伸，再拿一个相同大小的牡蛎壳重复此操作，而后将两个牡蛎壳并排放置。清管器中间位置折成两部分，并将其扭在一起。接下来选两个小牡蛎壳，将它们与扭曲后形成的单个清管器配对后安装在一起。清管器突出到外壳上方的那部分做成颈部。之后在一个小圆锥壳的一侧钻一个洞，将此连接到清管器的顶部。用牡蛎壳制成了两只大脚和身体，用清管器制成了腿和脖子，滑稽的

"人物"由此制成。顶部的小壳当然是头，可以通过将管道清洁器切成两半并在牡蛎壳的接合处连接到颈部来添加手臂。一把小刷子和10美分的油漆就可以把制作的人物涂上任何颜色。用这种方法还可以很容易地制成其他有用的物品。

托斯代尔姐妹自制华丽的枕头实现巴黎之行

托斯代尔姐妹刚刚大学毕业，像往常一样在家乡举办聚会后，产生了一种狂热的旅行念头。海伦和玛丽·托斯代尔想自己赚钱去旅行。

两个女孩都非常擅长缝纫。从高中起，她们开始为自己制作裙子、套装、外套等，了解时尚服装搭配的颜色和面料。不过，两个女孩都不想从事服装行业，想尝试其他类型的缝纫工作，比如缝制高档枕头。因为在家做了多年的缝纫工作，箱子和盒子里留着用过或没用过的面料、丝带和边饰。经检查，她们发现无需购买任何新材料，就有足够的材料做很多枕头。

那年夏天，她们开始设计枕头。到11月，她们已经制作了几十个漂亮枕头。色调相配的丝带编织在一起，做成有趣的方形图案；用颜色对比鲜明的材料做成的条纹被应用到现代设计中；门廊枕由坚固的印花棉布和提花布制成，边缘则用对比色镶边；精美的亚麻布被绣成柔软、精美的婴儿枕；零碎的蕾丝和丝绸被用来制作闺房枕；宝石色的天鹅绒和用环状流苏装饰的缎子或用对比鲜明的材料镶边，用来制作朴素的坐垫。

离圣诞节还有三个星期，她们就准备好展示成果了。她们说服了当地一家洗衣店，以5美元的价格租赁橱窗三周。在疯狂的圣诞购物热潮结束后，她们制作的枕头都卖光了，并有20多个订单还没完成。枕头的售价也不错，可见人们对手工制品的喜爱程度与价格似乎成正比。

虽然圣诞节销售赚了不少钱，却不足以实现欧洲之旅。所以整个春夏，她们都在设计、缝制、销售枕头。通过浏览杂志寻找创意灵感，去丝绸大卖场寻找物美价廉的材料。她们从批发商那里购买大量木棉布和平纹棉布枕套的羽绒枕头，价格比她们自制的枕头还便宜。整个春季，两个女孩接到了6个家庭订购枕头和窗帘的订单；整个夏季，她们都在销售用于门廊的枕头。当地一家礼品店找她们订购枕头，店主承认这些枕头比别处买到的任何枕头更精美，款式也更好看。

那年晚秋，她们忙于为圣诞节促销备货。她们认为即使做多了，明年也可以继续出售。圣诞节来临之际，她们的枕头将洗衣店的橱窗装得满满的。于是，她们在繁华的街道租用了一家空置的商店。由于布置得极为吸引人，人们纷纷驻足观看，其中大多数人都买了枕头。当两个疲惫的女孩在最后一次圣诞夜疯狂抢购活动结束后计算销售额时，发现只剩下两个枕头，一个被踩踏弄脏了，另一个挤在柜台后面没被发现。

来年，托斯代尔姐妹实现了欧洲之旅，但这不会是她们最后一次去欧洲，因为她们已经决定开店赚钱。既然洞悉了人们的需求，她们打算制作枕头、窗帘、被子等产品。为了有足够的存货，她们还雇用了两个擅长精美针线活的女性来兼职。

制作微型古董复制品

参观乔治·科纳旧金山的商店如同与格列佛一起穿越小人国。时间和空间似乎被这个工匠制作的古董家具微模型魔杖消除了。他的工作台上方，悬挂着一排排整齐的小刨子、小锯子和小锤子，这些工具能把更小的钉子钉进火柴般厚度的木块里。

科纳利用这些工具设计出只有一个橘子高的小橱柜。他可以细致入微地完成每个细节，甚至连抽屉的衬里都是如此，因为没有哪个橱柜制造商能像他那样深入研究家具，或者将所学知识应用到制作逼真的微模型家具上。

科纳先生年轻时曾在英国学习仿古家具知识，培养了仿制能力。后来，他在加州政府部门工作多年后，因健康状况不佳，转而从事制作工作以维持生计。有几年生意很红火，他的古董家具复制品因非常精巧而闻名于旧金山，只有专家才能分辨出真伪。1929年，生意变得不景气，那时他已经70多岁，但其灵活的双手制作出的古董家具复制品依旧十分精巧。他转向从事自己的业余爱好，制作出齐本德尔椅子、邓肯·法夫桌子以及赫普·怀特餐具柜微型复制品。这些复制品不属于玩具家具，而是真正的微模型缩影。人们通过价格来区分不同模型：一套科纳卧室套装售价5美元；一套按比例制作的洋娃娃售价25美分。

以前忙着在店里打零工的人们注意到这些精致的小模型后，便买了下来。同时，他们也想送一套一模一样的模型给朋友。微型家具渐渐填补了大型家具的空白。一天，一位没有太多存款的女士问科纳先生，是否可以建造一个玩具屋来放家具。科纳先生确定可以，因为他曾在英国学习过建筑和古董知识。他画了设计图，建了一栋微型房子，引起人们的关注，获得了更多订单。现在下订单建房子的业务，用他自己的话说"只是好一点"。建微型房屋的费用从10美元的小屋到300美元的豪宅不等。

他正在建造一幢带家具的微型房子，可以赚550美元。房子矗立在商店的橱窗里，他正一件一件地往里添家具。每天都有感兴趣的人在商店橱窗前驻足观看。这栋白色殖民地风格的房子镶着绿色的饰边，共有五个房间。房间里铺着橡木和桃花心木的镶木地板，还有一段带扶手的漂亮橡木楼梯通向楼上的浴室和卧室。房间里有邮票大小的电动开关，枝形吊灯上装有微型地球仪。精致的窗框包裹着玻璃窗，而非普通的云母玻璃。

过去几年里，人们对仿古家具微型复制品的兴趣很大程度上受到沃德·索恩太太在芝加哥世界博览会上展出的精美微型房间，以及电影演员科琳·摩尔为慈善而展出价值50万美元的玩偶屋的影响。另一个代表性微型复制品是著名化妆品制造商海伦娜·鲁宾斯坦的无价收藏品。其中一些房间的小家具是它们的主人多年来收集玻璃、黄铜、木头和零碎家具过程中获得的，而大部分都是由现代工匠制作。在地下室有工作台，有设计天赋的人都可以制作出这些微型家具，相关家具设计的书籍和期刊可以指导制作出线条与原件一样真实的微型家具。

擅长制作"汉堡"

几年前,亨利·费希尔失去了餐馆的工作。他从自己的小额储蓄账户里取出50美元,在芝加哥大环的一栋办公楼里租个地方开汉堡店。3个月后,亨利赚了很多钱,又开了两家店,现在经营得很成功。

他说:"第一次找的地方不够大,连转身进去都困难。我希望有更多的空间放些常规食品,提供咖啡、茶和牛奶。然而,开店第一周就放弃了这个想法,而专门销售汉堡三明治。这些汉堡比普通的大些,售价为10美分。中午这栋大楼到处挤满了需要用餐的工作人员,显然他们最需要的是快捷服务。当我的店面进驻大楼的消息传开时,我却感到难以在午餐高峰期满足人们的需求。"

"购买设备花了16美元,商店每月租金33美元。我没做广告宣传,是因为没打算在这个狭小的地方待太久。一个10美分的美味汉堡三明治(黑麦面包上涂了蛋黄酱——有时被称为"维也纳风格")经常一售而空。第一天,虽然赚了24美元,但开支高达15美元。第二天情况有所好转,到周末已经渐渐步入正轨。我的妻子和我一样对第一家店的成功感到兴奋,她敦促我不要只满足于一个地方,可以再开一家。然而,我们很难找到合适的位置,因为办公大楼很少有合适的门店,这种店面很抢手。因此,我们选择了工业大楼二层的一个小房间,这里几乎都是从事印刷业的公司。一家排版公司有120个员工,另一家两层楼的印刷公司有600个员工。因此,把店开在这里,最为合适。公司员工光顾便利,而且他们花10美分就可以买到一个令人满意的三明治,这是许多人愿意支付的午餐费用。那些不想离开商店或办公室的人,经常托人代买汉堡。大楼的工作人员以及办公室代买人曾有过一次性替办公室员工带回多达15个或20个汉堡的经历。我本可以在第一家店兼售咖啡,但会因此耽误汉堡制作。喝咖啡的人一般都想在座位上品尝,但我那里没有地方放桌子,而那些买汉堡的人却并不介意没有咖啡。因此,节省了租用更大空间的租金和固定设备成本,生意才能做大。开第二家店兼卖咖啡,是因为公司员工习惯派一个小伙子购买

8～10杯咖啡。第二家店的利润和第一家店差不多。接着，我选择另一栋工业大楼开第三家店，因为这里的租金很便宜，而且为销售咖啡和汉堡提供了又大又集中的市场。"

亨利认为商业区或工业区以外的地方不适合销售汉堡，他的成功在于为时间有限的人们提供了便利。如果楼栋30%的人能成为店里的顾客，那么汉堡店就可以保持良好的业绩，亨利心情自然也很舒畅。

他的第一个设备是一个用来煎汉堡的二手煎锅、一个用来装"巨型面包卷的大锡盒以及大瓶调味料"。制作美味汉堡的窍门是把肉和碎面包混合在一起，而且无需用冰块储存，因为当地包装仓库每天运送两次汉堡，可以直接放在烤盘上烤。投入少量资金，利用工业或办公楼的较低楼层（不一定是大厅或街面楼层）的任何小空间就能开设这种类型的店铺。高利润的袋装薯片、小馅饼和类似的特色食品可以作为附带产品销售。

蚀刻瓶子和盒子易于销售

哈里·布朗大学毕业时，决定尝试用他思考了一段时间的想法来赚钱。通过大学化学课程的学习，他学会了如何蚀刻玻璃——在玻璃上涂上蜂蜡，用钢尖刻字，然后将玻璃表面暴露在汽化氢氟酸中。

哈里稍加练习，发现可以制出外观精巧的药瓶子。他买了一箱标准尺寸的优质透明玻璃瓶，在上面刻上常用药物的名称，如硼酸、金缕梅酊剂、洗手液、甘油等。他做了几套药瓶，每套四瓶，卖给朋友和亲戚。之后，他又挨家挨户推销自制产品。每次拜访家庭主妇，他都设法推销出一整套瓶子。如果她们表示不需要整套瓶子，他也会建议先购买一对。有时他让家庭主妇推荐两个或更多药名作为瓶子标签，并免费为其蚀刻不收取额外费用。他还接到为病人或婴儿制作特殊药瓶的订单。

哈里选择晚上交付订单，一般来说，男主人在家就会爽快地结款。此外，他常常发现父亲对他的"私人供应"很感兴趣，包含一整套酒瓶，刻着诸如黑麦酒、波旁酒、苏格兰等酒名。

带镜面的小火柴盒是另一种畅销品。他一打一打地购买，并在镜面刻上 1~8 的数字。女桥牌迷们很高兴可以用它们来换取桥牌奖品。当这些火柴盒很畅销时，他又买了一些更大的镜像烟盒，在烟盒顶部蚀刻一些流行香烟品牌名。女桥牌迷们购买这些新奇的东西不仅是为了桥牌奖品，也是为了家居装饰。

没过多久，哈里就忙得不可开交，不仅要找人帮忙蚀刻瓶子，还得雇人跟进产品调查。

锻铁住宅标识引领时尚潮流

伊利诺伊州迪尔菲尔德的利安德·赫瓦尔因经济大萧条丢了工作，转而从事自己的爱好——制作家居手工小饰品。高端北岸区的口碑广告为赫瓦尔先生带来了许多手工制作铁制住宅标识（入口处或入口附近柱子上的摆动标志）、墙饰、风向标及其他手工艺品订单。他的儿子毕业于芝加哥艺术学院，负责标识的设计。其中一个设计是为一家小狗收容所（芝加哥一个社团领袖的企业）制作标识牌，展示了一只小狗直立后腿乞讨，另外两只小狗在旁悲怜聆听的情景；另一个设计是在北岸一处庄园户外客厅的墙上制作一幅可爱的圣母像。

住宅标识起源于中世纪，发明早于门牌号，一般使用某种独特的标识标牌作为房屋的标志。有了住宅标识，人们可以说"绿公鸡"或"黄灯笼"的标识是某某先生的住所。贵族家庭的家族纹章上的徽章被用作家徽，斗鸡、展翅鹰和独角兽这些图案很受欢迎。为房屋命名的时尚风潮也带来了住宅标识的需求，象征着热情好客和友谊。

赫瓦尔先生意识到，如果想取得成功，必须让人们知道他可以用锻铁制作什么产品。因此，尽管他没有多余的钱，还是计划在芝加哥海军突堤的花园俱乐部花展上举办展览。他通过为俱乐部做 1 个月零活和铲泥炭挣到布展所需资金。此次展览吸引了许多欣赏锻铁工艺的人们关注，带来了不少生意。

许多东西都是由锻铁制成，那些渴望从事这类工作的人可以找到无数关于该主题设计的书籍。新奥尔良的锻造铁门和阳台建于殖民时期，它们以"美"闻名于世。多年来，有关锻铁制品的艺术和技术的案例经久不衰。错综复杂的花边设计的确是艺术家的杰作，是不易媲美的。然而，普通工匠也能做出许多简单的设计。由于人们重燃对殖民时期建筑和家具的兴趣，住宅标识、具有殖民时期特色的入口处灯笼、栏杆、窗户下的小阳台、壁炉设备、烤架、铰链、门环等如今都很流行。当然，锻铁制品的售价应该足够高，才足以体现对此类原创设计和专业工艺的重视。

詹姆斯·麦克的三明治吧

4年前，詹姆斯·麦克为了保持健康，决定寻找一处更宜居的地方，于是驱车前往佛罗里达州并在迈阿密停留了一段时间。詹姆斯·麦克是品鉴咖啡的行家，对咖啡很挑剔，正因如此，他会为自己煮一杯好咖啡。据麦克说，迈阿密没有优质咖啡。他尝遍了所有的餐厅、酒店，觉得那里的咖啡实在太差了。

如果在迈阿密喝不到好咖啡，他会自己冲煮，并向这些佛罗里达州的厨师展示北部的人是多么喜欢自己煮咖啡！于是，詹姆斯·麦克开了一家三明治吧。三明治吧只有三明治、咖啡和牛奶。三明治中的鱼是当天早市上的鱼，因为购买数量足够多，可以以优惠价购买。汉堡是精心准备的，非常新鲜，足以配得上镇上最好的咖啡。

起初人们对他的咖啡尚有疑虑，但尝过的人很快就成了店里的回头客。"我会带你去麦克咖啡馆，在那里你能尝到从未喝过的上好咖啡。"老顾客向新人吹嘘已经成为一种习惯。麦克咖啡馆只有12个座位，但他并不想扩大规模。"我不需要开销很大的店面，"他回复一位质问他的访客说道，"顾客真的很喜欢这家咖啡馆，环境非常舒适，不同于一般的餐厅或酒店。如果扩大规模，我就不得不雇用服务员，摆放更多的桌子。这样一来，这个地方看起来和其他'商场'没什么区别。"

人们确实喜欢它原有的样子，虽然购买咖啡要排长队，却乐在其中。在酒店吃过晚餐，来到麦克家喝咖啡似乎成了一种时尚。他很聪明，深知这一点，并将让这一时尚继续保持下去。他拥有镇上最好的咖啡而声名鹊起，因此他为了保证咖啡的品质，从不做任何改变。他自己买浆果，并把它们混合起来，每次用发酵好的浆果磨碎煮咖啡，因此供应的东西不但新鲜，而且品质好。麦克和助手穿着白色制服，一尘不染。这里没有盘子和银器发出的嘈杂声，咖啡店的环境安谧，还有遮阳篷。麦克对自己的咖啡和三明治感到自豪，希望人们能喜欢，人们也确实喜欢。

麦克因重在强调品质而取得成功。他不仅付清了全部医药费，改善了住所，换了一辆车，还支付了店里所有设备的费用，仍有余款。

甜甜圈带来利润

拉维利从芝加哥一家报纸发行部门退休后，来到位于密歇根州的瓦特弗利特。他很快就厌倦了无所事事的生活，决定自己创业。他租了一家店，投资250美元购买制作无油甜甜圈的设备。第一批烘培的甜甜圈作为样品赠送给路人。开业第一天，拉维利以25美分一打的价格卖出70打甜甜圈。第二天销售额更佳，因为第一天购买的大多数人重新回来购买，还推销给其他人。

第一周尚未结束，拉维利的日均销量已达到极限150多打。因此，他添置更多设备来扩大生意。由于瓦特弗利特距离波波莱克湖车程很短，拉维利认为可以在波波莱克湖周围的避暑胜地销售甜甜圈。他雇了一名女性帮他的妻子烤甜甜圈，他往车里装了60打，然后驱车前往波波莱克湖。不到两个小时，所有甜甜圈都卖给了度假屋的游客。从那以后，他每天至少开车到湖边一次。后来，他建立了一条通往马塞勒斯、劳伦斯和哈特福德附近城镇的定期路线。在那里，他以每打15美分的批发价把甜甜圈卖给餐馆、零售店、茶室、冷饮小卖部等。

拉维利的设备烘焙一打无油甜甜圈平均成本不到6美分，一小时烤8打，或者一天10小时烤80打。刚开始拉维利只有两台机器，每天能烤160打甜甜圈。第一个星期，他总共卖了900打，每打25美分。当他扣除所有开支后，发现利润相当可观，约161美元。

无油甜甜圈是在电动烘焙机中烘焙的，与普通油炸的甜甜圈不同，但所使用的面糊与烘烤"油腻"甜圈圈面糊完全相同。无油甜甜圈装在蜡纸容器中可以保鲜6~8天，它很容易消化，即使是慢性胃病患者也可以放心食用。

烘烤无油甜甜圈的设备可以安装在自家厨房里，插入电灯插座即可工作。这种产品的需求很高，商店和餐馆都是很好的售卖点。你可以就像拉维利那样，向你的朋友和邻居们出售，然后生意在不知不觉中就会兴旺起来。这种生意有一个很大的优势，就是满意的顾客会介绍其他顾客前来。美国人喜欢甜甜圈就如同鸭子喜欢水一样，镇上的人们很容易就能找到制作出美味甜甜圈的人。

残疾人电动轮椅

俄亥俄州代顿市的卢塞恩·卡斯特专为残疾人制造电动轮椅。他在代顿的工厂每周生产3把轮椅，每把均价200美元。此前制造的所有轮椅都是由电池驱动，现在有些轮椅装有汽油发动机，时速可达15英里。有些椅子内置展示柜，用户可以用来出售糖果或小玩意。一个南方人自制了一把轮椅，可以容纳自己和他的仆人。由于他为许多残疾人制造的轮椅颜色非常鲜艳，所有轮椅被漆成消防车般的红色，并配备刺眼的前灯和响亮的喇叭。

20年前，卡斯特先生开始制造用于木板人行道的轮椅。然而，制造装有发动机的轮椅彻底改变了他。几年来，他赚了很多钱。而后，他预见了为残疾人和无行为能力人提供电动轮椅的市场，不久，他的大部分业务都迎合了市场的需求。

其他100件容易制作的东西

木头——木头可以从简单的东西开始，比如书架、相框、窗框、脚凳、花架等。当你掌握了技巧并能熟练操作工具后，可以尝试制作折叠屏风、茶几、橱柜、玩具等。现代风格的家具注重简约，无需添加精美装饰。乡村风格的草坪和花园的家具也有特点，这些家具是用小圆木和树枝制成，结构简单。《大众科学》《大众机械》等刊物和政府部门都可以提供制作家具的模板。

水泥——用水泥制作东西需要掌握的技能要比用木头少许多。木头或金属的形状可以购买，或者自己制作。政府部门的刊物会阐明如何混合和使用水泥，水泥公司也会寄送使用说明。还可从制造水泥产品的公司那里获取目录，看看产品需求。鸟浴室、日晷、水族箱、长凳，以及花园和草坪其他用具都很受欢迎。当你掌握了一些技能，还可以制作灵巧的小动物和装饰品，如百合池的青蛙、兔子和草坪上奔跑的松鼠、农牧神、鸟类等。

纸——纸可以制作很多东西，难以一一列举。只要使用浆糊和剪刀，灵巧的双手就可以制作出无数的东西，可以在礼品店、商店或者展览会上出售。用纸制作剪影是很有趣的事。关于制作剪影的书籍和杂志有许多。通过练习并掌握技巧，这门手艺就可以让自己过上好日子。通常在礼品店、百货公司、街头集市或人群聚集的地方设置剪影工作台，剪影的售价从50美分到1美元不等。把纸对折，一次剪两张，以两个75美分或两个1.25美元的价格出售给顾客，具体售价取决于每张剪影的价格。当然，销售中若配上"表演技巧"将会增加销售额。此外可用墙纸装饰一些漂亮的折叠屏风，可以参考当地百货商店中展示的那些屏风；也可以用盒子和墙纸制成壁橱配件——帽子盒、毯子盒、鞋盒等，它们应是相互匹配或者可以组合在一起；也可以用墙纸制作剪贴簿封面、废纸篓封面、锡饼盒、香烟盒等，完成后应涂上漆以保护外观。许多室内装潢师从墙纸上裁剪设计图案，并将其制成浴室、厨房或卧室墙壁贴花镶边，取得了成功。这些镶边也可用于装饰厨柜、面包盒和其他容器等。还可将动物、童话人物、水果、鲜花等形象的彩色剪纸贴在儿童房间的墙壁或用于家具装饰；也可用玻璃信封封装成套售卖，以50美分的价格出售。你可以用绉纸为派对制作迷人的礼物和装饰品，而丹尼森公司的派对书籍可以为制作礼物、派对装饰品和纸制服装提供指导。

油布——油布的使用方法与墙纸大致相同。其可用来包裹折叠屏风（特别适用于厨房或托儿所）、盒子、剪贴簿和教科书，用作墙壁、橱柜装饰及帷幔等剪纸。此外，油布可用于夏季小屋放置诱人的早餐和午餐的配套设施、供儿童使用的桌垫、门廊垫、婴儿肚兜、洗衣袋、作为厨房物品的覆盖物（洗涤粉罐子或火柴盒等）、置锅架或废纸篓的架子。

羊毛、纱线——对各种针织产品的狂热为销售婴儿和成人针织服装提供机会。百货商店出售的针织套装和连衣裙起价约50美元。殖民时期家具的盛行产生了对钩形地毯的需求。这种地毯与殖民时期的室内装饰很匹配，也适用于夏天的小屋。一位年轻的女性为自己做了几块地毯，她不仅掌握了制作地毯的技巧，还利用业余时间制作小卧室地毯。通过她的朋友、当地礼品店和街区报纸上的广告，获得了订单，并且所赚的利润足够支付一半的家庭开支。因为做工精良，设计独特，地毯卖得很好。无论是现代设计还是殖民式风格，都可以吸引顾客。针织婴儿服装、针尖椅座或脚凳套，都是赚钱的好方法。此类工作的技能都来源于实践。

纺织品——制作围裙和家居服为拥有灵巧双手的女性提供了用武之地。许多小企业通过制作围裙并将其出售给邻居而建立。耐莉·唐纳利是当今美国最成功的女装和围裙制造商之一，她从堪萨斯城家中阁楼上的小工作室开始从事这项事业。当时，大多数制造商认为，女性不会花超过69或79美分买一件家居连衣裙。显然，耐莉·唐纳利更了解女性，通过销售1美元一件的连衣裙成功地证明了这一点。许多女性发现，男性喜欢定制衬衫，他们愿意多花点钱买一件剪裁考究的衣服。其他建议包括：手工制作男女手帕、窗帘和帏帐、手工缝制的盖被和床罩、鞋子和服装袋、婴幼儿服装、聚会和学校戏剧的华丽服装、衣领和袖口套装。在这个领域获得成功的秘诀不是要试图与市场上的廉价商品竞争，而是人们更愿意为手工制品付出高价。请用上等材料和精良做工制作衣服、围裙、衬衫和其他东西，并售以高价。

金属——最近流行锡制品。几乎任何类型的锡都可以用来做烛台、花瓶、盒子和儿童玩具等。所需的设备包括一个工作台、一副皮手套、一把大剪刀、一块木头、一个木槌、一对隔板、一个半圆形锉刀、一个老虎钳和一套焊接设备。所制的成品应涂两层漆。除了用这种金属制作实用和装饰性的物品外，还可以使用其他金属，如压花铜和黄铜，但这些需要更多技巧来处理。锡也可以用来制作装饰品，譬如壁炉的手工锻造铁设备、住宅标志（门口的摆动标志）、脚刮板、具有不同时期特色的入口处灯笼，以及其他类似物品，如今都很受欢迎。毫无疑问，这是由于人们对殖民地时期的装饰重燃兴趣所致。其实，木头和铜或木头和锻铁制作照明装置也比较简单。不久前，芝加哥的一位女发明家用唇膏容器制作卷发器，月收入可达6000美元。钣金是另一种业余工匠能熟练处理的材料。这种材料可以制成好看的篮子、货架、防火屏、草坪装饰物、凳子、桌子、灯座、烟灰缸、玩具等。直到最近，这些制品还需要长时间使用烙铁和其他手工工具才能制成。然而，现在市场上有新的钣金加工设备，在家里就可以使用与现代工厂相同的方法进行制作。有了这种设备，像金属垃圾筐这样简单的零件可以在半小时内完成，包含油漆在内的总成本不到20美分。金属加工设备制造商会提供设计和图案的书籍以及必要的材料。

其他材料——使用羊皮纸灯罩（尤其是壁灯的灯罩）显得很有品位。羊皮纸可以在商店购买，许多百货公司培训女员工帮助顾客设计灯罩样式。手工制作的编织物、陶器、珠饰、蜡染制品等并不难学，也能卖个好价钱。拉菲草可以制成漂亮桌垫和酒瓶覆盖物，贝壳可以制成滑稽的小人物，赛璐珞可制作服装首饰、纽扣、剪影等，但做这些东西需要卷轴或机动锯。旧内胎可以用来制作提线木偶，因为橡胶有助于"跳舞"的木偶人物形象更逼真。皮制盒子、桌垫、信箱、电话簿封面和许多其他皮制物品也很畅销。

加工皮革并不难学,令人惊讶的是,完成整个工作流程所需的工具数量少得惊人。市场上的一些塑料可用于制造装饰性和实用性物品以此赚取收益。几乎所有售卖这种材料的公司都会为购买者提供指导。

第四章

赚 1000 元的 1000 种方法

第四章

养殖适合市场销售的产品

如果还在为美国谋生而抱怨，想想1620年登陆普利茅斯岩的那一小群清教徒，想想他们面对的是什么。他们来到一个知之甚少的新国家，寻求宗教自由和成功的机会。在这里没有政府保障他们的生计，没有警察保护他们的财产安全，他们只有靠足够的勇气，利用土地种植维持生计。然而，大地母亲没有让他们失望，他们的农作物不仅生长出来，而且从英国带来的牲畜也成倍增加。通过易货和贸易，他们为新英格兰联盟的建立奠定了基础，即新阿姆斯特丹以北的州，后来被称为新英格兰。

任何一个美国人，只要拥有一小块土地，哪怕是城市住宅后院的一小块土地，都远胜于他的清教徒祖先，因为附近的市场可以售卖所种植的产品。便利的易物市场意味着可以用自己种植的东西来换钱。另外，他享有州武装部队提供安全和保护的权利，不必半夜从床上爬起来击退抢劫犯。如果他能种出农产品，就能扩大规模，直至建立一个庞大且收益可观的企业。

身处复杂的生存体系，慎重考虑选择所种的东西至关重要。这不仅仅是选择种玉米还是土豆的问题，好比清教徒祖先当年选择所种的东西一样。玉米和土豆可能在你生活的地方难以畅销，所以对你而言，种植其他东西显得更加理智。至于种什么，取决于很多方面。比如取决于自己最适合种什么，取决于你的喜好，取决于销售对象的需求，也取决于在经营地销售哪种东西获利最大。例如，不列颠哥伦比亚省维多利亚一位女士通过种植秋海棠球茎赚了数千美元。一开始，她在家后院里种植秋海棠球茎仅仅是出于业余爱好。如今，她的生意越来越兴隆，秋海棠销往世界各地。她的成功在很大程度上归功于温哥华岛温和的气候条件，但并不意味着你会在一个不受大自然青睐的地方也能获得同样的成功。

无独有偶，佛罗里达州有一个人通过饲养短吻鳄制作皮革生意大获成功。过去他常常去湿地猎杀它们，后来发现饲养能赚更多钱。通过自己饲养，可获得不同生长周期和大小的鳄鱼皮，这点至关重要。他靠养鳄鱼赚了很多钱，但生意要想经营成功，必须先寻找一个适合鳄鱼生长的地方。缅因州不适合建鳄鱼养殖场，但适合建水貂养殖场。因此，开始养殖要出售的产品时，首要考虑的是气候，但也要考虑市场风向变化。加利福尼亚的一个小伙子花了一大笔钱建了一个鸵鸟农场，鸵鸟饲养非常成功。然而，一切进展顺利后不久，鸵鸟羽毛却过时了，他也破产了。

没有种植经验的人往往看好土地开发方案，但这是不切实际的。几年前，新奥尔良市刚成立的一家公司，为了种植7000英亩橘子树开发了庞恰特雷恩湖。将湖水排干，土地清理干净，而后种了5英亩橘子树，再将其卖给北方中等收入的人群。开发公司承诺负责种植并培育树木，直到树木结果，然后由橘园主人接管并亲自经营。从理论上讲，这个计划有众多吸引人之处，但因经营规模太大而以失败告终。通常，如果新奥尔良出现霜冻天气时，住在自家橘子林的种植者可以做些工作并采取预防霜冻的措施，无论是使用油加热器还是涂抹罐，这属于个人分内之事。如今，在路易斯安那州有许多小橘子林，能产出非常优质的橘子，橘子的主人们都住在橘林里，在出现第一次霜冻警报时就迅速采取行动。虽然有些土地开发方案取得了成功，但一般说来，将资金投入产品改进比投到大规模开发上要好得多。

农业用地的价格虽然很低，但其价值却在稳步上升。许多商人正在购买止赎农场以对冲通胀。如果你正在寻找土地实施种植计划出售产品，从保险公司或土地银行那里就可以得到帮助。但在同等条件下，资金有限的人打算种植产品出售，应尽可能符合市场需求。

戴维斯培育堇菜以供应市场需求

距离旧金山商业中心1英里多的宽敞公园里，戴维斯在绿树成荫的拉斐特广场上种植堇菜的爱好已成为一项有利可图的生意，此项生意也为所有爱花之人带来了意想不到的赚钱机会。堇菜看起来像三色堇，只不过不像三色堇的表面是从黄色花芯散发出的细细暗光线而形成。百余年前，在阿尔卑斯山发现的瑞士堇菜与三色堇混合，开出了类似紫罗兰和三色堇的花朵。

戴维斯先生毕业于英国皇家园艺学会，60年来始终对花卉感兴趣，其一生都是如此。他曾是托儿所负责人，种植堇菜是他的爱好，在这里他可以对花的大小、形状和颜色进行实验和创新。25年来，除了负责旧金山的巴尔博亚托儿所，他把所有的业余时间都投入到堇菜的研发中。最终培育出一种他认为适合上市的花朵，当准备好足够的供应量时，带到一家有名的花店销售。

堇菜上市立刻引起了轰动。因此，戴维斯先生不再是一个业余爱好者，而是成为了一个供不应求的商业种植者。他需要更多的土地种花，也幸运地租下了拉斐特广场高处有着悠久历史的一块地。虽然公园归市政府所有，但宅邸及其庭院仍归私人所有。

这块地由25块大小不同的地组成，宽4.5英尺，长30~80英尺不等，一层又一层，整整种了一英亩堇菜，各种颜色混合其中。因为切花非常适合装饰，所以产品都销售给旧金山花店。

目前已经培育出60个品种，通过不断培育，每年还会增加一个新品种。获得新品种并非易事，有时需要上千株幼苗才能培育出值得栽培的幼苗，而戴维斯一心只想培育出红色堇菜。

当一个新品种出现时，花名不言而喻。例如，一种中心是金色的纯白花被称为沙斯塔，沙斯塔雏菊是其名字由来；色彩绚丽则是彩虹花；棕紫色的花被称为奥赛罗。另一种暗示着"爱尔兰人的眼睛在微笑"的紫色花，取名科琳。还有鸡尾酒花，其呈现棕色和黄色表示其名字由来。

即使在大萧条期间，堇菜的销售额也从未减少。戴维斯先生卖掉了他和女儿（唯一的助手）种的所有花。像找到适合自己工作的人一样，乐在其中。他是一个瘦而结实、头发稀疏呈灰白色的男人，皮肤像他的卡其色马裤一样呈古铜色，他会带着轻松、愉快的心情带你参观种植地。如果你问他是否总是如此忙碌，他会回答："哦，是的，我通常每天工作10个小时，有时会是15个小时或20个小时。"

地图销售员学习如何饲养和销售肉鸡

很多人开办家禽养殖场，但并不是每个人都能获得成功。霍华德·怀特利便是其中一个，他原是一家地图出版公司的销售员。多年来，他一直是这家出版社的特别代理，因薪水高，攒了不少钱。但医生提醒他最好辞去工作，尽可能多到户外晒太阳，所以他决定在印第安纳波利斯附近购买一个 15 英亩的农场。原来的主人曾试图通过种植农产品来谋生，但怀特利决定养鸡。

由于怀特利对养鸡知之甚少，他就写信给美国农业部，获取一些饲养家禽的刊物并仔细研究。之后又拜访了附近的一个农户，经询问，这个农户几乎不知道如何喂鸡，也不知道如何销售它们。鸡舍很脏，显然他几乎或根本不关心这些鸡。这个农户认为政府刊物和家禽杂志都是一派胡言。"难道从一本书或一本杂志上就能轻易学会养鸡？"他低声抱怨道。

然而，霍华德·怀特利在这个问题上有自己的想法，而且很谨慎地把这些想法藏在心里。他的小农场里有一个家禽养殖场，已经彻底打扫并熏蒸过。建立家禽养殖场后，便从镇上的一个商人那里买了一个二手孵卵器和一个育雏器。他还从另一个商人那里买了 10 打鸡蛋，然后开始经营家禽生意。当然，有些蛋不会孵化。在成功孵化的鸡蛋中，保留了约一半用来饲养，剩下拿到市场上售卖。养鸡过程中，他严格地遵循政府的刊物说明。他发现鸡舍清洁是让鸡群免于疾病的最重要因素。通过防止一切可能的污染，不仅省去了许多麻烦，而且还节省了费用。当然，他也犯了一些错误，但都不严重。他发现自己很喜欢饲养家禽。

与此同时，怀特利一直在思考营销问题。作为一名推销员，他意识到饲养出优质家禽的重要性，要让自己忙碌起来将它们积极出售，否则肯定赚不到钱。家禽准备上市时，就获得了印第安纳波利斯的一些老客户以及两家酒店和三家餐馆的订单。当他的顾客看到胖乎乎的、用牛奶喂养的肉鸡时，肉鸡很快就一售而空，而且怀特利毫不费力地再次得到订单。他和妻子把家禽外观包装得很漂亮。每只阉鸡分别用白色防潮包装纸包装，每

4只装一箱。价格略高于商店，但不影响销售。他向市场提供优质产品，人们也愿意为此买单。

旅馆和餐馆定期订购他的家禽，他每两三天送一次。他的客户需要肉鸡时就给他打电话，也常常自己开车前来购买。他将所有订单记录在卡片上，一段时间内没有收到客户订单消息，他会打电话联系。当老顾客的几个朋友打电话订购时，他还在清单上附上一家高档食品商店的介绍。他的肉鸡因满足印第安纳波利斯的"400"赛车赛事供应标准，主办方只买他家最好的肉鸡，而且价格非常优惠。

另一个好订单来自乡村俱乐部，该俱乐部位于他的农场和印第安纳波利斯之间。他听说俱乐部计划在周末举办一场盛大的活动，于是拜访了俱乐部经理，向他出售了一份不错的阉鸡，而后乡村俱乐部就成了他的常客。

霍华德·怀特利没有尝试推销鸡蛋，因为他意识到不可能同时培养出优质蛋类和肉类品种。每当有多余的鸡蛋，他就努力把它们和家禽一起捆绑销售。

福克斯太太的水貂牧场

格特鲁德·福克斯是一位忙碌医生的妻子，她希望定居在威彻斯特山区，过着宁静祥和的生活。但和许多精力充沛、热情洋溢的人一样，安逸的生活并不适合她。于是开始寻找爱好，她以前养过家畜，觉得养毛皮动物很有趣。她的第一个想法是建狐狸农场，但狐狸的特点不足以吸引她。有人建议经营水貂牧场，她决定试一试。

她对饲养水貂一无所知，花了整整一年的时间学习并阅读所有与之相关的书籍和政府出版物，还参观了位于东部和中西部的几个水貂牧场。她发现，大部分牧场都饲养密西西比水貂，而最好的水貂则来自拉布拉多北岸。这些动物的毛皮像黑貂一样又黑又光滑。一件劣质貂皮大衣可能只卖500～800美元，而拉布拉多貂皮大衣可以卖6000～1000美元。她认为只要愿意将时间和金钱投入到这项业务中，她也可以饲养出最好的水貂。

她从魁北克省东北部的一个牧场主那里购买了良种畜，其中包括 11 只雄畜和 19 只雌畜。这些动物都是纯种的拉布拉多水貂，其第一代则是从野外迁移过来的。她在南塞勒姆庄园建造围栏并开始尝试，成为迄今为止已知的第一个从事这项特殊工作的女性，那年是 1929 年。1930 年，她受邀在女性艺术和工业博览会上展示她的宠物，成为她职业生涯的转折点。在这次博览会上，不足 10% 的参观者听说过水貂牧场，因此她很兴奋。

从那时起，她一直忙于为想要开办水貂养殖场的人们提供种畜。事实上，她养水貂是为了出售毛皮，但从来没剥过任何动物毛皮。它们都作为种畜出售给业余水貂牧场主。

从养水貂到教别人如何养水貂，一切很顺利。初学者需要学习建造围栏和跑道以及处理和喂养动物的正确方法。正如她所说的，她会对购买种畜的客户和学生持续跟踪一年。在此期间，他们可能会写信给她，告诉她饲养的各种问题，她会根据如何饲养和处理给他们一些建议。

饲养水貂难点之一是要远离害虫，福克斯太太强调建造围栏的重要性，以便可以在地上饲养它们。除了死于肺炎，几乎没有水貂会死于其他疾病。如果它们的垫料保持干燥，水貂也不太可能患上肺炎。水貂的饮食多种多样，包括牛肉、鱼、碎骨、鸡蛋、牛奶、谷物、西红柿等。每只水貂必须单独饲养，因为它是一种凶恶的小野兽，会攻击任何靠近它的其他水貂。所以必须不惜一切代价防止相互攻击，因为除了造成伤亡外，毛皮可能会受到严重损坏。水貂每年春天交配一次，一窝大约产五六只幼崽。幼崽在交配后约 50 天左右出生，未满四周前，一直养在母貂住处。当生产过多幼崽时，则会把部分幼崽交由另一只母貂或猫科动物抚养。

除自己经营的两个牧场外，福克斯太太还为业余牧场主提供种畜和出版关于毛皮贸易情况的月刊，她创办并担任了《黑狐》杂志的主编，另外，还出版了一本非常实用的书，书名为《圈养水貂》。

山羊乳制品——未来有利可图的行业

马里兰州诺贝克的罗伯特·费恩是一位非常成功的羊奶场主。他很少饲养小山羊,因为他发现每年秋天购买新的挤奶牲口比在春天卖掉精心挑选的牲口更划算。刚开始做生意时,他有125头母羊,每头只花10美元,后来了解到购买优质母羊更有价值。现在约有30头优质母羊,每头花50~75美元不等,这30头母羊得到的羊奶是125头劣质母羊羊奶的4倍。去年12月和今年1月,他每天从25头母羊获得70品脱羊奶,现在每天大约产奶70品脱。到了夏天,约有200品脱。费恩先生对山羊饲养初学者热衷寻找6夸脱或8夸脱母羊不感兴趣。他认为一只母羊即使每天只产3品脱奶,也是有利可图的。每天产大约6~8夸脱奶的母羊非常罕见,几乎从未有过。一般来说,每天产2夸脱奶正常,3夸脱奶算是较多,超过这个量更佳。

费恩先生山羊场里不允许母羊随意跑来跑去,它们必须躺下咀嚼反刍食物并产奶。十头一组进入挤奶室,站在柱子上进食。挤奶时要非常小心地确保奶是纯净的,大约需要30分钟。挤完奶,它们也吃完了。他发现一天挤三次奶产奶量更高。费恩先生说:"大豆干草能产出最好的羊奶。毫无疑问,胡枝子是山羊们非常渴望吃到的粗粮。"

饲料配给差异很大,每个饲养员或奶牛场场主都必须进行试验,直到找到适合其牲畜的饲料配给。关于这部分信息可以从华盛顿特区的美国农业部获得,比如印第安纳州温森斯的《山羊世界》、内布拉斯加州费尔伯里市的《奶山羊》杂志和纽约的美国山羊协会。

今天大多数育种者会选择纯种的进口山羊。美国山羊和"磨砂"山羊产奶质量不佳,其幼羊的价格也很低。购买纯种山羊,并确保所有的幼羊都附有血统证明,对购买山羊的主人最有利。通常从饲养者和奶牛场场主购买的品种有吐根堡山羊、萨能奶山羊、努比亚山羊、法兰西阿尔派恩山羊、高山岩山羊和穆尔恰纳山羊。吐根堡是最大的羊奶生产商,努比亚人以其地所产的羊奶营养丰富而闻名,所制的黄油脂肪含量远高于任何其他品种。纯种成年山羊的价格不低于35美元，而幼羊的价格大约为15美元。某些山羊的价格可能会高于这些价格，优质种畜自然而然会像任何其他优质母羊一样享有高价。

山羊奶每夸脱卖25～50美分，因为它是最接近人奶的动物奶，是极好的婴儿食物。然而，由于它的营养比牛奶丰富得多，必须稀释50%以上才能被婴儿吸收。山羊奶是碱性而不是酸性的（牛奶是酸性的），所以它也是病人、老年人和胃病患者的绝佳食物。山羊奶还含有一种牛奶所缺乏的重要矿物质——铁。如果山羊喂食得当，奶味会非常可口。如果母羊的畜棚保持清洁，羊奶处理方式卫生，公羊全部关在另一个畜栏里，则不会有难闻的气味或味道。由于山羊几乎不会得肺结核，所以它的奶也不会携带可怕的肺结核病菌。但为了确保山羊接触不到结核病，应该把公羊与母羊分开饲养。

费恩先生的营销方法特别有趣，没有向医院和医生推销羊奶，而是放在华盛顿和巴尔的摩药店里的小冰箱进行销售。小冰箱的标签很吸引人，装着玻璃门，可以看到一品脱大小的纸瓶山羊奶。每品脱售价25美分，而且随时供应。

奶牛场老板也可以在罐头厂找到羊奶市场，因为这些罐头厂正在推出一个浓缩型无糖羊奶品牌。每罐11盎司零售价为20美分，相当于每夸脱约30美分的原装羊奶。

一头母羊平均每天产2夸脱奶，连续10个月可生产600夸脱。以每夸脱25美分的价格计算，收益为150美元。按每天10美分计算，一头母羊一年的饲料要花36美元，扣去劳动力成本后的利润为114美元。每天产3夸脱的母羊10个月可生产约900夸脱羊奶，每夸脱25美分，全部收益为225美元。其饲料可能花费更多，每天大概12.5美分一年要花45美元，扣去劳动力成本后的利润为180美元。通过比较2夸脱和3夸脱母羊，很容易看出更好的母羊所产生的利润。保守地说，一头优质母羊每年可用产奶抵扣购买它的价格，并在其生产的幼羊身上获得额外的利润。

山羊奶酪的商机

许多山羊主没有意识到通过生产和销售山羊奶酪可以额外赚钱。其实，一些最可口的进口奶酪是用山羊奶制成的。每年都有大量的奶酪进口，还有现成的市场可供销售。国产奶酪也有很好的市场，但必须让公众了解优质国产山羊奶酪的价值。如今，由山羊奶制成的奶酪受到了人们的青睐，有白软干酪、纳夫沙泰尔干酪、切达干酪、羊乳干酪、瑞士干酪、帕尔玛干酪和最原始的棕色乳清奶酪。制作这些奶酪的方法可以从你所在州的农业实验站、美国农业部或内布拉斯加州费尔伯里市的《乳制品山羊》杂志获得。

业余爱好者最好从制作松软奶酪开始，比如白软干酪、纳夫沙泰尔干酪，这些易学易做。关于制奶酪，首先要知道，奶酪必须有含量很高的黄油脂肪，否则无法制出优质奶酪。

哪里有山羊奶酪的市场？如果你已经拥有羊奶客户，那么他们都是销售奶酪的潜在客户。当你给固定客户送羊奶订单时，带一些奶酪样品给他们品尝，同时在你所在地区的商店放些样品。

在当地做关于羊奶和奶酪的广告，切记在靠近羊奶场的路上放置一些标志，羊奶场也需要放置一个大标志。路过的司机、邻居、朋友，以及朋友的朋友也是潜在客户。告诉他们羊奶和奶酪的价值。如果你可以制出优质的奶酪，以口碑广告的方式"告诉全世界"，借此来推动商品的销售。

与众不同的家禽农场

在工厂沿线建造的养鸡场在东部地区取得了巨大的成功。该家禽农场靠近马里兰州科基斯维尔,仅占地一英亩。如果按照正常方式饲养,6.1万只鸡需要610英亩的土地。然而,这个农场里的鸡从不接触地面,从不到户外去。它们住在一层层的铁丝笼子里,笼子放在经过消毒、恒温加热和冷却、有光电照明的宽敞空调房里。2500只蛋鸡没有巢穴,由于笼子的排列方式,鸡下的蛋会滚落到外面的一个小架子上,饲养员每小时收集一次鸡蛋。在这样的饲养环境中,每天有58%的鸡下蛋,而普通养鸡场只有50%。

鸡的食物放在每一层的传送带上,很容易吃到。笼子顶部的一个金属头可以不断地滴水,笼子下方运行的第二条传送带用来收集废物,这些废物被运送到一个垃圾箱,定期从那里取出,用于制造高级肥料。

由于任何感染都会对6.1万只鸡群造成灾难性的影响,因此养鸡场必须保持最大程度的清洁。每个房间每天消毒一次,每隔一小段时间,需对所有笼子进行蒸汽消毒。通常21名员工穿着一尘不染的制服——女性着白色工作服,男性则穿着条纹亚麻长裤和外套完成各项工作。

利用工厂经营的农场引起了人们极大的兴趣,不仅邻近社区的农民也来农场参观,还有来自埃及和非洲等地方的农民。事实上,周末的游客很多,为了将感染的风险降到最低,笼子用玻璃墙与参观者隔开。

通过邮件销售"斗"鱼

旧金山的比尔·克莱伯有了养殖暹罗斗鱼和其他热带鱼品种的爱好，可他不曾意识到正在创办一项后来被证明是风靡"全国"的鱼类业务。

克莱伯是一家油漆制造厂的玻璃工。三年前，他从一个即将破产的朋友那里买了一些热带鱼，并开始饲养。像往常一样，克莱伯深入研究养鱼的方法，阅读各种图书。他把读到的知识付诸实践，不断增加知识储备。"发烧友"听说了他的精美藏品，纷纷购买。克莱伯对养鱼市场的潜力以及人们对样品的渴望感到惊讶。没过多久，他不仅成了经销商，还成了"发烧友"。

当海员前往热带内陆取淡水时，他请海员替他弄些稀有鱼种。如今，他为许多航行到热带地区的船维护水箱，来回报海员对他的照顾。

3个月前，克莱伯有机会购买了一个小型孵化场，他把装备搬到那里并进行改造，命名为"凯的水族馆"。他的妻子每天都会在那里，他一般晚上和周日会去。

凯的水族馆洋溢着热带风情，里面到处是彩虹色的条纹，数不清的小鱼在鱼缸里游来游去，鱼缸里的水生植物既能供氧又有装饰作用。

饲养这些鱼很容易，真正的挑战在于育种，但这恰恰是它的魅力所在。育种要花时间和耐心，虽常常让人感到失望，但克莱伯从不厌倦，不断尝试培育完美的物种。有些物种特别难处理，例如天使鱼。"这些鱼，"他解释道，"除非雌性取悦它们，否则不会进行交配，而且需要技巧和许多雌性诱惑它们进行繁殖。"事实上，镇上只有两三个"发烧友"能诱使天使鱼进行繁殖，克莱伯就是其中之一。另一种罕见的物种将其橙色的卵均匀地排在一根长芦苇上，雌雄双方互相"拼命"守卫着卵并觅食。

他专门研究斗鱼和暹罗斗鱼，它们被单独保存在蛋黄酱罐里，因为如果放在一起，会互相厮杀至死。暹罗斗鱼和斗鱼被用来"赌博"，而命运的输赢取决于上演战斗的结果。然而，这些小野蛮鱼在求爱时也会相应地变得温柔，保护受精卵免受吞噬。

有人可能写了一些书主要描述生活在微型容器的生物。比尔最初花 2 美元买了 30 个品种，现在已经增加到几百种。他接到来自得克萨斯州、美国中西部甚至加拿大的订单，每周的利润超过他的薪水。他是如何获得订单的？当然，消息在"发烧友"中传播的很快，他的大部分新业务都来自老客户。

只出售健康鱼种是他成功的原因之一。他认为，"出售"病鱼很愚蠢。成功的另一个原因是通过建立水族馆，与客户保持联系，并随时为客户提供帮助。

房间外的地图说明了一切，他耐心地列出一份热带鱼及其栖息地的列表。在世界地图上，他把各种各样的鱼的名字印在可能找到它们的地方。地图除了提供信息外，还有助于客户选择品种。

养狗获得的乐趣和收益

你喜欢狗吗？狗喜欢你吗？那为什么不把这种喜好变成钱呢？为什么不把娱乐和养狗结合在一起？没有哪个企业能提供这样的机会——既能让你在业余时间赚钱，又能在某一领域树立全国性的声誉。例如，芝加哥哈罗德·克拉斯顿太太开始养狗是出于爱好，而后被视为美国最成功的俄罗斯猎狼犬饲养者之一。

克拉斯顿太太决定建立自己的犬舍，是因为住在加拿大的朋友送了一对非常漂亮的俄罗斯猎狼犬。她对这个品种产生了浓厚的兴趣，并研究了她能找到的关于它的一切。她订阅了所有在芝加哥和英格兰出版的关于该品种的杂志，甚至还学习了俄语，方便阅读俄罗斯出版关于猎狼犬的书。她的狗几乎包揽了猎狼犬比赛的所有奖项，每只猎狼犬的奖金高达 5000 美元。

你只需花 100 美元就可以开始狗的饲养。诚然，不可能花这点钱买到得过"蓝勋带"的狗，但是通过货比三家和良好的判断力，可以在一些受欢迎的品种中买到一只母狗。

首先决定饲养的品种，并尽可能购买有标注纯正血统的母狗。母狗必须是健康的，其不应与所代表品种的特点不同。换句话说，如果该品种的骨头很重，就选择有这个特征的种畜。仔细检查该品种并找出评判购买的主要要点，然后挑选尽可能多的优点的种畜。如果可能，从那些有"蓝勋带"狗赢家的品种中购买，不仅可作为卖点，而且还可作为与潜在买家的谈资。

与所有行业一样，养狗也存在风险。蠕虫和犬瘟热对幼犬的伤害最大，但如果饲养员谨慎一些，这两种疾病都是可控的。明智的做法是聘请一位优秀的兽医来照料幼犬，给它们驱虫并处理任何你不熟悉的问题。当然，这需要额外花钱，并且必须计入日常开销。此外，你需要兽医来保护犬舍免受犬瘟热的侵害。每一个想要保护自己和他的顾客免受犬瘟热损失的饲养员，都会在适当的时候给小狗接种该种疾病疫苗。如果你冒险让幼犬们染上这种病，肯定会后悔，因为饲养一只幼犬的费用相当高。兽医治不好这种病，再加上昂贵的治疗费和失去狗的损失，几乎赚不到钱。

如果你喜欢狗，可以参观狗展，了解各种狗的品种。当然，受欢迎的狗会大量出现在狗展上，比如德国牧羊犬（通常被称为警犬）、硬毛梗犬、黑斑大型狗或斯科蒂。还有一些品种似乎永远不会过时，包括波士顿斗牛犬、北京哈巴狗和可卡犬。某些种类的猎犬总是很受欢迎：赛特种猎犬（英国和爱尔兰都有）不仅受到运动员的青睐，也受到那些从不参加射击的人的青睐；德国牧羊犬是另一种非常受欢迎的狗，但因不太适合城市生活，受欢迎程度开始下降。

生活在城市的家庭，尤其是那些住在公寓大楼的人适合养以下这些狗，因其大小和对城市生活的适应性决定：

波士顿斗牛犬、法国斗牛犬、腊肠犬、硬毛猎狐犬、光滑猎狐犬、可卡犬、苏格兰梗、爱尔兰梗、北京哈巴狗、博美犬、西尔汉姆犬、迷你雪纳瑞犬、日本猎犬、约克郡犬。

生活在郊区的家庭，适合养上述的狗和以下品种：

英国和爱尔兰赛特种猎犬、爱尔兰水猎犬、史宾格猎犬、艾尔代尔梗犬、柯利牧羊犬、杜宾犬、德国牧羊犬、达尔马提亚猎犬、松狮犬、德国雪纳瑞犬（中型）、小猎狗、比格猎犬、戈登塞特犬、斗牛梗和斗牛犬。

生活在大型庄园或农场的家庭，适合养这些狗：

俄罗斯猎狼犬、爱尔兰猎狼犬（最大的犬种）、圣伯纳犬、獒犬、大丹犬、纽芬兰犬、拉布拉多寻回犬、设德兰牧羊犬。

如果你所在的地区每年都有大量的狩猎活动，那么以下狩猎品种可能会畅销：

史宾格猎犬、爱尔兰水猎犬、比格猎犬、猎兔犬、猎浣熊犬、猎鹿犬、猎狐犬、拉布拉多猎犬、英国和爱尔兰赛特种猎犬、小猎狗、卢埃林猎犬和戈登塞特犬。

事实上，你所在的地区可能对较大体型的狗（例如圣伯纳犬、獒犬、大丹犬等）有需求，但对初学者最好开拓另一个市场，出售较小体型的品种，其原因显而易见。饲养大型犬需要大片土地，而这些犬种的食物费用是日常开销中的重要一项，一旦看到圣伯纳犬进食，就会明白。

养狗需要做大量工作——必须保持狗舍一尘不染以防止疾病，必须给狗梳毛，必须仔细准备它们的食物，必须定期投食。当它们生病时，还必须将它们隔离并细心照料。母狗需要特别照顾，尤其是哺育幼崽时期，要花很多心思照料幼崽，而且断奶后的工作更多。但是，如果你真的喜欢养狗，那么所有的工作都会变得很有趣。

你需要印一些卡片递给来看幼犬的潜在客户，借机打广告。也可以借助当地的报纸刊登广告，让你身边的每一个商人知道你有苏格兰犬、波士顿斗牛犬或任何其他品种的优质幼犬。在城市发行量最大的周日晨报上刊登广告，或者如果你住在靠近大城市的郊区或乡村，往往存在许多潜在客户。切记，一定要写上你的电话号码。

许多小型饲养员将养狗作为副业。如果是这种情况，家里必须有其他人负责照看这些狗。这里有一个有趣的例子，说的是芝加哥的一名洗衣店司机，他在该市最大的一家洗衣店每周工作6天。他和妻子住在城边一幢3英亩的小农舍里，两人都特别喜欢狗和打猎。他们花了25美元买了一只优质英国塞特种猎犬用于狩猎，决定让它做种犬。还从一窝小狗中买了两只雄性幼犬，每只售价35美元。种犬进行繁殖后，所得的两只小狗再次以35美元和40美元的价格出售。用这笔钱，他们购买了一对血系优良的可卡犬，并将其安置在种犬场。之后，他们得到的头两只幼犬，雄雌各一只，售价分别为35美元和30美元（雌性通常比雄性幼犬的价格低）。后来又买了一只产自得过"蓝勋带"狗的雌性可卡犬，其所产幼犬每只价格从35~45美元不等。

鲜鸡蛋是他自己养的鸡产的，牛奶从附近农民那里购买，通过精心喂养和充足的光照，他饲养的小狗拥有良好的骨骼、健壮的肌肉和闪亮的皮毛，因此一眼就能被顾客相中。当这些小狗上市时，他会让顾客知晓，通过"口耳相传"订单接踵而来。他与一所专门训练猎犬的"培训学校"达成协议，为其销售提供线索，向学校提供最近买狗人的名字。

靠养蜂赚钱

爱荷华州康瑟尔布拉夫斯的乔治·杰瑟普开始把养蜂作为副业。没过多久，这个副业的利润就足以应付开支，如今每年养蜂的收入超过1000美元。事实上，养蜂不仅支付了所有的家庭开支，而且每年还能在银行里存一大笔钱。

杰瑟普说："很少有职业能提供养蜂带来的乐趣和轻松感，尤其是办公室职员，很少有机会去户外工作。"从大蜂巢的一个蜂群开始，最初购买蜜蜂和设备的费用大约20美元，生产蜂蜜的成本为5美元。一个蜂群可生产100磅蜂蜜，我把所有的蜂蜜卖给当地的零售商，平均每桶均价60美分，每桶5磅。

"第二年，因为冬天孵了一窝蜜蜂，蜂群大幅增加，所以我把它们分成两群，建了第二个蜂群，同样产了100磅蜂蜜。我发现，这差不多是每个蜂群的平均产量。与此同时，我对养蜂方式非常满意，于是把蜂群增加到10个，并批发出售一些蜂蜜，平均每桶45美分。还有与10个蜂群相关的更多工作，主要是收集蜂蜜。蜜蜂不需要太多关注，它们可以独自生活几天，当你不在的时候，它们会自己吃东西、工作。去年，又增加了15个蜂群，总数达到25个，利润也相应增加了。

"大部分蜂蜜卖给当地的杂货店，其中一些运到不太远的迪比克销售。通常，我以每桶60美分的价格向当地杂货店出售，市价大约55~70美分。当我出售这些蜂蜜时，每磅能赚20美分，去年卖了很多，所赚的钱大部分来自市场。然而，我一直没有时间合理地开发消费者的需求，尽管很长时间以来我想这么做。"

养蜂既有趣又有利可图。你可以在任何地方养蜜蜂——地窖、谷仓、车库、阁楼，甚至是有外窗的壁橱里。只要有优质蜂王在管理，蜂群就不会离开。然而，如果蜂群变得太大，那么蜂王从冬季孵化出来后，就有可能引诱一部分蜂群到某个地方的空心树里。所以，最好是盯紧它们并将其分开，给蜂王一个自己的住所，这样它们就不会引诱其他蜜蜂蜂拥而至。

"我相信大部分成功都归功于高加索蜜蜂。这些蜜蜂更温和，与其他类型的蜜蜂相比，它们可以快速产蜜。蜜蜂似乎不太容易生病，而且它们的产量和意大利蜜蜂一样好。然而，我根据养蜂的经验知晓大蜂巢的缺点，现在使用标准的十帧设备，可以全方位观察超级蜂巢。我通过放置一个超级蜂轻便温床来简化孵化室的供应，确保充足的冬季储备。通过与超级蜂交换蜂巢并允许幼蜂出现在蜂巢上面，可以轻松去除成群雄蜂的蜂巢。季末的蜂巢到处是蜂蜜，会和其他杂物一并处理，直至蜂蜜被提取出来，使用蜂巢工具制作顶部栏上的标记，易于识别并处理。"

养蜂场起初投资可能只需几美元。一个小蜂巢将在短时间内收回成本，而且养蜂可成为一种吸引人的爱好或副业。住房设备可以自制，也可以只花10美元购买。该设备可设计成永久的蜂巢聚居地，能承受冻结温度。

蜜蜂可以以非常合理的价格买到。你可以买一盒两磅的小蜜蜂，包含一只年轻的蜂王，只要2美元。两三盒蜜蜂可以建立不错的蜂巢，并且每年很快能产出100磅或更多的蜂蜜。目前蜂蜜供不应求，可确保全年都有一个不错的售价。全国不同地区蜂蜜的批发价格略有不同，每桶30～55美分不等。然而，尽管批发价和零售价在波动，但大多数地区每桶价格都不超过10美分。

养兔子销售兔毛

你知道兔毛经过染色后可用来制作海豹皮大衣吗？这为精明的商人提供了另一种赚取 1000 美元的方式。俄亥俄州托莱多市的布兰奇·克拉比尔一直在饲养兔子，并把它们的皮毛卖给制革厂而获利。然而，她发现，剪下兔毛而不是用兔子的整个皮毛可以赚同样多的钱。她的笼子里现有 900 只兔子，这些兔子用来供应兔毛都是出于商业目的。

"我讨厌为了毛皮而杀死兔子，"布兰奇说，"因为我太喜欢它们了。但是兔子太多，繁殖又快，根本养不起，我不得不以某种方式从它们身上赚钱。当一个朋友建议把它们的毛剪下来卖时，问题迎刃而解。兔毛比羔羊毛柔软，也不那么滑。问题是要弄清楚对兔毛是否有需求，经询问，了解到毛线生产商非常看中兔毛的商业价值。安哥拉兔有着非常长而柔软的毛发，是生产毛线的理想兔子。这种毛线在所有大城市都有固定的市场，例如底特律、芝加哥和纽约。得知这些后，我便剪下兔毛并运到最近的市场去出售。"

"兔毛有多种用途，例如针织毛衣、婴儿衣服、暖手筒、围巾和连衣裙。它能制出一种美丽的纱线，尽管它更细更柔软，但具有普通羊毛的强度和耐用性。每年每只兔子剪 4 次毛，每磅兔毛可以赚 1.4 美元。安哥拉兔非常大，每只每年大约可剪 1.25 磅兔毛。"

兔子是最容易饲养的皮毛动物之一，在自家后院就可以成功饲养多达 500 只兔子。它们不受任何害虫的侵害，几乎能抵抗所有疾病。要想成功，平时只要注意卫生和定期清洁兔笼即可。饲养 100 只甚至更多兔子，每只成本约 10 美分。

克拉比尔小姐对那些喜欢饲养兔子的人提出些许建议。从可靠的育种者那里获得两只雌兔和一只雄兔，保证它们是健康的纯种兔。特定的雄兔必须和雌兔出自不同的窝，这样雄兔可用于雌兔的繁殖。这样做是为了预防第一窝和第二窝的兔子交配，避免出现近亲繁殖的风险。兔子的繁殖能力很强，若是储备充足，很快就会有许多毛皮可销售。你可以出售给制革厂，或者如果你愿意，也可以自己剪兔毛销售。

"剑兰"花园带来的欢乐和利润

8年前，加利福尼亚州米尔谷的卢克利希亚·凯斯·汉森面临着养活5个孩子和丈夫的重担，她的丈夫健康状况不佳，迫使他放弃做生意。汉森太太身高仅5英尺，体重100磅，但她毫不退缩地扛起了这个重担。她是个"多面手"，在各个行业都游刃有余。最后，她去了一家由两个能力强的编辑创办的《米尔谷记录报》报社工作。编辑们都很和善，汉森太太此后一直在那里工作。晚上，她为一位盲人商人打字，学习法语、英语和数学，并照顾孩子和家庭。

与此同时，汉森先生一直忙于培育剑兰。他掌握了培育诀窍，那些"剑兰"也随之绽放出绚丽多彩的花朵。人们对这些美丽的花朵充满热情并想要购买，但汉森先生直接捧着花送人，直到他的妻子建议说："如果他们想买，为什么不卖呢？"

他们讨论应如何进行商业销售，汉森太太拜访了镇上拥有最豪华市场的老板，询问是否可以在市场销售剑兰。他同意了，说像这样的花将成为一种资产。他唯一的要求是在商店开门之前摆好要卖的花。

汉森太太每个周六早上需要早起，把新鲜花朵摆出去时，还要把大量"剑兰"装在高高的花瓶里。第一个月卖出50打，家庭收入增加了25美元。由于杂货商老板拒绝收取佣金，汉森太太坚持要求他在星期六和每逢他太太举办聚会时，把所有他想要的鲜花带回家。

随之而来的是球茎销售，因为顾客们希望他们的花园能有特定的品种。其中最畅销的一种是被命名为"亿万富翁"的淡黄色花，因其硕大的茎和大量的花朵而得名，有时每棵茎有20瓣花朵。"亿万富翁"在婚礼装饰和花卉饰物中大受欢迎。

没过多久，她发现还有另一个销售点。虽然几家大型苗圃位于偏远地区，但米尔谷没有花店，因此，只能购买殡仪馆出售的小花枝。作为提供服务的回报，他教汉森太太如何用金属线固定花枝饰物。她慢慢接到了订单，每笔订单多挣2美元。

很快，她有了获取其他订单的方法。当宴会在茶室举办时，知名茶室不时会收到捐款，让他们订购装饰品；镇上开新店时，店主会收到附有生意兴隆赠言的鲜花；在《米尔谷记录报》上偶尔刊登一则鲜花广告也可以获取订单。在一次隆重场合中，红色"剑兰"被摆放在旧金山市政礼堂的讲台上，一万人聚集在那里参加国际基督教奋进大会，庆祝该协会的金禧年。

"卖'剑兰'很有趣，虽然这并不意味着发财，但钱往往是天赐之物，"汉森太太评论道，"而且，有偿的爱好让汉森先生少了很多烦恼和不悦。"

通过经营药草园赚钱

最近人们又对草本植物重新产生了兴趣，厨房里再次散发出用百里香、马郁兰、罗勒和龙蒿调出的美味食物。这些草本植物可以给菜肴增添美味。特别是薰衣草，还可以用于为亚麻衣橱或柜子添香。

大多数草本植物只要种植在阳光充足、土壤肥沃的地方就容易生长。仲夏是从花园里采集草药的季节。如果在开花前将其切开，所有的香味都将保留在干燥的草本植物中。种植草药不仅是一种令人愉快的赚钱方式，而且研究草药也是一门令人着迷的学科。东部地区有一名女性经营着稀有药草园，通过将草药卖给制药厂而过上富裕的生活。她的药草园不仅收入可观，而且她还成了药材方面的权威。

建造药草园不需要很大的空间。加州奥克兰的海伦·莱曼小姐有一个直径约25英尺的草药花园，里面有30种不同的草药。她写了一本名为《30种草药可建成一个药草园》的小册子，告诉他人如何在这个有趣的事业中取得成功。

芝加哥的马歇尔菲尔德公司是世界上最大的百货公司，现在有一个专门销售烹饪、医药和香水的草药部门。这些草药是从英国肯特郡附近一个拥有百年历史的药草农场进口的。菲尔德草药部销售的产品中有老式香丸球，就像祖母挂在衣柜里的那些。所有知名的草药都可以买到，几种含有草药的醋，带有特殊草药调味剂的果冻，以及由某些有益草药制成的化妆品。一个小货架上装有10种精选的厨房草本调料按一个单位出售，混合沙拉香草也以盎司或半盎司出售。

若是许多女性花园里有一个阳光明媚的角落，可以专门开发一个药材或厨房草本调料的药草园。如果她以制作果冻和果酱而闻名，可以将两种有趣的职业结合起来。顺便说一下，通过制作与众不同的果冻，从而获得更高的价格。较好的食品专卖店也为此类产品提供销路。

有几本关于药草种植主题的书籍，大多数园艺杂志都发表了关于"药草园"的文章。经营这种药草园的细节很简单，任何男人或女人都可以做到，并且该领域的成功仅取决于个人的精力和主动性。

养金鱼赚取奖励

早在1900年，尤金·夏尔曼正为一家公司销售洗衣粉，突然想到一个好主意，可以用一个小碗和一对金鱼作为奖品进行促销。这个想法非常奏效，他们很快就用完了所有的金鱼，于是夏尔曼决定把多年前作为遗产收到的一个沼泽地改造成养鱼场，并把饲养的鱼卖给公司。他在鱼池里放了200条金鱼，这些金鱼繁殖很快。当他有充足的金鱼出售时，公司早已倒闭了。但还有其他销售市场，如今这些金鱼销往5～10家商店、宠物店、连锁店、药店、花店、百货公司等。各个州政府部门也是金鱼的市场，利用金鱼可广泛开展灭蚊工作。金鱼属于鲤鱼科，非常喜欢蚊子幼虫，可以快速清除死水里的害虫。

从1900年的200条鱼开始，尤金·夏尔曼在印第安纳州马丁斯维尔创办了著名的格拉斯福克渔场，已经饲养了超过7500万条鱼。格拉斯福克渔场坐落在1500英亩缓缓起伏的山丘中，共有615个池塘和216个孵化池，为125人提供就业机会。池塘和水池是阶梯式的，这样它们可以源源不断从渔场的泉水中获得淡水。

格拉斯福克孵化场留了16万条精心挑选的金鱼作为种鱼。分销运输点位于伊利诺伊州芝加哥和新泽西州萨德尔河。饲养在马丁斯维尔的金鱼是通过罐式车运输，饲养在芝加哥和萨德尔河的鱼用特殊的球形运输罐运给客户。除了金鱼外，格拉斯福克孵卵场还饲养了大约40种近期非常受欢迎的小型热带鱼，如吻口鱼、古比鱼、剑尾鱼等。由于这些鱼不像普通金鱼那样耐寒，所以饲养它们的鱼缸需放置在室内的温室里。水生植物部门是该渔场的重要组成部分。该部门除了种植多年生植物、沼泽和沼泽植物，以及所有其他必需的植物，大约还种了60种睡莲，为水池和假山花园增添美感。

金鱼的价格从5美分一条的普通小金鱼到25美元一条相对罕见的摩尔"望远镜"鱼不等。在美国见过最有趣也是最有价值的金鱼是在第二次世界大战期间展出的著名的"自由公债"鱼。这种鱼的颜色由红、白、蓝组成，在1917年和1918年自由公债活动中被用来吸引人群，当时价值1万美元。

金鱼可作为赠品，在商人和其他企业中仍有很大的市场。芝加哥的L. Fish家具公司是世界上最大的家具公司之一，就是用这种方式建立起业务。该公司的家具以分期付款的方式出售。当一个顾客快速付清家具账单时，一个推销员会来拜访她，送她一个鱼缸和一对金鱼，上面写着"鱼先生的祝贺"，从而打破彼此间的僵局。然后，售货员继续询问顾客是否有电冰箱。如果没有，他就用分期付款的方式卖给她。如果她有冰箱，可以向她推销洗衣机或其他电器。通过这种方式，公司客户的名单得以年复一年保留下去。

火鸡的清理工作

当印第安纳州普拉斯基县的保罗·恩格尔太太决定饲养火鸡代替普通鸡时，并没意识到她首要做的是"清理工作"。"每个人都在养鸡，"恩格尔太太说，"但只有少数人关注火鸡。因此，我从小规模饲养开始。1933年，我们有1000只火鸡，圣诞节时以每磅20美分的价格出售，对获得的利润很满意。"由于一只火鸡的平均重量超过10磅，她的每只火鸡的成本约为50美分，那一季的利润约为1400美元。

对于照料和饲养幼雏火鸡的相关工作，恩格尔太太一点也不感到烦恼。她说："工作对任何人来说都是滋补品。"她把农场里以前的鸡舍改成了大火鸡舍。这项工作颇为艰巨，但证明付出是值得的。当她把刚出生一天的雏鸡放进火鸡舍时，与之相关的一切都必须保持安全和卫生。在把雏鸡放进旧鸡舍之前，水泥地板要用碱水擦洗。每一件设备都需清洁和擦洗，鸡舍要用烟熏消毒。在鸡舍外面建一个太阳围栏，围栏用铁丝制成，制作成本很低，可折叠。天气晴朗的时候，幼雏可以在太阳围栏里奔跑。燕麦收割完成后，幼雏就放在一小块燕麦田里，充当火鸡牧场。

重新布置鸡舍和建造火鸡围栏的全部费用不到100美元。恩格尔太太没有为当时的火鸡幼雏购买育雏器和孵化器，而是使用原来养鸡场的设备。

恩格尔太太认为，环境卫生是成功饲养火鸡的最重要因素，可以让它们远离传染病。她将脏的垫料移走后并将干净的稻草铺在鸡舍地板上，每周进行一次。任何人进入饲养雏鸡的火鸡屋时，必须穿上经过彻底消毒的胶靴。"对此我们越小心越好，"恩格尔太太解释说，"如果没有这样的预防措施，火鸡跑过的地面可能会发现黑头病病毒。"

虽然恩格尔太太已经把农场里的火鸡数量增加到约3000只，但饲养每只火鸡的成本一直在下降，现在每只接近27美分。她强调影响利润的不是饲养成本，而是处理过于随意，处理不当会使雏鸡死于疾病，而后产品就"歉收"了。

一日龄的家禽可以以非常低的价格从一个大家禽养殖场获得。一个小火鸡群不需要很大的地方来放养，100只左右的火鸡可在一小块地饲养。这些鸡通过包裹邮寄的方式小心地运送，经过照料，其中90%都可以上市，给饲养者带来很高的利润。

饲养爱尔兰梗犬

朱尔斯·博蒙特已经证明，可以利用自己的爱好赚钱。几年前，博蒙特得到了两只纯种的爱尔兰梗犬，非常喜欢它们，于是在芝加哥"黄金海岸"附近的一块建筑用地后面租了一间车库，建了狗舍。附近的人们看到这些优良品种的动物，便来购买它们生的小狗。他把价格定得很高，不在乎是否卖的出去。在这之前，他已经赚了很多钱。通过向狗主人出售纯种狗和饲养用品，每个月平均赚300多美元。

"当我提到狗的智力时，触及了一个有争议的话题，"博蒙特宣称，"我相信爱尔兰梗的主人会同意它们的狗界是最聪明的。这些梗犬血统纯正，总能引起任何经过犬舍的人的注意。一天，一个女人非常想给她15岁左右的儿子买一只，我忍不住把它卖了，尽管不想卖，但最后她支付了150美元。当时觉得那是一大笔钱，就让她买走了。我养了四只爱尔兰梗犬，但不到一周，那个女人的朋友们就打来电话，每个人都坚持要买一只。随后不断接到下一批幼崽的订单，我决定从事养狗的工作。此时，我没有多余的钱来投资购买更多的狗，我就一直悉心照顾饲养的狗。当幼崽出生时，我就通知下订单的人。前6个月，卖狗赚了足够多的钱而实现了收支平衡，并从狗粮、狗具、狗绳和狗药等配套销售中获得了丰厚的利润。"

"其实，还有其他利润来源。很少有人看到一只可爱的小狗不被经常抚摸。有的人把它玩累了，还有的人把它喂得太饱。因此，幼犬由于受到某些过多的善意而变得疲惫不堪，就会患上各种类型的疾病。此外，幼犬容易受到蠕虫的侵害，而主人经常忽略给它们驱虫，结果变成了一只行动迟缓、生病的小狗。这些狗几乎从被购买之日起就受到了这些'虐待'。由于狗舍是主人饲养狗并寻求建议和治疗的第一个地方，因此很容易就会建立有利可图且成本低的副业。其实，许多看似生病的狗只需要放在温暖干燥的地方，禁食一天即可。这种治疗几乎不用费用，但也有主人很乐意为狗恢复良好状态而付出高昂的费用。

"一般来说，一窝会有两只或两只以上雄狗和一两只雌狗。雄狗的需求量总是很大，价格也高，而雌狗的价格一般较低。第一窝雌狗卖出后，随后一窝留了雌狗用于繁殖，两年后大幅提高了狗的繁殖力。后来我增加了其他受欢迎的品种，因为我发现某些品种狗更受公众青睐，人们会为它们支付更多的钱。这些品种包括西里汉姆犬、北京哈巴狗、波美拉尼亚犬、卷毛狐梗、达尔马提亚和一些牧羊犬。

"许多人认为开办狗舍需要很多钱。然而，这是一个错误的观点。狗舍生意渐渐步入正轨后，我才赚到了钱。事实上，我在纯种狗的总投资还不到300美元。我花了大约70美元把废弃的车库改造成一个适合养狗的狗舍。我发现，虽然很难把几只小狗卖给路过犬舍的人，但必须做一些推销工作，才能提高狗的销量。最简单的办法就是在狗舍举办一场狗展。我不会把要出售的狗带到狗展上，却只让顾客和他们朋友的狗参加。优秀的养狗人将被授予蓝勋带和金带。这些狗展不仅吸引了新客户，还增加了用品和配件的销售。所有纯种狗都可以进入，只要主人愿意。"

你可以在家中建立爱尔兰梗犬舍。拥有一条优质母狗通常是养各品种狗的起点，可能要花四五十美元左右才能买到。它可能会被放在最好的狗舍和一条纯种的公狗配种，其费用通常相当于出售一只雄犬的价格。通过保留每窝幼犬的雌狗，可以快速出售许多幼犬。如果你自己不能卖出好价格或只想批发销售，美国养犬俱乐部认可的犬舍都会购买你的幼犬并为你转售。

种植蘑菇实现快速盈利

当拉兹·卢因决定自己创业时,他决定做一些与众不同的事。了解到在地窖、棚子、谷仓或车库种植蘑菇可能一本万利,卢因买了少量蘑菇菌种,在地窖里搭建了一个蘑菇床,开始种蘑菇。其实,这并不是一个新想法。多年来,人们一直尝试在家种植蘑菇。过去的几年里,因开发出新的种植方法,种植蘑菇利润大增。然而,在卢因的家乡田纳西州孟菲斯种植蘑菇却是一个新想法,而且很快得到当地商店、餐馆、咖啡馆和类似机构的认可。

"在我开始种蘑菇之前,从未见过蘑菇的生长,"卢因承认,"我对它们的突然生长感到有些惊讶,并意识到了老式的'锯'的含义——'长得像蘑菇。'我花了2美元购买一个100英尺的蘑菇床,然后订购种子,或者用蘑菇种植者的话说就是'菌种'。当它呈现在我面前时,看起来像一团缠结的白线。我仔细地按照指示种植,两周后,一种白色的东西,看起来像蜘蛛网,覆盖在床上。我把后院的普通泥土撒在上面,又等了3个星期。一天早上,当我走进地窖去看这张床时,惊讶地发现上面长满了小蘑菇。我不知道开发这些小蘑菇需要多长时间才能上市,但第二天,当看到蘑菇的大小增加了10倍时,便把它们摘下来。100平方英尺的蘑菇床,平均每平方英尺可摘超过2.5磅蘑菇,然后以每磅45美分的均价整批出售给当地市场。"

"我在菌种上的投资略高于8美元,加上制床的2美元就是总成本,我从成品中大约赚了110美元。

"那时我才完全意识到,养蘑菇能带来多大的利润。我用第一次赚到的利润来增加蘑菇床数量,很快就有了1000平方英尺的规模。我以每磅45美分的价格轻而易举地卖出所有蘑菇。由于不需要租金、日常管理费用、特殊设备或营销费用,比商业种植者更有优势。

"当地蘑菇市场依然很好,似乎没有理由不扩大生意。许多购买菌种的公司也是委托商人,在全国各地设有蘑菇接收站分公司。一些公司同意购买所有由家庭种植者生产的蘑菇，并将它们转售给当地商店。当然，这有助于种植者以当前的市场批发价为其产品争取现成的市场。而且，他们还得支付5英镑或5英镑以上的运费。有了一个可靠的市场，我继续增大蘑菇床的尺寸，利用家中更多的空间。我一直种植纯白色蘑菇品种，它是蘑菇品种中价格最高的。我想，我非常幸运选择了这个特别品种。"

蘑菇很容易种植，不需要太多的照料。阳光对其发育不是必要条件，即使在地窖的楼梯下也能像在光线宜人的房间里一样生长。事实上，根据经验丰富的种植者的说法，亮光反而不利于种植。蘑菇市场广阔且有利可图，随时供应新鲜库存并提供快速送货服务可确保可观的利润。

种植1磅蘑菇"菌种"的成本在4.5～6美分。出售给批发市场和委托公司的个人发现售价与其实际成本之间有足够利润，可以盈利。一般来说，最好是在自己的社区以更高的价格出售部分产品，然后将其余的拿出去销售。

实际上，今天的任何蘑菇菌种都会生长在普通的地窖或棚子中，只要能够保持恒温，菌种的生长期温度应控制在18～20摄氏度之间。

广告让农场盈利

直到印第安纳州蒂普卡诺县的亚瑟·沃尔夫农场竖起了"求购广告"的牌子，生意才真正好转起来。这些指示牌是广告牌式的，顶部标有农场的名称、邮编和电话地址，下面标着"待售"和"购买"。广告的排列方式则可以插入清单，这些清单涂在可拆卸的金属板上。

每当农场有东西要供应或在市场上需要购买其他东西时，经理莱利先生就会在标题下方插入合适的金属条。"待售"标题下将包括骡子、绵羊、三叶草干草、育种母猪、小猪、燕麦、苜蓿、干草喂食器、干草玉米等物品。每当沃尔夫先生需要任何干草、牲畜、三叶草或苜蓿干草、燕麦、猪等，会在"购买"的标题下放置一个标明需要的标志。

由于沃尔夫先生的牲畜经营范围很广，有很多牛和猪需要饲料，比如干草或玉米。他会从在高速公路看到他标志的卖家那里购买合适的产品。当农场库存不足而饲料需求过多时，卡车司机成了买家。最后一批火鸡和猪都是靠这个指示牌出售的。每当有过剩的库存或产品时，利用该指示牌通常会在几天内将其出售。有时，饲养的牛或干草可能会在现场拍卖，指示牌会提前几天告诉路人有关拍卖的信息。在这个占地1050英亩的农场里，有两个路标一直在使用，分别位于在高速公路与地界相交的地方。

　　你有没有想过自己开一家公司，向当地那些精明的农民出售和安装这样的指示牌呢？

第五章

赚1000元的1000种方法

关于发明和专利

  企业越接近垄断，成功的可能性越大。美国人对"垄断"的定义持不同看法，有些人认为其利用不公平手段与少数对手竞争。然而，从伊丽莎白时代颁布的宪章和专利法案看，垄断是为了防止竞争。有时，国家以专利或财产转让的形式授予商人或零售商垄断权，但多数情况下是凭借"协会"成员身份获得。伊丽莎白女王签署的最后一项官方法案是废除《英国垄断法》。

  美国企业有哪些垄断形式？首先是成立"信托"或控股公司，即通过收购所有竞争对手公司，在特定领域获得垄断地位，并利用其收取费用。这种垄断需以财力为基础，收购的对象通常是独营、小规模企业。这正是西奥多·罗斯福试图利用反托拉斯法来粉碎垄断行为的原因。一些商人仍然相信他的方法可以用来解决残酷竞争。然而，用权力获得贸易垄断，从概念上讲不属于美国经营模式，如果按其逻辑推论是不经济的，不可避免地导致形成垄断中的垄断，最终将垄断政府的职能。

  政府还催生了另一种垄断形式——技术垄断。这种垄断既符合公众利益，又可与其他形式的垄断相抗衡，是最好的垄断形式。只有那些制造出更好的捕鼠器、画出更美的画、写出更优质的书、设计出更好看的服装或在任何领域都出类拔萃的人才能享有这种垄断。如果你能在一件小事上做的比其他人更出色，那么成功近在咫尺。尽管一项成就的垄断是有时限的，但只要你始终走在模仿者前面，成功会持续下去，因为模仿者总是出现在成功之后。

  还有一种是地理位置的垄断。众所周知，百慕大群岛由特定群体牢牢控制，其由"最权威"家族保护当地商人利益不受寻求开发该岛的新来者的侵犯。他们是怎么做到的？其实很简单。假设你去百慕旅行，爱上那里并决定在当地开一家汽车公司，据数据统计显示，百慕居民拥有汽车的数量高于美国境内或周边的任何其他地方，看似蕴含着巨大的商机，赚钱并非难事，其实在汉密尔顿（百慕大群岛首府）开了汽车公司却没有生意。

而后发现，只有政府官员才有资格在岛上驾驶汽车，而且那里的居民也不希望难闻的尾气排放来污染环境。其次，如果没有百慕"最权威"家族的同意，光顾任何生意都被认为是不礼貌的。百慕是个小地方，住在那里的人需要社交。那些光顾"不被认可"的店的人会遭受突如其来的社交灾难。这样一来，当地最权威家族希望获得成功的人会被赋予垄断权力，而那些试图"强行介入"的人往往会失败。

在展会上获得独家特许权，或者某些广告产品在当地的独家代理权也是一种垄断形式。譬如，爱斯基摩雪糕第一次投放市场时，人们花高价购买其在当地的特许经营权，制作该款雪糕并向公众出售；推销员花不等的价格获得在某地销售霓虹灯的"特权"；知名公司将独家特许经营权给予销售代理。值得注意的是，几乎所有通过出售特许经营权用于企业融资的案例中，获得的大部分收益都用于支付最初的广告宣传。虽然有人通过出售专利权来筹集创办新公司资金的案例，但这是一种艰难且无奈的融资方式。

专利相关的因素

大多数缺乏经验的人认为，如果他们发明了某种东西且获得专利，要么通过版税的方式将其出售，要么直接出售，借此可以快速赚到 1000 美元。他们觉得拥有专利并且获得联邦政府的认可做后盾，可以防止他人偷盗。其实，过分依赖和重视一项高等法院还未认定的专利存在风险。

比如，一些广告从业者"发明"了巧妙的邮寄卡片方法、从上向下折叠信笺或其他花样，通过申请并获得专利。他们利用这些专利从印刷商和其他使用这一创意的人那里收取专利费。一个大型平版印刷商花了几千美元购买折叠式信笺专利，其涵盖了在封盖下印刷的任何信笺。专利本身没有任何问题，但如果将这项专利上诉至美国最高法院，以侵权诉讼为由可能会被驳回，因为该专利涵盖了机械工从事该行业时的普通操作。英国普通法给予机械工明确的保护，正如它保护商人在没有正当法律依据的情况下免于没收财产一样。一项专利是否属于真正的发明，不仅涉及机械技能的问题，还必须由法庭根据争议双方提出的证据作出判断。

还有一种可能是有人能够出示你申请专利的已有产品投入使用的证据。最近一项专利授予自动"弹出"收藏夹创意发明。这项专利似乎无可挑剔，数百家公司正在向发明者支付专利使用费。然而，这个创意用于情人节礼物可能比收藏夹早许多年。如果有人费心在情人节旧藏品中寻找与之相似的创意，该专利可能会因证明不是原创想法而被宣告无效，因而发明人无权享受政府赋予的垄断权利。

与专利相关的另一个风险，即有人"改进"你的专利或用其他方式进行修改，借此避开你的专利所有权。当然，这种做法需要专利所有权涉及范围广且包容性强，但早期专利或印刷出版物的所有权仅限于发明者在技术领域取得的进步。有时，唯一可以申请专利的是其附属品。这就是为什么在申请专利时，应该去找一家有信誉、经验丰富的专利律师事务所，而不是那些打着"骗人"广告的江湖骗子。一个声誉良好的专利律师要价比江湖骗子高，但他们会坦率地告诉你的发明是否实用，甚至可能帮你推向市场。

奇怪的是，大多数杰出的发明都是由"局外人"创造的。众所周知，蒸汽机的原理是由詹姆斯·瓦特发现的。通过观察水壶的盖子上下跳动，他想到了蒸汽力量的存在，于是开始用他的原始方法研究如何利用这种力量。现在的工业体系就是从这项发明中诞生的。

本杰明·富兰克林不是电工，却发明了避雷针；伊士曼柯达公司支付10万美元给发明人，因他发明了一种可以在曝光后的底片背面写字的设备；即使是婴儿车上不起眼的刹车，也不是由马车制造商发明的，而是由一个寻找"独家"特色广告的从业者发明的。

因此，不要认为自己不了解某种产品的所有知识，就无法找到改进它的方法。奇怪的是，使用东西的人往往是想出改进办法的人，而不是制造它的人，或许是制造人急于付一大笔钱换取专利或专利使用费所致。改进日常工作中使用的设备和物品也许是利用专利赚钱的最简单、最实用的方法。如果你发现了一项有价值的改进并申请了专利，从大型制造商那里获得1000美元报酬并不是什么难事；用100种方法改进厨房赚取1000美元；

尽管已有很多的专利被发明，但仍然需要改进专利制造出更好的开罐器、更好的衣夹、更好的开瓶器和其他所需的简单日常用品。一般说来，简单的发明是最赚钱的，"驼峰"发夹就是一个很好的例子。多年来，女性一直在使用或不用直发夹中犹豫不决。饰针易从头发上掉下来，没有什么东西可以固定它们。然后有个聪明的家伙在金属丝上打个结便解决问题了。看似很简单，显得很不起眼。之后，一个伟大的企业由此诞生于芝加哥，他在"驼峰"发夹上赚了数百万美元。

另外，有人可能花了数年时间发明了洗碗机，而后发现人们必须接受洗碗机的培训才会使用，而且市场上已经有十几种洗碗机了。如果你是一个善于发明或推理的人并且打算通过专利赚钱，那么将时间和金钱投入到一项发明之前，首先要确保市场的存在。

每年发表的大量专利中，许多专利由公司申请，是为了保护他们在改进产品或生产方法和设备方面的研发工作，其或多或少已在市场上获得认可。公司通常也会为他们不打算开发的备用品或替代品申请专利，以防止竞争对手采用它们。但其他专利——那些被授予"自由发明人"的专利——实际上90%都被证明毫无商业价值。一般来说，这并不是因为发明缺乏价值，而是没有足够的商业应用领域。发明的产品不适用于商业领域的原因有很多，譬如制造费太贵，导致其售价无法降到满足盈利的需求。另外，如果发明的产品不能标准化，并且需要许多分类储存，那么销售成本可能会太大。

通常，发明的产品往往是针对特定用户的体现，但潜在用户太少且太分散，以至于无法用经济的方式联系和销售产品。对于仅适用于特定品牌和型号的汽车或特定类型和品牌的家用锅炉的配件尤其如此。

对制造商而言，采用一项发明并对其进行开发直到可以投入生产，可能需要大量费用，以至于很难引起制造商的兴趣。高昂的开发成本（连同发明者的专利费必须从制造利润中扣除）通常会减少发明人从专利上获得的收入。因此，在开发成本最低的发明中，发明人最有可能获得一大笔专利费或一次性付清专利费。

探讨这些困难的目的不是为了阻止你通过发明来赚钱，而是为了指出发明本身的优点或产生效果之外的其他因素，以决定是否要投入时间和金钱在你所想到的特定发明上。

申请专利的成本

获取专利涉及成本费，应与你的努力获取的回报相平衡，而且要认识到一项发明就像一场赌博，直到发明的价值被证明以及获得法庭的认可。从某种程度上说，专利的成本取决于机器或设备的复杂程度。然而，一些简单发明的专利成本却更高，因为律师必须花更多的时间向专利局提出论据，用来反驳"因为发明简单而显得过于普遍"的反对意见。很少有低于100美元的发明申请，其包括专利局图纸费和30美元的政府申报费。一项有价值的专利提交后通过专利局获得专利还涉及一些起诉成本，并且最终授予专利之前，还必须向政府额外支付30美元作为最终费用。多数情况下，即使是最简单的发明，获得一项专利的总成本不少于140美元或150美元，而普通的发明申请专利的成本也会稍贵一点。如果发明异常复杂，专利局图纸的成本以及律师投入申请和专利所有权的时间会更多，可能获得此类专利的总成本会至少要300美元。从发明中获得的收入几乎取决于你所获得的专利保护，因此申请专利时，最好选择一位称职的专利律师为你提供服务，因为专利的价值很大程度上取决于律师的能力。虽然有些律师准备专利申请费用更低，但让公认且有能力的律师替你申请专利才是明智之举。顺便说一句，对你而言，能够直接与专利代理律师交流具有相当大的价值。

改进的专利产品更畅销

通过发明赚钱的最佳方式是对日常使用的东西进行改进。制造商通常急于改进他们的产品，并且愿意为提供改进产品的想法支付大笔费用。

以普通的厨房搅拌机为例。这种常见的家用电器有很多用途，但可以肯定其还有101种用途未被发现。这种电器有好几家制造商，彼此间的竞争也非常激烈。增加搅拌机使用的附件，单独提供给其中一个制造商，将是一个有价值的卖点。

同样，简单的产品也可以改进，普通的牙膏管就是一个例子。牙膏管筛顶罐的改进，正如同我们父辈用的肥皂罐的改进一样有价值。牙膏管使用不方便，不卫生，有很多地方需要改进。下一个要改进什么？譬如一些简单的分配器，就像铂尔曼汽车上的肥皂分配器一样，可以安装在药柜或盥洗台中随时可用。有人想到了意大利香油的壁挂式分配器，而后其成为该公司销售计划中最重要的产品。

还有许多家庭、花园和办公室使用的东西可以改进，如果一个人观察得足够仔细，足够聪明，就可以找到改进的方法。当然，如果你有某个领域的经验，那么在该领域的产品改进方面具有特别优势。世界上没有什么东西完美到无法改进，没有什么事情好到不能更好。有人会盲目地认为我们已经取得非常大的进步，但清醒的人会发现，没有什么是一成不变的。因此，人类富有创造力的大脑还需要不断地寻找改进的方法，力图把每件事做得更好。

当然，有很多机会可以发明新东西来满足长期的需求，但这些发明的研发和营销充其量是不确定的。接下来这则故事讲述的是一个人发明了一种单手刀叉，并积极地大量制造。当他意识到没有足够多的单手用户使用时，已经太晚了。他还意识到，创造产品需求成本非常高，以至于他的产品售价比普通单手用户使用的产品费用更高。如果他把同样的时间和精力花在改进某种已知存在需求的产品上，可以避免时间和金钱的损失。

伯特·庞德的爱好成就一项事业

当伯特·庞德还在芝加哥读高中时，他对飞机模型产生了兴趣并加入了伊利诺伊航空模型俱乐部。他认为，这个飞机研究小组在各种微型飞行器的研究方面遥遥领先于世界其他地区。在伊利诺伊大学就读期间，他制造了许多小型飞机模型，经常在全国展览中获得现金奖励，用来支付大学生联谊会的费用。

然而，当传奇飞行员林德伯格完成航空之旅后，国家开始关注航空事业，他开始利用飞机模型的知识获利。他辞去了明尼阿波利斯－霍尼韦尔公司的工作，决定建造并帮助他人建造飞机模型。他的第一份工作是在基督教青年会、童子军营地以及印第安纳州各所学校教授飞机模型设计课程。接着，他为《大众航空》《大众科学》和其他类似出版物撰写一系列关于飞机模型的文章。没过多久，所有这些班级的学生和文章的读者都想购买材料制作自己想要的模型。因此，他的下一步是制作需求量很大的材料。

他的飞机模型店位于印第安纳州秘鲁，开始在那里生产小型发动机和6.5盎司的汽油发动机，还为自制模型的粉丝制作常见的橡皮筋绕线器和其他零配件。后来，他还提供轻如羽毛的巴尔沙木材，用于制造飞机模型、日本丝绸薄纱、特殊黏合剂和为飞机提供动力的新胶。他还制造出用于称1/1000盎司模型零件的低价秤和微型真螺距螺旋桨，这种小螺旋桨是为其他小型飞机公司生产的。他的商店还为其他公司设计模型套件以及制作现成的飞机模型。过去几年，这家商店通过 5～10 家分店共卖出几十万架飞机模型。

商店全年都忙于定期订单，而且在某些需求高峰期，商店还要夜以继日地营业。另外，每年举办的三四场全国大型比赛，促使订单量猛增。伯特·庞德在业余爱好上的成功表明培养一种兴趣爱好的价值，终有一日可以用来购买面包和黄油，也许还有果酱。

另一个是鲍彻把爱好发展为职业。鲍彻先生小时候经常制作令他的玩伴羡慕的小船。他的父母为他制订了完整的教育计划，希望他将来成为一名造船工程师。他确实做到了，但他的爱好占用所有业余时间，发现自己可以为朋友们制作小型船只。制作需求不断增加，他的业余爱好占用了正常工作时间。此时，他决定不再与自己的爱好做斗争，组建了鲍彻制造公司。数百名对微型船舶和船舶零件感兴趣的爱好者为他的产品提供了市场。最终，这个最初只是因爱好而成立的公司成了同类行业中规模最大的公司之一。

电子玩具在道富街大卖

芝加哥一家商业出版物的编辑花了一年多时间研究了一种电子玩具。乍一看，这个玩具似乎没有什么特别之处。当你拿起它时，以为只是一类"玩偶盒"。然而，当盒子里装着"杰克"玩偶的小钩子被提起时，真正的惊喜在等着你。"杰克"有两只大电眼，当它从盒子里跳出来时，大电眼会发出火红色的光芒！

玩具准备在9月上市，拥有丰富销售经验的编辑决定亲自向商店买家推销。到了11月中旬，道富街的每个商店都在卖他制作的玩具，除了最大的那家商店，因为这家店的玩具采购商太忙而没有时间对他的玩具进行认真的研究。生产这款玩具的小工厂已经完成了他认为在第一个节假日应卖出的数量。现在对这种玩具的需求不但有来自偏远的商店，还有大型商店。他已经赚到了当年计划赚的钱，其他买家不得不等到下一个圣诞节才能进货。第二年，他制作出更多玩具，并且销售一空。

机械或电子玩具领域为发明者提供了一个丰富的市场，他们可以在制作玩具中捕捉新创意，或将市场上的旧创意融入到新产品中。每个节假日，慈爱的父母都会在玩具区为他们的孩子寻找"吉米"或"莎莉·安"这样新颖、与众不同的玩具，更不用说祖父母、叔叔、阿姨了。他们的需求是无止境的，能够满足这些需求的发明者将获得丰厚的利润。

丁斯代尔通过削木材创造利润

1915年，丁斯代尔（朋友们叫他欧迪）刚从加州美术学院和伯克利工艺美术学院毕业。那时他还是个充满雄心壮志的年轻人，立志成为与米开朗基罗相媲美的画家，但战争改变了一切。从法国服兵役结束后回到旧金山，丁斯代尔变得焦躁不安。于是，他登上塞拉斯山，独居在距离城市20英里远的简陋小屋里。他在这里用木头随意削制各种稀奇古怪的小动物，并给它们上色。一个猎人不经意看到这些动物，笑了起来："它们很有个性，把它们送到艺术品商店会很畅销。"

丁斯代尔听从他的建议，他用木材削制的小动物很快流行起来。他忙着画粉红色的大象和紫色的狮子，以至于没时间哀叹壮志未酬。回到城里后，他买了一把带锯，切割三层松木板用来削制小动物，并涂上油彩。他上大学艺术教育课程时深入研究过动物解剖学，所以尽管制作的动物色彩艳丽，甚至有些异想天开，但比例却恰到好处。

随着业务不断扩展，他还在车库设计托儿所内饰和商店陈列物品，例如为一个青少年鞋类专柜设计《住在鞋里的老妇人》木制品。丁斯代尔把他的工作室称为"欧迪工作室"，并设计黑猫和黑鸟作为工作室的图标，因为他的妻子认为黑猫是"好运"的象征。

几年过去了，如今欧迪工作室设在市中心，配备了最新的机械设备。在丁斯代尔"势不可挡的前行"系列作品中，制作动物已不在其中。他不同寻常的职业包括为大型项目绘制装饰性浮雕地图、光声同步的机械显示器、绘制漫画和不同寻常的动画展品。

丁斯代尔还接到了一些特别的订单，其中之一就是为富国银行博物馆制作一组历史展览图。重现真实的规模和历史，这些戏剧性的木制场景与加利福尼亚拓荒者时代价值连城的文物收藏品相得益彰。例如，其中一个是以首次发现黄金的萨特磨坊为背景，它在五个场景中展示了采矿工具从粗制的平底锅和铲子到有效的液压方法的演变过程。精美绝伦的场景，每一个细节都恰到好处，印第安人、矿工、西班牙骑兵等古朴的人物形象在这幅图中栩栩如生，每个人物都再现了其原有的特征和服饰。

旧式快帆船难以复刻，因为过去在合恩角周围运送邮件的快船已经不存在了。丁斯代尔花了几天时间与住在古老的滨水区的人交谈后，制作出的快船无论是用于科普还是展览，都尽可能还原了细节。

然而，他最大的兴趣在于制作出机械显示器，其声音可与移动同步。第一个该类型的成品是为旧金山一家店的圣诞橱窗而制：当留声机播放着《三只小猪和大野狼》歌曲时，所制成品随之移动，人们的围观几乎造成交通堵塞。

这些对丁斯代尔来说只是一个简单的开始,他还与一位无线电工程师一起研究声控力学。他预测,未来的动画显示将不会与留声机记录同步,但会随着实际声音振动而移动。

鞋子防磨器开创新事业

阿尔伯特·萨克斯曾是马里兰州索尔兹伯里的鞋类零售商人,多年来,他早有从事另一行业的想法。他认为大萧条末期是开办另一项事业的有利时机,他想发明一种可以消除鞋子"疼痛"的设备。

10年来,萨克斯先生一直在试验各种去除新鞋磨脚带来的机械性损伤的方法,以及如何才能为顾客提供更舒适的鞋子的方法。在他看来,许多人穿新鞋都会遇到各种不适,对此他感到很遗憾。

最后,他发明了一套由打孔的塞子组成的装置。这些塞子被装在笨重的鞋子里,直到受力的区域穿过孔隙,皮革压到凹陷处,从而解决穿鞋人不适的问题。

这些塞子不过是萨克斯先生当前发明装置的前身。根据他在索尔兹伯里研发使用的原理,研制出了各种黄铜外形的液压器。将液压器放在鞋子引起脚疼痛的地方,他用极大的精力研制出的产品将永久消除问题的根源。

萨克斯先生认为,销售该发明的最佳方式是将液压器出租给运营商,这些运营商将根据发明人的使用说明来经营业务。虽然这些店是由承租人经营,但萨克斯先生对他们进行密切地关注和监督。

修理不适的鞋每双收费25美分。这项服务很受欢迎,以至于每天都有数十名顾客光顾他的店,希望能穿上舒适的鞋子。在他看来,似乎每个人穿鞋都带有痛感。1936年初,一个英国男子来到他店里修理鞋子,几个月后,他带着一大堆鞋子再次来到店里,要求使用液压止痛器来修理它们。

虽然萨克斯先生的新奇生意还是一个很小的企业,但它一直在盈利,而且前途无量。他很高兴经济的大萧条没有吓退他，还给了他把想法付诸实践的机会。

科尔曼靠抛光剂赚了 1000 美元

几年前，乔治·科尔曼偶然发现了一种制造金属抛光剂的配方。看似很简单，因此他决定把原料混合起来尝试制作。他成功制出的第一种抛光剂是液态的，当他试图销售时，发现这并不是潜在客户所需要的。然后，他继续寻找新配方。经过大量试验，自己开发了一种配方，其可以作为金属和玻璃器皿的万能抛光剂，因此赚了数百美元。

"虽然我发现人们对高级金属抛光剂有广泛需求，"科尔曼说，"但很难卖出足够多的产品来赚取可观的利润。一开始对销售或广告几乎一无所知，我花了一段时间在实践中学习。例如，我使用的容器没有标签，产品也没有名称。有一天，我把一加仑罐装抛光剂卖给芝加哥一家大酒店，他们要在购买记录中列出这个品牌名，问我名字时却把我难住了。'我没还没给它起什么特别的名字，'我说，'但是，用它吧。如果好用，你会想要更多。'那人笑了：'那我就叫它"用它吧"。'大约两周后，我在家里接到要买 5 加仑'用它吧'抛光剂的订单，这就是为什么我给它起了这个名字。当我四处推销时，告诉潜在客户使用'用它吧'抛光剂的好处时，销售额开始不断增加。抛光效果很好，但市场竞争也很激烈。然而，随着业务稳步增长，并经营好已有的业务，确实从中赚了不少钱。"

"如果给这款抛光剂起个商标名，并一次性备好一周或 10 天的供应量，销量可能会更好。但为了谨慎起见，我每天只准备订单所需的量。此外，我本打算印一些宣传单做宣传，但觉得没必要，后来发现自己错了。

"为了便于销售，一种金属抛光剂必须具备某些特征，还需向买家解释。解释之后应该附带说明如何将其用于玻璃和金属表面进行抛光，并展示其效果。同时，确保你的配方不含有有毒或易燃的物质，使用抛光剂的大用户不会在工作场所使用易燃或有毒的抛光剂，因为他们不希望出现不必要的危害。你可以配制与可燃和有毒的抛光剂一样的无毒和不易燃的抛光剂，且成本更低。我建议那些刚开始从事抛光剂制造业的人对产品进行无数次的测试，看看它是简单还是难以应用，确保简单应用获得最佳效果。如果你的金属抛光剂操作安全、易于应用，并且可以完美地抛光包括黄铜、铜和铬在内的所有金属表面，那么将会很畅销。如果用它给镜子、陶瓷和瓷器抛光，表面会闪闪发光，需求则会更大。"

有许多配方可以制作出满足上述要求的优质抛光剂，其在俱乐部、酒店、医院、餐厅、办公楼、工厂、车库、轮船公司等常规需求。抛光剂的制作费用不大，但包装要精美。包括包装在内每 8 盎司的成本大约 6 美分，零售价 25 美分。批量出售给大用户，这种抛光剂的价格可能从每加仑 1～3 美元不等。对于喜欢制作配方的人来说，没有比通过制作和销售抛光剂来赚取"第一个 1000 美元"更好的方法了。

罗伊顿太太的纽扣眼羔羊

住在加利福尼亚州奥克兰市的夏洛特·罗伊顿要抚养四个孩子，通过求助联邦政府机构，获得了一份游乐场指导员的工作，这份工作需要取悦游乐场的孩子们，让他们一直光顾游乐场。她怎样才能满足这些要求呢？孩子们都是来自贫困家庭的混血儿，既不喜欢读书，也不能让他们整天呆在院子里玩，而且手工缝纫也"做腻了"。

她拼命想着该如何是好，原打算做拼图、玩多米诺骨牌和用毛巾刺绣等但都放弃了。然后她看到了麻纱上画了一个有轮廓的小猪，准备剪下来将其塞满制成玩偶。于是她几乎花了一整晚才完成。

第二天早晨，这只小猪穿着漂亮的黄边黑圆角礼服，有一条卷曲的尾巴，粉红色的耳朵上斜戴着一顶俏皮的黑色帽子。罗伊顿太太的孩子们认为它是一个"迷人"的玩偶。当那些孩子看到它时，也认同这个说法，并渴望做出一个像它一样的玩偶。她没有足够的钱满足所有人的要求，于是她说："孩子们，我不知道我们要怎么做，但我们要尝试着去做。"

她买了 4 码料子和尽量多的木棉，她准备用所买的材料制出 17 只小猪，但发现木棉不够用。因此，她让孩子们把不用的袜子带过来并剪碎，塞进未制作完成的小猪里。

她还增加了其他要制作的动物，购买并自己设计了一些图案，共有 50 种。孩子们越来越兴奋，从家里带来了所有可用的碎布片。两个女孩从父亲的洗衣房拿了两张多余的床单，留下自己需要用的材料后，剩下的送给其他人。安托瓦内特父亲的旧条纹裤子被制成了令人惊叹的大象，而凯蒂·麦卡锡的绿色栗鼠冷藏箱被改造成长着绿色眼珠子的羊毛狗。那个夏天孩子们共做了 200 多只动物，孩子们的人数从 15 人增加到 50 人，游乐场的主管感到很惊讶。

羔羊童话故事也由此产生。罗伊顿太太通宵达旦地在为第二天的学期会议设计动物，独树一帜的羔羊由此诞生。它穿着白色棉布衣服，蹄子是黑色的，一双扁平的、纽扣状的黑眼睛看似十分天真。它被选中参加华盛顿特区举行的全国手工艺品展览会，在那里，它对萨克斯公司纽约第五大道商店的玩具买家眨了眨眼，买家对它一见钟情，不仅买下它，而且要求做得更加生动。不久，罗伊顿太太吃惊地收到一封订购 12 只羔羊以及后续订单的信。

女儿埃洛伊丝和三个儿子在地下室为她布置了一个工作室，她激动地说："感觉自己就像一朵即将绽放的花朵。"她希望能在谋生的同时留在家里照顾家人，即使她卖不出 100 万只羔羊，赚不到 100 万美元，最起码能赚到 1000 美元。

第六章

赚 1000 元的 1000 种方法

第六章

经营路边摊生意

如果没有足够的资金将产品推向市场，那么就通过开店、大规模做广告，或者雇人挨家挨户的推销，为产品销售打开市场大门。在高速公路沿线经营路边摊也许就是这扇大门。沿着交通繁忙的公路，随着游客数量的不断增加，那里蕴含着一个巨大的潜在市场。下了车，你会发现高速公路沿线的路边摊随处可见。

有些摊点销售农产品，包括鸡蛋、家禽、水果、蔬菜、黄油、蜂蜜等；有些摊点销售汉堡、热狗、烧烤、三明治、柑橘以及其他水果饮料、薯片、蜜饯、爆米花、甜甜圈或奶油冰淇淋等。另外，销售纪念品和明信片的摊位也很常见，还有在历史名胜古迹附近出售纪念品的摊点。

哪种类型的摊点可以赚钱，主要取决于所在地区的特殊需求、路人购买习惯以及吸引顾客的能力。要充分了解自己所在地区的需求，也许大部分业务都来自邻居以及经过城镇的游客。例如，经过佛蒙特小镇的游客可能想吃枫糖浆或枫糖，而你却尝试让佛蒙特当地人迷上玉米粉蒸肉，让游客以为当地人喜欢吃玉米粉蒸肉，这样做会损失惨重。因此，你需要根据区域需求定位要销售的产品。

只有满足所在地区的需求才能促进销售。在太平洋海岸、大西洋海岸、海湾或五大湖区地区，常有路边摊出售新鲜或熏制的鱼；在东部，特别是在纽约，有许多"牛奶站"；得克萨斯州的居民是冰淇淋的主要消费者，在炎热天气里每个摊位都会出售各种冰淇淋；墨西哥的果仁糖在新奥尔良和得克萨斯州的一些地区很受欢迎；在西部和西南部的某些地区，常常出售非同寻常的岩石和半宝石；印第安人的手工艺品——珠子制品、银器和绿松石首饰以及皮革制品，在印第安人保留区内外的小摊上均有出售；在美国西南部，可以在路边摊买到所有关于吃、穿、用的东西，比如手工制作的珠宝、陶器、雕刻饰品、手工编织物、热玉米粉蒸肉和辣椒等。

除了为所在地区提供合适的产品外，广告宣传也很重要。可以在通往摊点的有利位置，或在游客营地，或火车站放置产品标识，但其实新颖的陈列摊位自带广告效应。把摊点做成巨大的"热狗",借此向全世界宣传他的特长;好莱坞有一座向年轻人出售冰淇淋和蛋筒的大冰山;在西部也有许多摊位做成巨大"柠檬"和"橘子",供应柑橘类水果饮料和三明治;在东部,有人建了一个巨大牛奶罐似的茶点摊,并在其周围制作遮阳篷,用来遮挡柜台,通过出售乳酪、黄油、冰淇淋、麦芽乳、三明治等而大获成功;将摊位设计成装满五颜六色蔬菜的大篮子,成了最新颖的农产品销售广告。虽然"咖啡茶点摊"遍地都是,但将其开在商店上方主人居住的公寓内而显得与众不同。苹果酒桶或老磨坊摊点用来销售苹果酒,冰屋摊点则销售冷饮和冰淇淋。这些新颖的摊点成本与普通摊点差不多,但其广告价值却难以估量。行驶在路上的司机途经几十个摊点后,总有一个摊点必然会引起他们的注意。

然而,路边摊并不是唯一前景好的路边生意。许多高尔夫球场的业主通过为那些"只是开车出去兜风"的高尔夫球爱好者提供服务,过上了优渥的生活;矮种马骑乘依然像几年前一样流行,小孩们一看到矮种马就会吵着要骑,因此,芝加哥有个人靠养了一群矮种马过上了富裕的生活;当他决定不再养马后,通过出售特许经营权和马匹净赚几千美元;随着射箭运动再次兴起,开在高速公路附近的射箭场如雨后春笋般涌现;还有自行车店、骑术学校。芝加哥附近有一所曾是老农场改造的骑术学校,农舍被改成客栈,牲口棚里养着二十几匹马。每到周末,成群的年轻人来这里骑马、吃晚餐热闹非凡。

另一个非常新颖的路边生意是由一个刚毕业的年轻人创办的。他买了几部便宜的相机,租了一个大型野餐林的入口摊位。租相机需要交押金,并收取少量租金。另外,他靠卖胶卷增加利润。当然,这样的小型路边生意必定会成功。其实,开销微不足道,关键是满足了需求,这才是吸引客户的重要因素。此外,还可以通过销售糖果棒、口香糖、袋装坚果和其他东西获取额外利润。

"谷仓销售"创造丰厚利润

每个农业社区通过举办谷仓销售活动,全年可赚取固定利润。如果你的社区目前没有这样的业务,值得一试;如果你有大片的土地和大楼,不需要谷仓也可以经营好业务。当然,你也可以为此租一个。

谷仓销售是按照以下方式进行的:谷仓销售的经营者通过广告告知,将定期出售所有运到谷仓的物品。通常定期举行销售活动,一周一次,或者一个月两次。有一位最成功的谷仓销售经营者每周二都会在俄亥俄州华盛顿法院附近的农场进行销售,而大多数人通常选择周六进行销售。

人们对家畜、蔬菜、水果和各种农场设备以及生活用品都存在需求。事实上,几乎所有能叫得出名字的物品都会定期在谷仓出售。以现金方式进行交易,并遵循标售规则。

在俄亥俄州华盛顿法院大楼的施奈德谷仓销售中,每位卖家都要为所销售产品向谷仓经营者支付佣金,牲畜通常为3%,杂项设备为10%。

一天下午,这本书的其中一位撰稿人参加了一次谷仓销售活动,并卖出一车葡萄柚、一台圆盘犁、几头牛和几匹马。他还卖了一匹6岁的骟马,赚了215美元。

选择好地点用于谷仓销售至关重要。可以选择靠近商业区,或者选择城镇郊区的空地,以便腾出更多的空间让买家和卖家停车。当然,如果有棚子、空谷仓或避难所则更好。

选好地点后,拜访社区的农民,向他们解释你的计划,告诉他们第一次销售的日期。首先,有必要说服他们带东西来卖。与农民交谈时,询问他们是否有家畜、水果、罐头或其他想要出售的物品。几乎每个农民都有这样或那样的物品可出售。

如果第一次谷仓销售得到适当的宣传,就能吸引大量的卖家,就像一个优秀的拍卖师总能获得他人提供的拍卖品进行拍卖一样。人们一旦知道第一次销售结果后,获得更多商品销售及吸引更多卖家并非难事。

如果你的城镇附近有一个县或社区集市,可以利用集市销售,其是理想的销售场所。然而，只要在交通便利的公路附近，都可以作为谷仓销售点。

佣金在销售时支付给谷仓经营者，就像拍卖中要遵循一般的竞价规则一样。在当地报纸上刊登小广告，以及使用传单或促销单进行谷仓销售宣传，直到确定销售日期并告知。

路边轮胎修理店

詹姆斯·莫里经美国20号公路驱车从芝加哥前往密歇根的路上，前胎爆了，这一小事故却成了他创业的起点。车爆胎后，和许多司机一样，用备胎换掉爆胎，并把旧轮胎扔在路边的杂草里。之后，他决定在密歇根买一个旧轮胎作为回城路上的备胎。看了印第安纳几家经销商的轮胎后，莫里不得已花5美元买了一个轮胎。

莫里觉得自己受骗了。在回家路上，这个想法一直萦绕在他的脑海里，不知道其他人遇到类似的情况作何感想。他认为路边轮胎服务站提供低价翻新轮胎可以赚很多钱。莫里把车停在家门前，决定自己做这个生意。

他在加里以东不远的三泵加油站附近租了一个路边摊，并从芝加哥一家批发商那里购买50个翻新轮胎。他在轮胎摊以东300英尺和以西300英尺的地方分别立了一块大广告牌，上面写着："距此地300英尺售卖的轮胎2.25美元起。"另一块大广告牌在加油站对面，写着："吉米轮胎之家，2.25美元起。"莫里的生意就这样开业了，那天是7月2日。7月4日，他卖掉了所有的存货，赚了52美元。初始投资为145美元，包括轮胎、租金、广告牌和杂费。经营路边摊第一个月，扣除全部投资成本后，莫里净赚203美元。

莫里翻新标准品牌轮胎，经过特殊工艺改造，成本较低。因此，其可确保购买此类轮胎的客户拥有较长的行驶里程。这是一项轻松且一本万利的生意，不需要投入太多资金，而且几乎没有亏损。

果岭用于高尔夫球练习

去年夏天，在科罗拉多州的埃斯蒂斯帕克，一名男子在这个繁华的度假小镇租了一块空地，在空地尽头的斜坡上布置了一个巨大的果岭，赚了一大笔钱。果岭的靶眼大约是高尔夫果岭洞的4倍，果岭的圆圈是用石脊制成的，越靠近球洞则越窄。其直径约12英尺，面向发球台倾斜约15度，发球台离球洞约50英尺远。

当然，这个创业想法是给那些自认为擅长使用铁头球杆人的一个机会，证明他们可用9号铁头球棒将10个球全部投进球洞。每投进一个球计1分，没有落进球洞但落在第二圈计5分，落在第三圈计10分，以此类推。每洞标准杆为20杆，当一名球员达到标准杆时，可以免费投10个，通常投10个球的收费需要10美分。那些打出低于标准杆的球员的名字被贴在黑板上一整天，而且每天还为低分球员提供奖品。

建造这样一个高尔夫球果岭的成本很低，唯一需要的装备只有12根铁球杆，包括5号铁头球杆和9号铁头球杆，以及约50个重新漆过的高尔夫球。虽然这个想法与几年前流行打小型高尔夫类似，但其有一个明显的优势：它为球员提供一个练习击球的机会，在同等条件下使用常规球杆与别人同场竞技，体验一场真正的高尔夫比赛。

利用路边摊卖鱼饵

住在密苏里州乔普林的 77 岁寡妇埃拉·加斯顿没有任何收入，而且身体状况不佳，不知道该如何赚钱。她突然想起在通往欧扎克渔村的公路上，有许多渔民从她家门前经过，他们的鱼饵从哪来的呢？她想到附近一条小溪的泥滩里有很多蠕虫，也许可以出售它们来赚钱，无论如何都值得一试。一个朋友为她搭建了一个路边摊，并在上面挂了一个告示牌，标识这里有鱼饵销售。

加斯顿太太用水壶、水桶、盒子等装满土和蠕虫。路过的渔民果然停下来购买。没过多久，她不得不雇个小男孩挖蠕虫来满足需求。小男孩挖 100 只蠕虫可以获得 10 美分报酬，她一打就卖 10 美分，有时销量高达 1000 打。两年来，加斯顿太太估计已经卖出 100 多万条虫子。她用两年时间还清了自己和已故哥哥的债务，因为做了这件有趣且有利可图的生意，她还恢复了健康。

开高尔夫球场向"驻足练习击球的人"收费

约翰·戈尔韦和马丁·谢菲尔德高中毕业后找不到工作，于是凑在一起，在芝加哥郊区两条交通繁忙的高速公路旁租了块空地，开了一家高尔夫球场，5 个月赚了 600 美元，他们觉得赚 1000 美元很容易。

"这不是最初的想法，"戈尔韦说，"但它是我们能想到的最好的赚钱方法，因为几乎不需要启动资金。整个夏天花 15 美元租下这个场地，相当于业主支付的税款。我想老板肯定认为我们疯了，但还是继续支持我们，从父母那里共借了 50 美元，买了一些二手木材用于搭建场地，还给招牌上漆。然后我们测量距开球点的不同距离，分别在 50 英尺、100 英尺、150 英尺、175 英尺、200 英尺和 250 英尺处张贴标志。调平球杆、割草、修理东西，所有的活儿都是自己干。购置木材和招牌花了 21 美元，我们自己提供一些高尔夫球杆。我们用剩下的钱买了最便宜的高尔夫球，规定打 25 个球 25 美分，打 75 个球只需 50 美分，于是准备开始营业。4 月下旬一个寒冷的星期天早上开业，我们满怀希望地坐在看台上等待顾客前来。有几辆车经过，但没有一辆停下来。那天下午 1 点左右来了第一个顾客，花了 50 美分练习击球。当第一个顾客还在练习时，下一个客户进来了，也花了 25 美分。前两个顾客结束练习前，又有两个顾客来到这里，并且几乎同时离开。虽然只赚了 2 美元，但没有太悲观，只是有些焦虑。接下来几天，没有人来练习场。听说 5 英里外还有一个球场，我们去看看他们经营的如何，但他们的情况和我们差不多，还和球场的老板交谈一番。'别担心，'他说，'它们会成群结队来的。可以雇一两个人在你的场地练球，便会有人停下脚步来练习。这样做的目的是为了吸引更多的人来练球。'"

吸引顾客

"考虑到第一天的经历，我赞同他的主意，觉得这样做可以吸引驾车经过的人停下来练习。回来后，我和马丁说了这件事。"他说："为什么不像猎人引诱鸭子一样引诱他们？"

"当球场没有顾客时，找个人来场地练球，那么经过的人可能会停下来进来练习。我们想找人来练球，但需要支付工资。由于付不起，我们自己轮流在练习场打球。我先打 1 小时，然后马丁接下去。不确定这样做是否能带来顾客，但生意渐渐开始好转。每个工作日下午都有女性开车来练一会儿球，还有许多人每天定期来这里练习。与此同时，马丁和我正在学习发球知识，以及如何利用正确的击球姿势获取更多的力量，减小体能消耗。不久，我们可以完成长距离击球而引起专业人士的注意。有一天，一位曾经拥有小型高尔夫球俱乐部的高尔夫专业人士来拜访我们。他告诉我们他失业了，想给人上发球课赚钱。我们安排他用我们的场地，而他提供教学指导说明，实行五五分账。他每小时收2美元，并在得空时帮助马丁和我训练体能。1个月后，当他找到另一份工作时，我们留下教学指导说明进行教学，每小时2美元。在一个阳光明媚的星期天下午，我们迎来了事业的新高潮，从练习场和教学中赚了30美元。工作日平均赚18美元，但下雨天根本没生意。"

几百个高尔夫球、几根球杆、一个看台，高速公路沿线的一块大空地，这些都是开高尔夫球场所需的设备。销售冷饮、三明治、冰淇淋、咖啡、香烟等副业也可以增加利润。对于年轻又充满活力的球员而言，很少有这样适宜的场地，能让他们在高尔夫赛季开始前积累练习资本。

路边书店

梅雷迪思在密歇根州特拉弗斯城附近经营一家路边摊，开发一项与众不同的业务。这个路边摊既不卖热狗，也不卖汉堡包、冰淇淋，而是卖书。虽然这种类型的书店或摊点很少见，但在欧洲，尤其是巴黎却很常见。梅雷迪思先生认为，一般人都喜欢在书店里看书，甚至连游客也无法抗拒浏览书籍和出版刊物的诱惑。摊点上有一个大牌子写着："为什么要着急离开？你会喜欢上这家路边书店的。"

第七章

赚1000元的1000种方法

经营零售店

无论住在哪里，在大多数城镇总能看见许多商店，会有一些零售店破产、关门停业，每家店的损失从 1000 美元到 1 万美元不等。洛杉矶有家公司，专门负责关闭那些因店主无力支付商品账单的商店。

专业机构发布的商业报告列出了许多零售店经营失败的原因：缺乏资金、缺乏经验、信用损失、管理不善、地点不好等等。当然，这些只是其中几个原因，归根结底，店主未能提供所需或有用的服务才是主因。

这才是你决定是否开店首先要考虑的问题。能否为你寻求惠顾的城镇、社区或街坊提供有用的服务？能否为社区的人们提供他们需要或想要的服务？或者你的商店只是试图复制一些已经经营良好的服务模式？你的商店也属于拥挤不堪的行业的一家？

以下列出了美国一些正在经营的商店：

食品店 532010 家	男装店 13198 家
药店 56697 家	肉类市场 32555 家
五金店 26996 家	杂货铺 11741 家
干货店 28709 家	家具店 17043 家
鞋店 18967 家	女装店 21975 家
女帽店 9568 家	珠宝店 12447 家

从开始写这篇文章到读到它时，许多的商店正经历破产、合并、搬迁或改行，表明这些店主们几乎赚不到钱。这样看来，你可能觉得零售店可能难以为继，但事实并非如此，因为其商品满足了人们的基本需求。总体而言，大萧条期间零售业遭受的损失比任何其他行业都少。当然，大萧条会淘汰不合格、懒惰、散漫和粗心大意的零售商。但无论形势好坏，好的商店会年复一年地经营着，但并不稳定。

尽管看到经营失败的记录会感到沮丧，但依然想试试。开哪一类店呢？

连锁店越来越难以从杂货店、药店、雪茄店、帽子店或鞋店中盈利。这些类型的商店很多，为什么还要选择与国内最精明的商人竞争同一领域？由于个人不可控因素的影响，杂货、雪茄、药品、帽子和鞋类等普通商店的讨论在此略去。当然，每周都有私营店主进入这些领域，有一些人取得了成功。但要明白，经营药店必须具备药剂师资格；开鞋店需要投入大量资金；很多人不善经营食品杂货店，而且连锁店的竞争很激烈，人们没有太多动力进入该领域。

尽管经营零售店必须考虑所有不利因素，但切记，美国一些巨额财富是通过经营零售店创造的，真正具备实力的人总有用武之地。每年有成千上万的新商品投放市场，每种新商品都为店主开辟出新领域。想想一二十年前闻所未闻的电器；想想今天人们在体育用品、运动服装和玩具上的花费比 10 年前多出多少；想想现在购买的所有现成或准备生产的商品，几年前还在家里制作。更多人不再烤蛋糕，而是从商店购买蛋糕、饼干和面包。

过去，人们制作自己所需的东西，现在只要从商店购买即可。曾几何时，人们购买的钱包直到用坏才扔，而现在买钱包、帽子、手套、长袜和鞋子纯粹是为了搭配衣服。近年来，这种配饰或搭配理念为零售业增加了不可估量的收入。

很容易看出零售商提供的服务种类没有局限性。与自制东西的时代相比，今天国民收入的很大一部分花在零售店上，这也是零售业增长并将持续增加和扩大的原因之一。

决定开什么类型的商店

排除拥挤不堪和需要特殊经验或培训的行业后，你可能对任何常见类型的商店毫无兴趣。即使排除上述所有行业，经营专卖店仍有广阔的前景。什么是"专卖店"？它通常指那些遍布大街小巷专营女士用品、人造珠宝、新奇物品店等，还有数百种其他类型的专卖店尚未遍布全国各地。

在考虑开专卖店时应首先考虑个人的经历、好恶和个人偏好等，其次是资金问题。你能投资多少？你想做多大规模的生意？你想承担赊销、解决和处理大量库存的风险来开展大规模业务吗？或者你更喜欢在一个助手的帮助下经营一家小店，而无需支付物品运费或信贷费用？在决定开什么类型的店之前，所有这些因素都要仔细考虑。

还有一个因素决定了你适合开什么类型的店，那就是无论你过去有什么经历，充分利用自己拥有的每一个优势，开店时尝试利用它。你认识什么样的人？工厂里是否有熟人或者产品的忠实用户？如果有，可以选择开一家满足他们购买需求的商品店。或者是否认识社区里最富有、最时尚的人？如果有，可以开一家迎合他们的商店。有熟悉的小车车主吗？或者过去曾以某种身份为他们服务过？如果有，可以考虑开一家轮胎店。

此外，还有一种方法可用来决定开什么样的店，了解你所在社区的人们出城买什么。假设你打算开一家渔具店，通过接触一些渔民，得知他们在哪里买渔具，是否必须去城外商店购买，或者通过邮购？如果你能提供全部产品的样本，他们是否会光顾你的店？另外，了解在当地商店最难买什么。这些都是开店之前要向社区周围的人询问的一些问题。

通过这本书，你可以根据他人开设专卖店的经验，获取具体而明确的建议。通过这些建议以及对社区需求的仔细调查后，若还想开店，一定会成功。

选择最佳地理位置

商店位置一般分为两种，通常被称为"高租金地段"和"低租金地段"。高租金地段商店是闹市区最繁忙街道上的"焦点"。若是在这样的地段开一家小店，一年的租金可能高达数千美元。如果没有足够的资金，经营零售店会很困难，销售某些"临时"商品是很必要的。

人们不会因购买口香糖、香烟、药品、饮料等简单的便利用品穿过街道、绕过街区。对于专营此类商品的商店而言，位置最重要。如何确定商店类型在很大程度上取决于所选的位置。

不同类型的商店需要不同的位置。确定商店的目标客户群体后，所选的地点必须是他们经常光顾的街区。每个商业区，总有一条街道是最受欢迎的，把商店开在这条街。大多数繁忙地段都挤满了廉价的连锁店，其以"低价"商品为特色。尽管这样的地段人流量很大，但选择把高档商店开在1.88美元帽子店和"五角钱"商店之间可能难以经营。

不要过分相信你的商店会吸引常在一个街区购买商品的人们。要试图改变他们的购买习惯，就不要选择必须走楼梯，或者走几步到一层，甚至比人行道低一英尺左右的店面，其会阻碍商店发展。找一个可与人行道完全齐平的店面，但店面不能太隐蔽，否则不会引起人们的注意。

年轻商人易犯租用大店面的错误。先想清楚需要多大的店面，然后把空间减半，可以遵循这条规则来选择位置。大面积的商店需要花费更多的采暖和照明，购买更多的固定设备和占用更大的库存。租方希望出租整个店面，但并不意味着他不愿把店面隔开出租，只租一半或2/3给你。

你也可以从非竞争性商店里租用空间。有时珠宝商会在药店的一头租个地方，有时会在家具店的某个区域看到一家珠宝店。如果你能把店开在已经运营良好的商店里，可以省去很多费用。全国数百家百货公司都是独立经营，但会把某些小店开在大店面里经营。

写字楼的大厅、酒店大堂，甚至是大型商店入口处的小空间经常用来开小型商店。记住，在租金和其他开销上节省的每一分钱都能让成功坚持更久。

商店经营成功的秘诀

多年来，圣路易斯大型批发公司商人服务部的西德尼·卡特对经营商店的成功因素进行了专门的研究，并通过举例来说明。"我认识一个商人，待人友善，他的商店不够干净，但因为商品数量多，所以经营得很好；我认识的另一个商人，店面干净，存货也多，但生意相对较差，因为待人不友善；还有一个商人，商店照明很差，也没有值得炫耀的固定设备，但生意做得很大，因为他是一名优秀的推销员，知道如何教他的店员进行销售。因此，决定一家商店成功与否的因素总是有很多。"

国家收银机公司的管理人员对商店经营的了解不亚于任何人。该公司在其优秀的著作《更好的零售业》中表明了要得到顾客青睐的因素主要有：

（1）种类繁多、排列整齐的商品；
（2）价格合适、一目了然；
（3）快速、礼貌、精准的服务；
（4）无条件退换货；
（5）货真价实；
（6）童叟无欺；
（7）有吸引力、方便、光线充足、舒适的店面；
（8）提供挑选商品时用来休息的椅子；
（9）细心照顾孩子的工作人员；
（10）准确填写电话订单。

过去几年，商店经营方式得到很大改善。顾客也已经习惯了商店提供更专业的销售人员、更细致的安排和越来越多的"服务"——更好的照明以及超出预期的礼貌。顾客无法再容忍马马虎虎、粗心大意、乱七八糟的店家。

现在，人们不需为退货而争论不休。无论顾客犯怎样的"错误"，都会认为自己是对的，并希望得到应有的待遇。顾客无权要求为戴过的帽子退货，但没有哪个商人因维护自己的"权利"而发家致富。

过度囤货是经营失败的另一个原因。一个成功的老牌资深商人赚钱的秘诀很简单："永远记住你还可以卖更多商品。"开店初期准备商品库存时，牢记制造商不会停止生产任何有需求的商品这一原则。另外，开店不要占用过半的储备资金，将其中一部分存起来以备不时之需，或者用来渡过淡季，或者用来替换开店时误买的滞销商品。

保持商品流动

　　成功的商人不害怕亏本出售滞销商品。当商品滞留几周而无法出售时，就意味着开始赔本。只有亏本出售，抽出资金，而后把钱投到可以盈利的商品上，无论商品成本多少，其价值只有出售才得以体现。

　　成功的商人在购买昂贵设备承诺分期付款的进程总是很缓慢。不要重蹈一个拥有价值800美元商品库存和750美元收银机却选择分期付款商人的覆辙！虽然良好的设备是必需的，但不要因使用大量资金支付固定设备而让自己寸步难行。即使生意做得很成功，但每月用于支付分期购买的设备足以花光所有积蓄。

　　最后一点，竭尽全力满足你的客户，努力让他们成为回头客。如果一个顾客只购买一次，或是怀疑他在别处购买，联系他，找出他为什么没有再次购买的原因。纠正自己犯的错误，并让他知道你在努力满足他的需求。成功的商人通过这些策略成就自我。

创办邮票店

65岁的菲利普·卡朋特从邮政服务行业退休后，对集邮产生了浓厚的兴趣，并将自己收集的邮票出售给居住在俄勒冈州波特兰市的集邮家。虽然一开始邮票供应有限，但还是租了商店的部分橱窗，把大部分邮票存货陈列其中，等待买家前来购买。

"我的时间几乎一文不值，"他解释说，"所以利用橱窗展示邮票并与潜在买家交谈没什么损失。30年的邮递员生涯，我从邮局买了许多邮票，还有一些是亲戚朋友听说我在集邮赠送的。许多是重复的纪念邮票，例如《世纪的进步》和《哈丁》，其中一些是外国邮件和航空邮件邮票。总而言之，这些邮票足以作为优秀的陈列品。"

"然而，由于没有营销意识，第一周只赚了15美元，勉强够支付开销。几周后，我结识了其他邮票经销商。每周在一家小餐馆见一次面用来谈生意。从那时起，我对邮票买卖有了正确的认识。他们认为，我对某些邮票定价太低，其他又太高。他们还指出我需要购买一些新邮票，于是我联系了几家邮票批发商。从那以后，我很快学会了定价标准，而且看到了这个行业的真正潜力。

"我研究了各种发行的邮票，发现向私人收藏家购买邮票比批发商更便宜。有一天，一个小伙子带着一本特别的集邮册来到店里。'我破产了，'他说，'我想把整套集邮以100美元的价格卖给你。'他告诉我，最初花了将近2000美元购买这些邮票。受到经济大萧条的影响，又因为他坚持要把整套集邮原封不动地出售，其他集邮家都拒绝了。当我浏览这些邮票时，发现几枚稀有邮票，借此可以赚到一大笔钱，所以全买了。第二天，我拜访了一位一直在寻找关于丹麦西印度群岛邮票的客户，共有四张，卖他三张，每张价格不菲。那个星期还没结束，整套集邮册剩下的邮票分别卖给历史教授、学校老师和集邮爱好者，共赚了796美元。有一段时间，我一直在反复思考这次销售并从中得出结论，如果一个人有一套集邮册要卖，兴许其他人也有。我在报纸上登了个小广告，收购关于波特兰人民全部或部分邮票集。我用这种方式获得了几套不错的集邮册，而且只花了460美元。我不再登广告，开始集中精力销售这些邮票。不久，我几乎卖了所有邮票，共赚了1400美元。"

卡朋特还与波特兰的大学、学校甚至博物馆取得联系。学校的老师，尤其是高中老师，对邮票很感兴趣，因为他们通过邮票可以让历史、地理等科目的教学更加丰富多彩。国外盖销的邮票，尤其是来自法国、印度、英国、意大利、德国、瑞典、洪都拉斯、中国和日本的邮票，无论发行与否，学校老师的需求总是不断。它们给集邮者带来高达300%~400%的利润。

我们可从批发商处获取列有邮票售价的目录，部分目录上同时列出了批发价和零售价。刚开始经营邮票店可以像卡朋特那样，通过在报纸上登邮票广告，或者通过与众多邮票批发公司其中一家取得联系来购买邮票。这些公司尽可能提供大量各类邮票，并给予经销商25%~50%的折扣。因此，用很少的资金开店，学校附近的流通图书馆是开展这种业务的绝佳地点。

开杂货店赚钱

大多数开杂货店的人都失败了，这是尽人皆知的事实。失败率几乎高于其他任何行业，有很多原因可以解释这个事实。有时开店的人缺乏干劲，纯粹是懒惰；有时可能选错了地方，或对进货商品的判断力很差。但是，失败率高的主要原因是开杂货店的人忽视了销售能力和销售知识的重要性。

今天杂货行业的竞争如此激烈，旧的经营方式已经行不通。为了成功，你必须了解人们为什么购买，以及如何让他们购买。从某种程度上说，善于观察的人自然会知晓这些。然而，要想在零售业中取得成功，需要了解一些关于销售技巧的基本原则。幸运的是，詹姆斯·布兰特考虑在洛杉矶开一家杂货店时便意识到这一点。他不可能花两三年时间去学习所需的销售经验，但从朋友那里得知，有些学校通过邮寄方式教授销售技巧。他认为这种方式容易接受，可以边开店赚钱边学习。他说："这门课程有一部分是专门介绍零售行业销售，除此之外，还有建立零售销售的各种方法。当然，这部分也是为批发商雇佣的推销员拜访零售商而设计的，旨在展示如何帮助零售商销货。作为一名零售商，我仔细阅读了这一部分，发现了一些很实用的建议，后来将这些建议应用在我的杂货店业务上。"

"从开店的那天起，我意识到了销售技巧的好处。它不仅教会了我如何与客户打交道，还教会我如何推销商品、制定售价。通过运用正确的营销策略，我发现每笔销售都可以增加1美元的销售额。另外，向客户推荐附加商品的方式要有所不同。都用同样的方式去推销，客户会反感；换一种方式，客户可能会感兴趣。在推销技巧的帮助下，我有了一个良好的开端。通过运用这一策略以及结合其他一些技巧，很快在洛杉矶取得了成功。"

吉米·布兰特花了84美元购买销售技巧课程，通过每月小额分期付款方式支付。但对他来说，课程的价值远不止于此。虽然大多数人可能对销售技巧课程不感兴趣，但如果想在商业上取得成功，最好考虑培训带来的的许多益处。毫无疑问，这样的培训确实为创业者打开一片新天地，可避免犯那些往往代价高昂却可以避免的错误。商业实践和商业基础方面的专业培训是为自己在商业中取得成功做准备的最好方法，它无疑缩短了赚取"第一个1000美元"的时间。

经营礼品店的"来龙去脉"

巴克莱太太有 500 美元，她想自己创业。镇上有两家不善经营的礼品店，经营的商品都很普通。人们所需的礼物都必须从附近城市的百货商店购买。这个小镇的社交生活很活跃，一年四季几乎每个人都在打桥牌，而且有很多"送礼聚会"、儿童生日派对等，但这里只有一个按订单定制礼品的市场。一天，巴克莱太太对一位老朋友说："这个小镇需要一家更好的礼品店，我打算去看看有没有这样的商店，如果没有，打算自己开一家。"

第一步是找到合适的开店位置。离商业中心近且租金不高的地方，是开店的理想位置。将室内漆成浅黄色，把当地木匠制作的廉价货架和陈列桌也漆成同样的颜色，将两个展示窗的纯黄色窗帘拉到两侧，路人能够清楚地看到室内。这种单一的配色方案为商品的展示创造了显著的背景，尽显商品本色。

一面墙的架子上放着瓷器、陶器和玻璃器皿；对面则放着黄铜、白蜡、木器和银制礼品；后墙上的陈列架很低，上面挂着一块可爱的印花棉布和一面殖民时期的镜子。这些低矮的架子上适合放些从婴儿期到 10 岁左右儿童玩的玩具。另外两面墙架子上方的空间足够大，可以挂几幅画——版画、油画和水彩画的复制品。两把舒适的椅子，旁边是茶几和三张展示桌，包装柜占据了剩余的空间，但还有足够的空间可以走动。

一张长桌子，展示了一些适合桥牌奖的物品，价格从 1 美元到 3 美元不等，这是社区通常为桥牌奖品支付的价格。一张小桌子上摆放着扑克牌、桥牌记录簿、铅笔、烟灰缸和一些关于打桥牌方法的书籍。第三张桌子上摆着一些新奇的东西，这些东西当时很流行，短时间内会有一定的需求。陈列柜放在包装柜底部，里面放着容易弄脏的商品。这些商品包括丝绸灯罩、丝绸和天鹅绒靠垫、精美的亚麻布和婴儿礼物。

柜台一端的一个柜子里放着礼品卡、包装礼物的花式纸、彩带和彩线、生日蛋糕用的小蜡烛、餐桌用的各种颜色的大蜡烛、餐巾纸和桌布，还有餐具卡。

窗户看起来闪闪发光，陈列品每天都在更换。每个橱窗每天只放几样东西，可能是一个碗、一盏烛台、一张照片和一块漂亮的锦缎，或者是一盏小灯和一个不同寻常的香烟盒，打开即可看到里面的香烟。每件展品都很漂亮，且与众不同、色彩丰富。

建立客户群

卡片上的客户名单保存了客户的姓名、地址和电话号码，背面是带有购买日期的物品清单。逐月检查这些卡片，发现没有下单的客户后，向这些客户邮寄新商品的简介，也可以致电告知顾客有关新商品的信息。通过订阅礼品杂志，巴克莱太太可以随时了解新商品。同时，参观大城市大型礼品店和百货公司的礼品区，也让她对陈列方式和礼品有了新想法。当然，她还会定期参加这座城市每半年举行一次的礼品展，仔细阅读《美丽家居》《时尚芭莎》《时尚》等杂志，寻找是否有关于展览或橱窗布置的建议。与顾客交谈时，她会特意提到某件商品或展品碰巧与本期《美丽家居》《时尚》或其他杂志中挑选出来的展示商品相似。这个策略总是成功地引起人们对新品的兴趣，同时有助于向客户推销。

几个星期后，人们开始关注这家店。他们发现这家店可以找到想要的东西，满足需求。她对所选商品的自信很快让她为自己建立起一批不错的客户群。第一年年底，巴克莱太太不得不雇佣一名助理，并在店里增加两个新展区——贺卡区和"编织区"。她的助理精于织针，也是个有想法、讨人喜欢的年轻女性，很快帮助巴克莱太太在"编织区"建立起不错的纱线生意。

当然，你可以比巴克莱太太花更少的钱开一家礼品。如果你家是老式的舒适住宅，可以将部分地方用来开店。所选的房间应便于顾客进入，还要有可供展示商品的合适橱窗。如果室内墙壁和木制品在目前条件下不适合展示商品，则应将其涂上相协调的颜色，如果有壁炉就更好了。虽然有些货架是陈列商品所必需的，特别是随着库存量的增加，许多礼品可当作房间家具的一部分进行陈列。壁炉架可用来展示花瓶、瓷器雕像、图画、镜子等，为了充分利用它，陈设应该每天更换。一两张门腿桌、一张彭布罗克桌、一个倾斜台面和一张咖啡桌将有助于展示礼品，而五斗柜用来陈列许多易碎品。当前专门研究室内装饰的杂志有助于此类房间的陈列设计。

当地报纸上的公告和印刷公告，会推荐适合所有场合的礼物，给选定的名单邮寄礼品，让人们知道你正在经营这样的商店。把顾客和"看客"的名单都留下来，并在新商品到货时打电话联系他们。不要指望这种类型的业务会在一夜之间暴增，应设定缓慢而稳定的增长目标。

如何成为女服胸衣商

如果你所在的城镇有一家医院，那么接下来这个想法或许对你而言值1000美元。一名曾经从事女装工作的女士决定用自己的积蓄，在所居住城市的地区开店。这个地方在两个街区外，其周边被划为轻工厂，这些工厂雇佣了许多女工，附近商店也雇佣了一些年轻女工。更重要的是，离她商店仅两个街区有一家大医院。她在设计外科手术围腰方面很有经验，选择这个地方是为了开展满足术后需要腹部支撑病人需求的业务，并为残疾人和其他需要特殊矫正服务的人提供合适的围腰。

她选择了一家知名制造商来生产束身胸衣和腰带。该公司还以生产手术支撑衣而闻名，与设计此类衣服的胸衣师合作极佳。考虑到自身产品的销售市场，她为在附近工厂工作的年轻女性准备了腰带，为住宅区的家庭主妇准备了紧身胸衣、领口和袖口套装、优质的袜子，以及织线、织带、发夹、粉扑等产品。当她越来越了解顾客需求后，会购买10~15件适合某些顾客的中等价位衣服，并致电告知她们。由于款式和价格合适，所有商品都在一两天内售完。

创办矫正服公司的第一步是拜访医生，向他们解释她是一名训练有素的围腰设计师，专门从事手术支撑衣的设计，还要在医院办公室留下自己的名片。

每个顾客都有一张记录在册的卡片，上面写着姓名、地址、购买的服装类型、购买日期和尺码。时不时向他们寄些卡片，宣传店里特别的产品。单独记录购买手术支持衣的病人，给他们打特殊随访电话是为了确定衣服是否满意，顺便问问现在是否需要不同类型的衣服。

这家商店只有一个陈列橱窗，一尘不染，它经常展示最新的时尚内衣或最具吸引力的季节性商品。每当橱窗里放置一件新衣服，并附上一张卡片，说明刚到了一批新衣服。在店内，展示柜精心摆放着领口、袖口等，丝绸内衣展示在模特身上。手术支撑衣位于商店后面的一个房间里，分为试衣间和改衣间。

十年来，这家小店蓬勃发展，无论时势好坏，都能赚钱。但束身胸衣制造商看到她的产品市场已接近饱和，一直敦促她搬到有更大发展潜力的街区。最后，她决定更换商店，租下制造商代理人选择的店面。新店可容纳两个陈列橱窗，产品种类和数量更多，更加吸引顾客。她忙着为附近两家医院做手术支撑衣，因为口碑好，有很多顾客慕名而来。并且她的新店离原店所在的街区只有约两英里，所以很多老客户仍然愿意光顾她的店。

即使你没有她的优势，也不妨碍你创办这种事业。大多数束身衣制造商都会开设课程，可以参加这些课程来学习创业知识。不要急于开店，但可以从朋友和其他人那里征求订单，直到建立起稳定的业务。如果以这种方式创业，所需资金少，等赚了几百美元后，可以投资购买商品存货再开店。如果你喜欢与人交往，喜欢销售，你应该很快能建立起一项每年带来超过1000美元丰厚收入的业务。

开办二手杂志店

"我们靠着一堆杂志、几美元、一个想法以及一个摊点开了一家杂志店,"麦金太尔太太谈起她和丈夫刚开始做生意时挣的1000美元时说,"我们必须找个地方住,所以租了便宜的店面,搬进来后,清洗窗户,将店面后面部分隔出来作生活区。我们从一个仓库买了一堆二手杂志,这个仓库正在处理一个没有付仓储费的人的存货。"

开店后,接下来麦金太尔要决定杂志的运营方向。虽然出售二手杂志可以帮助他们度过大萧条时期,但想把杂志做成一笔大生意,为未来打基础,要有一个明确的目标。他们考虑了各种方法,最后决定开一家"与众不同"的杂志店。他们将尽可能地把过期杂志收集起来,开展二手杂志的批发业务。当然,实现这个目标不是一蹴而就。像许多初学者一样,他们犯了许多错误,还有许多东西要学。

关注利润

"我发现最重要的一件事,"麦金太尔太太继续说,"你卖的所有东西必须以盈利为目的进行出售。只要每笔交易都能获得利润,则不会有任何损失。收购二手杂志过程中,附带还收了一些书籍、乐谱、未装裱的画和素描。我们不想要这些,但常常强加给我们。收了一些旧书和画后,将其分类并贴上价格标签。进店买杂志的人经常还会买一两本书,或者询问自己想要的书籍。另外,我们发现收购的旧乐谱有一定价值。因此,我们在建立过期杂志参考档案时,也决定建立过期乐谱档案。这个过程需要耐心和持久的付出,但却值得,因为它能很快为你的商店建立声誉。人们开始依赖我们收购的大量过期杂志，还收到来自书店、图书馆和收藏家订购过期杂志以及完整杂志参考档案的订单。每本杂志的价格从 5 美分到 2.5 美元不等。

"我们从大楼、旅馆和公寓门卫那里收购杂志，还经常去家具寄存公司，以较低的成本购买杂志——通常 1 本大约 1 美分。有些杂志价格可能高一些，但最高不超过 25 美分。

"我们尽可能为每本杂志提供完整档案。在存储空间允许的情况下，我们还尝试尽可能多地收购不同类型的杂志。如果因杂志内容中某一特定标题或特定问题而打电话订购相关杂志，我们会尽一切努力为客户争取到它。对于这项服务，需要额外支付费用，若是顾客想要这本杂志，通常愿意支付。

"我花了一点时间学习如何估价。我曾经卖过 5 分钱的书，后来发现值几美元，卖过 10 美分的杂志，现价却要 2 美元。但每次犯了这种错误，我都会牢记。在你对有价值的东西有进一步了解前，刚开的店最好选择销售中等价位的杂志和书籍。"

不到 6 个月，麦金太尔太太不得不扩大商店规模，以便利用更多的空间来处理额外业务。后来，这家商店占据一整条街区，还开了一家分店来经营额外业务。

销售优质汉堡

这个成功企业的故事始于一辆破旧的战船和 11 美分。年轻的加利福尼亚人泰德·兰斯曼既拥有汽车，又拥有 11 美分的"巨额资本"。因为再也负担不起这辆车，打算把这辆破车送给朋友，从洛杉矶到帕萨迪纳的路上，他遇到了一个汉堡摊。

小摊的老板已经放弃了继续经营的念头，准备关店，这时那辆小破车和它的主人出现了。经过一番交谈，车主提出用这个摊位来换那辆汽车，他同意了。当泰德接手时，发现自己只有 11 美分、几十个小面包和三箱汽水，当然还有刚换来的摊位。

泰德明白11美分做不成什么，从朋友那里借了50美元，而后开始考虑如何才能经营好新生意。在这里，大多数摊位的汉堡卖10美分，有的甚至只卖5美分。泰德决定全力以赴，努力把价格提高到15美分。他做的汉堡确实值这个价，因为他只用最好的碎牛肉和面包。他发现自己可以毫不费力得赚到15美分，但在过去的6个月，汉堡成本远远超过了开支。当一位顾客点了一份加了薄片芝士的汉堡包后，经营情况开始好转。泰德自己也尝了一个，从那以后他专门做芝士汉堡。生意越来越好，很快在洛杉矶开了另一家店，接着开了第三家店，最后还开了一家供应高品质牛排的牛排店。

1937年，业务增长了500%。1938年，就是他用那辆旧车换成这个摊位11年后，泰德以15万美元的价格将著名的牛排餐厅及其所有权卖给另一个餐馆老板。

一个国家有数万个出售汉堡和热狗的店，但在你的旅行途中，能遇到一个提供优质三明治和咖啡的摊点？路边摊出售的产品质量吸引了顾客，就像被大都市中心的百货公司吸引他们一样。泰德卖的是质量，回报不言自明。

轻松开设销售黄油和鸡蛋的商店

因为哈维·凯勒不想放弃他的"女朋友"，因而搬到离她近的大城市，并在那里开了一家商店，销售父亲农场的新鲜鸡蛋和鸡，不到4个月赚了600多美元。

还没开店前，凯勒只带了两箱鸡蛋到芝加哥。他挨家挨户拜访，以稍低于商店的价格出售黄油和鸡蛋，并保证它们皆出自农场。鸡蛋卖完后，凯勒开车回到父亲的农场，又带了7箱鸡蛋，每箱获利4美元。他注意到除了杂货店和市场，没有其他地方买得到鸡蛋，考虑到人们对他表现出的友善，凯勒决定开一家"鸡店"。他以每月15美元的价格，在离有轨电车几扇门距离的小街租了一家小店，店里放着鸡蛋和几箱活鸡。

"一开始没有开店的想法。然后看到销售新鲜鸡蛋可以赚钱，但开车往返农场途中显然浪费了很多时间。我准备运一卡车鸡蛋到芝加哥，需要有个地方来储存。我让父亲负责送活鸡，希望能找到销路。路过商店的人都停下来看我把一箱箱鸡蛋堆在商店里。有些人走进来，问我是不是要开一家鸡蛋店。我回答说我刚从农场运来鸡蛋，会按市价出售。没过多久，卖出了15打鸡蛋。我确信，在这里只有卖鸡蛋和活鸡能让我赚到钱。我锁好店门并在附近转了转，当我请求顾客下订单时，会告诉关于产品相关信息。还没到中午，我卖了一箱鸡蛋和3只鸡，回到店里，修好店门继续营业。那天下午，我在店里放了一个柜台，但生意并没有像我预期的那样火爆。"

通过广告吸引客户

"当我去街角的药店里买香烟时，药剂师告诉我，如果他和我做同样的生意，会打印一些宣传单来宣传这家店，告知店里提供活鸡以及用卡车从父亲农场运来精挑细选的新鲜鸡蛋，并在所到之处分发这些宣传单。这听起来似乎是个好主意。'不要把这些放在信箱里，'当我拿起宣传单时，印刷商提醒我，'当房子女主人打开门时，递给她一张。'我拜访的大多数女性都没有购买我的鸡蛋，敲了十多家门，只有一家有需求，但每个拜访过的家庭都留下了一张宣传单。几天之内，生意渐渐变好了。有些人出于好奇而来，但都买了东西才离开。我还通过付给高中男孩们一笔佣金获得他们朋友的订单，因此我又多了一笔可观的生意。"

凯勒为许多附近街区的人们供应新鲜乡村鸡蛋。他的店总投资和第一批库存花了不到75美元。现在平均每天销售4箱鸡蛋，每天鸡蛋和鸡的销售额大约是19美元。为了处理电话订单，凯勒发现必须雇佣一名职员。他继续以挨家挨户拜访的方式获取订单，并声称这是业务的支柱。

伊利诺伊州格伦科的一个家庭也有类似的想法，他们在日内瓦湖附近拥有一个大农场。为了推销农产品，也为了与北岸城镇的当地商店竞争，他们在城镇边缘的干线公路附近租用并修理了两个谷仓。"谷仓"打着商店的广告，专门迎合汽车业。"谷仓"与哈维·凯勒的"鸡场"一样，依赖于现有的交易，用电话与客户保持联系。这类业务的优势是可以实现快速周转，货架上不会有闲置的存货。即使没有农场，或者没有任何亲戚可以为你供应新鲜农产品，也可以找到一些农民，他们乐意用这种方式销售黄油、鸡蛋和鸡。通过专注于这三种产品销售，还可以增加销售当季鸭子和火鸡，可以在短时间内建立起一个令人满意的业务。人们愿意为新鲜的鸡蛋和农场制作的黄油支付高价。

袜吧

用有限的资金创业是一种不同寻常的方式，"袜吧"便是如此。丹佛市的汉娜·希尔布小姐是"袜吧"的老板兼经理，她在丹佛市最受欢迎的闹市区中心找了一处店面，签了一间8英尺宽的店铺租约。她对门店前门做了一些改变，将其改造成带有类似两个微型窗户和一扇3英尺半高的"婴儿商店"的门。商店有30英尺深，贴满了"购买"字样。固定装置包括调节侧柜、两张陈列桌和一个特制"吧台"。调节侧柜和陈列桌大约宽12英寸，涂上闪闪发光的黑檀漆后又镶上了铬边。

"吧台"是这家店的主要特色，采用现代线条建造，台面是乌木油毡的复合板，每一侧都用厚重的铬条保护和支撑。它被设计成细长的"J"型，曲面或尾巴放于商店前部分，使其弯曲，形成一端的支撑。扶手向后延伸，充当12英尺高的服务柜台。所有固定装置的宽度都有意缩小了比例，为商店创造更多空间。这些装置都是二手的，大约只花了90美元，但不包括"吧台"。"吧台"的价格约为60美元，内饰改造费约为200美元，其他还花了50美元。

希尔布小姐通过东部的一家采购代理商购买原始存货，获得了小额订单的全额折扣，库存平均花费约 1500 美元。有了这么多存货，希尔布小姐可以为客户提供全方位的服务和每天大约 50 美元的交易额。

希尔布小姐觉得"袜吧"的地理位置很优越，足以用来打广告。不过，介绍产品时还会使用一种特殊的刺激手段，即向新客户赠送卡片。当这张卡片已记录购买了 12 双袜子时，就可以兑换一双免费的袜子。

销售大码男装的店铺

纽约第三大道下层有一家男士商店，20多年来一直为身材壮硕的男顾客提供服务。在这里，他们可以挑选西装、衬衫、袜子、鞋子和帽子，而不像在其他商店那样难以买到满意的商品。为了不让顾客觉得自己不同于常人而感到尴尬，甚至店员的身形也很壮硕。

很显然，只有在大都市里，像这样的特殊商店才会提供特殊的服务。像底特律、克利夫兰、费城、芝加哥、纽约、旧金山和洛杉矶这样规模的大城市，可以为专卖店提供足够大的市场。因此，同样的城市也会有类似的商店为女人服务。

在较小的城市里，大型百货公司为了迎合身材壮硕的顾客需求而经营一家商店。然而，这些商店在向人们提供服务中发现，商店的销售额还有很大的提升空间。精明的零售商只要能尽力经营好这样一家店，收入就会源源不断。

化妆品专区

　　商店的外墙漆着淡奶油色的灰泥，窗户不是普通的纱窗，纱窗及其框架被漆成粉笔蓝，部分带格子的纱窗也被漆成蓝色，这家店因此得名"蓝门"。窗户上的蓝色遮阳篷和蓝色的飓风百叶窗增添了其独特的外观，室内是一种冷冷的海蓝色调，桌子旁的椅子盖着印花布套。

　　化妆品角落附近放置着一张矮桌、一张芦苇长椅和一张茶几，其后有一个高高的白色屏风。这些家具被漆成白色，垫子盖着印花棉布。就是在这个角落，为顾客扑粉、测试香水的香味或检查口红的颜色是否合适。对于客户和店主而言，坐下来一起讨论这个或那个产品的优点是一种新创意。第一次走进这家店的女性，都被它的魅力所折服，尤其是这个舒适的小角落，人们可以在这里放松一下，抽根烟，悠闲地购物。

　　第一年经营很艰难，第二年她几乎想放弃回到北部去。因为有很多工作要做，销售小商品利润微薄，更糟糕的是，在前两个冬天，旅游业一度跌至历史最低点。然而，当她和母亲商量后，决定再试一年。尽管过得很艰辛，但还不愿意说"放弃"。第三年，冬季旅游业有所好转，又维持了一年。这时，她们觉得如果还能坚持下去，做自己喜欢的事总比在北部办公室里做单调的文书工作、过平庸的生活要好。

　　这家小店从开办到现在已经十年了。过去三年里，它已经发展成为一家真正的企业。尽管经济不景气，这家商店的生意还是很好，店主每年夏天都去北部旅行，不仅衣着光鲜亮丽，还存了钱，买了辆双门轿车。除了原来的化妆品专区外，还增加了出租图书以及销售贺卡、便宜的桥牌奖品和小礼品。在销售旺季，会雇佣一个漂亮的年轻女孩在店里兼职赚"零花钱"。当女儿和母亲希望与朋友共度一个晚上时，她也可以帮忙照看店里。虽然这家商店永远不会让她们中的任何一个变成富翁，但可以过得很好，还可享受工作带来的快乐和独立。这就是自己拥有企业的优势，有存在感的重要性。

宠物店通过展示笼中鸟赚钱

开一家宠物店并不费钱。然而，引导人们走进宠物店确实需要有个好主意，两年前基诺夫斯基在芝加哥南部开宠物店时便意识到这一点。他的店面很大，当他把宠物、笼子和配饰搬进店里时，还有很多剩余空间。于是，他建了一个笼子，从窗户沿着墙壁一直到商店的后面。这个笼子长 25 英尺全由木制框架建造，上面覆盖着细网，成本仅需 36 美元。

"笼子放在铺了一层油毡的地板上，上面又铺了一层厚厚的鹅卵石，"基诺夫斯基说，"然后在笼子里面放了一些金丝雀和其他小鸟。这些鸟有巢和栖木，整个展示引起了路人极大关注。人们站在那里看着鸟儿在笼子里飞来飞去，有人进来询问后，立即就买了金丝雀和长尾小鹦鹉，后者俗称'爱情鸟'。当我看到这个笼子受到如此多的关注时，尝试让它变得更具吸引力。我在笼子外面放了一些高大的棕榈树，营造出树林的效果。树将笼子分成几部分，鸟儿在树上进行繁殖。但我不打算出售笼子里的鸟，只是让它们不断繁殖，当幼鸟在成熟时就会被移出放入小笼子里。有鸟巢和鸟儿飞舞的笼子，其价值不可估量。"

利用狗展增加利润

"鸟儿们在笼子里生活得很好，所以我又利用窗户的部分空间建了一个粗糙但舒适的围栏，在里面放了一些小狗。我把三周到两个月大的小狗放在橱窗里，它们的表现会让你感到惊讶。展示的小狗尤其吸引小男孩，鼻子贴在玻璃上一站就是几个小时只是为了看小狗玩耍。当孩子们有零花钱时，就会来买一只小狗。大多数狗只是普通的品种。这些价格低廉的小狗卖得很畅销，出售它们的钱足以支付房租和电费。

"寻找大量的小狗一直是个难题，于是我在报纸上登了一则以25美分收购小狗的广告。小狗的主人们很高兴能为它们找到栖息之地，为它们选择一个好去处。

"切记，开办此类宠物店最重要的在于清洁和卫生。商店每天必须彻底清洁一次，否则会散发出令人难闻的气味，将把顾客拒之门外。此外，不及时清洁会增加鸟类和幼犬患病的风险，一旦疾病蔓延，可能会失去全部家畜。在小狗的展示窗或笼子里的报纸上撒上雪松屑，或雪松油，可以消除异味。到了夏天，商店后面的通风机也将有助于净化空气。

"然而，宠物店店主所获的利润并不仅限于从鸟、狗和其他宠物身上获得。鸟食、鸟笼、狗粮、各种幼犬药和宠物用品都可以获取可观的利润。"

还有很多的宠物经销商在自家店内装有热带鱼的水族箱，以家庭使用的水族箱的配件，例如水生植物、鱼食和水族箱的装饰品。开一家宠物店大约只要100美元就能买到存货和设备，而且很容易租到地段好、价格合理的店面。人们对动物的喜爱促使他们在陈列窗前驻足观看，因此无需过度强调更多的配饰。恐怕，很少有比这更简单的赚钱方法了。

养殖热带鱼获利

几年前，热带鱼爱好者拉尔夫·沃特金斯在芝加哥南岸地区开了一家水族馆。当时他只有8个种类鱼和10个小鱼缸。3年后，鱼缸数量增加到130个，鱼的种类也增加到120种。他利用养殖热带鱼每年净赚1000多美元。

"我怀揣着仅有的200美元开始做热带鱼生意，"沃特金斯说，"鱼种投资了100美元，房租和各种配件又花了100美元。第一天开业时，发现口袋里连1分钱也没有。那天有几个孩子在去学校的路上，停下来询问了金鱼的价格。下午晚些时候，孩子们带着另外几个人又来了。他们对鱼缸里的热带鱼和金鱼充满了好奇。其中一个小孩很想买一条金鱼。她仔细研究了一会儿，然后认真地说：'我该叫它什么呢？''你叫什么名字？'我问道。'索尼娅。''这条金鱼就叫索尼娅吧！'我回答。显然这个名字很受欢迎，在孩子们离开前，每个人都买了一两条鱼，用他们自己或其他孩子的名字给鱼取名，那天他们一共花了3美元。

"因为孩子们喜欢为自己买的鱼取名，所以他们经常来购买。当一条鱼生病或死亡时，他们就会说'爱丽丝肚子痛'或'亨利死了'。他们的父母对此大笑不已。当'爱丽丝'或'亨利'昏过去时，我不知道它们是什么种类的鱼，所以为了确保万无一失，我会去孩子们家中看看，然后再更换。因此，我有机会向孩子们的父母介绍养鱼的方法，并向他们推荐价格更高的鱼。很快订购热带鱼的订单令我陷入困境，因为许多品种很难买到，甚至几种常见的热带鱼也很难买到。前几个月，我也只是随身携带热带鱼的彩色照片，拿给孩子们的父母看。由于一些人对鱼知之甚少，我借此机会向大家介绍应该如何照料它们。起初很少有人愿意购买，总说在养鱼方面运气不佳。因此，我对每一条鱼做担保，从价格低的古皮鱼到价格高的天使鱼。每次拜访，我除了讲述应如何饲养鱼外，还强调了一个事实：如果照顾得当，大多数品种的热带鱼可以活很多年。

"热带鱼作为居家装饰的一个特色，引起了人们的兴趣。为了增加鱼的品种，我买了一些花斑剑尾鱼、银脂鲤、蓝曼龙鱼、红剑尾鱼、蓝丝足鱼、天使鱼等，售价从50美分到50美元不等。当你想在客厅摆一个漂亮的鱼缸时，我可以推荐很多的品种以供选择。当买家认识到热带鱼可以存活很久时，很少再有人愿意购买普通品种的鱼了，而且会毫不犹豫地购买稀有品种。稀有热带鱼的价格从15美元到100美元不等，其广告价值也是无法估量的。它们的养殖成本不比古皮鱼高，但售价却很高。

"不同种类的鱼需要不同的饲养方法和生活环境。水是由鱼缸中生长的植物来调节的。大多数热带鱼品种都需要热带海洋动物群相伴。我是城市只销售热带鱼及其附属品，且为数不多的拥有大型、库存充足商店的经销商之一，所以卖给客户的动物群是自己养殖的。"

第八章

赚 1000 元的 1000 种方法

第八章

推广小型业务

有这么一句商业格言：如果你能比邻居制造出质量更好的捕鼠器，人们就会踏破你的门槛。像大多数商业格言一样，这句话只说对了一半。无论你所出售的产品多么令人满意，你的销售能力与产品的受众群体成正比。由于缺乏更好的表述，将传播产品信息的工作称为"推广业务"。近几年，商人们才充分意识到"推销"的重要性。在大萧条发生前的十多年里，商界人士一直在谈论广告的力量。广告被视为现代推销的阿拉丁神灯，所有接触过它的人都取得了成功。虽然广告在推动商业发展仍具备一股强大的力量，但人们逐渐意识到仅靠广告远远不够，其只是推广业务的多种方式之一。

因此，我们发现"推销"作为建立良好商誉的捷径，可增加"商店流量"，但将其运用在百货商店领域已达到极限。我们发现管理人员总是在寻找新点子，想出各种办法吸引人们驻足商店，并让其成为人们谈论的热门话题。例如，芝加哥的一家商店花了几千美元举办"质量展会"，设置专区用于展示优质商品和劣质商品，通过标签和图表可以很清楚地看到价格的差异。还有一家商店在瓷器专区的重要位置摆放杰出人物和民间组织领导人用过的餐桌和茶几，吸引成千上万顾客。大型商店不会忽略任何一种吸引公众眼球的细节，并让它们成为人们的谈资。这些推销活动变得越来越重要，对于商人而言，无论是小镇上的小店主或是制造商，都应该运用表演技巧和广告推广自己的业务。

表演技巧在商业中的作用

　　为了成为人们关注的焦点，企业没有必要花巨额费用举办一场演出。在经济大萧条最严重时期，印第安纳州一个小镇的珠宝商发现自己无力偿还债权人的债务。他的"运营资金"都投入到钻石生意上，而当时钻石在市场上的销路很差。怎样才能将钻石变现用来支付账单呢？通过举办一场"钻石比赛"他解决了难题。这场比赛是基于人们对钻石与生俱来的兴趣以及普遍缺乏对钻石了解的背景下举办的。珠宝商在橱窗里陈列了一批钻石，以及与钻石相关的一系列有奖问答。他进一步解释，谁能对所提问题给出最完整的答案，将获得一枚珍贵的钻石戒指作为奖励。他准备了一些宣传单挨家挨户地发放，还在报纸上登广告，引起了学校老师们的兴趣。实际上，此次宣传活动在当地引起人们极大兴趣，甚至商会邀请他在午餐会上就钻石主题发表演讲。为了参加比赛，必须去店里：一是为获取问题，二是为留下问题的答案。其实，这不过是诱饵。接下来发生了什么？一个多月来，珠宝商不仅让他的店成为镇上人们谈论的主要话题，而且很多人开始对钻石作为珠宝投资产生兴趣。很快他卖光了库存中的钻石后又进了一批货，这件事发生在1932年，那时银行纷纷倒闭，"破产"成了一股潮流。

　　推广小型或大型企业的另一种方法是搭明星顺风车——尤其是一些正在访问城镇的明星。壳牌石油公司在圣路易斯开设新加油站，其开业典礼堪比好莱坞开幕式，甚至有过之而无不及。小丑们在现场为一辆旧T型福特车服务，身着盛装的高管也为典礼助兴；24小时内加油站服务了2000辆汽车，巨大的聚光灯照亮了整个场地，热闹非凡，圣路易斯的人们都知道新加油站开张了。

　　西屋电气公司在百货公司为推销冰箱而上演的绝技，是最巧妙、策划最好的表演之一。在百货公司他们举办了一场时装表演，用来呈现女主人忙碌的一天。当观众齐聚礼堂时，台上出现了一排西屋电冰箱，一群穿着漂亮衣服的姑娘从冰箱后闪现，从冰箱里取出早餐，食用完后，就消失在冰箱后面。

接下来她们穿戴整齐的参加晨间活动——骑马、打网球或其他运动。展示完运动装后，姑娘们再次回到冰箱后面，换上适合吃午餐的服装，每一次她们出现前都会回到冰箱后面。这场演出意在展示一个忙碌女人日常生活的一天。直到深夜，夫妻一起出现，表面上在表演参加深夜戏剧派对或桥牌游戏，实则从冰箱里寻找午夜"点心"。

这种推销方式有两个好处。首先，西屋电气摒弃了冰箱仅仅是一种重要工具的想法，而是呈现出它总是在人们急需食物时提供服务，为忙碌的女性节省时间。其次，它为时装秀表演提供新理念和新背景，利用店内几个区域展示不同类型的服装，包括便服、运动服、骑士服、晚装等，以及现代时尚中非常重要的几十种配饰。

1933年初，一列载满电影明星和电气设备的火车横穿美国大陆，这是通用电气安排的一场特别壮观的表演。一列装饰华丽的火车，车厢内配有演示厨房，载着众多电影明星访问了许多城镇。火车向公众开放，让公众参观了由明星们接待的经销商展厅。

这列火车是通用电气的重点销售活动，意在列车向东抵达克利夫兰时，转移经销商对银行倒闭的注意力。

当然，一些商人无法进行如此大规模的推销活动，但他通常可以"配合"全国性推销活动，可以在当地为企业创造销售价值。

利用奖品促销

每个人都喜欢不劳而获，但在商业中这种吸引客户的方法仍然很管用。生产绿薄荷口香糖的Jr.有限公司制造商威廉·瑞格利、生产食品的宝石茶有限公司以及家庭肥皂制造商柯克有限公司等美国大型企业已经成功实施"礼品"策略，它们都以同样的方式，通过每笔销售赠送东西给消费者。

接下来的这个故事讲述了一个小型肥皂制造商制造了一款特别适合洗衣的肥皂粉，当他试图向经销商推销时，经销商找各种理由推脱。譬如，他们会说:"货架上已经摆满了十几个品牌的肥皂粉,已经支付不起购买其他品牌的肥皂粉。去寻找其他肥皂粉的需求吧,我们需要时会联系您的。"他是个不会轻易放弃的人。在没有资金的情况下如何才能创造需求?通过做广告进行销售的花费要远多于他所能提供的资金,而且挨家挨户地推销也很难获得足够的销量。那天晚上,他和妻子讨论了这个问题,他的太太是个讲求实际的人。"我告诉你,"她说,"我们有足够的钱可以低价从纽伯里斯波特工厂买到十条毛巾。只要顾客购买两包肥皂粉,即可免费得到一条毛巾。我敢打赌,城里的任何一家店都乐意提供橱窗,吸引人们前来购买,这也是每个店主想要的结果。"

每买两包肥皂粉赠送一条免费毛巾的主意不胫而走。与他合作开设第一个橱窗的商人卖了几百包肥皂粉。不久,一些店主向他提出要销售这款肥皂粉,而在一周前,他们还拒不售卖。他们不可能眼睁睁地看着所有顾客都去竞争对手那里购买商品。

另一种方法是通过吸引孩童促销。当然,如何做到这一点取决于业务性质。孩童几乎是业务发展的最佳广告代理人,更重要的是,可以有以微不足道的成本获得他们的青睐。只要在店里购买一定数量的商品,就可以获赠一个独特形状的橡胶气球,这样就会吸引孩子的妈妈带着孩子走进商店。风筝、"消防队长"帽子、填字游戏、邮票册、魔术或剪纸套装等都是用来吸引孩子们的赠品。后来,人们掀起了面具"热潮",将其作为赠品刺激了许多滞销产品的销售,面具图案包括漫画人物、电影明星、小丑等。

直邮广告

推广所谓的"有限"吸引力业务时，花钱联系非潜在客户是最大的浪费。如果你有产品要向大众推销，那么站在街角向所有路人大声推销你的产品或许更有效。但是，如果你只是向有固定收入的人群出售产品，那么策划促销活动很重要，无论使用表演技巧还是广告，又或者两者兼而有之，需要挑选那些值得花费精力的人。这便是直邮广告的用武之地，通过亲自挑选出那些希望与之开展业务的人，并将整个促销活动的重点放在他们身上。

使用直邮广告第一步是建立邮寄名单。一个有价值的邮寄名单是企业的支柱，对于大型企业和小型企业来说皆是如此。仅拿到电话号码簿并将其称为邮寄名单远远不够，那仅仅只是一份名字列表。邮寄名单很重要，因为这份名单上的人是你确定要销售的潜在客户，而他们可能是通过熟人、朋友，或者由受雇于该任务的人进行"调查"获得的。通常花钱获得合适邮寄名单的人选是你做出的最佳投资。收集这样一份名单后，要充分利用它，最好再花几美元买一台寻址机，用它给邮寄名单上的客户发广告，还可以用来打印明信片广告，这样的设备可以带来很大的红利。

但请记住，邮寄名单不会因使用次数越多而变得越有价值。定期向他们发送一些产品广告，越频繁越好。通过逐渐增加潜在客户名单，保持与邮寄名单上客户的联系。大多数商家都忽视或忽略了获取理想潜在客户的最佳来源之一——自家商店的销售人员。

通过比赛增加商店客户名单

　　塔利－阿伯特公司通过在销售人员间举办一场比赛而获取新客户名单。仅仅花了两周时间，该公司的客户名单几乎翻了一番，而且，这种方式获取的新客户也让员工印象深刻。虽然比赛结束了，但产生的有益影响，使所有员工继续提交客户名单，添加到商店的邮寄名单中。

　　管理层会通过给员工发公告，宣布该次比赛的持续时间。公司向员工提供特殊表格，要求他们提交当时认为不可能列入商店册子或记录簿的客户姓名，并明确指出，"优质客户"是指那些由于某种身份、财富或社会地位而可能成为购买商品的潜在客户。

　　公司共颁发三个奖项。提交最多"被认可"名单的员工会得到一张价值25美元的证书，他或她有权选择相应价值的商品作为奖励；排名第二的员工将获得10美元的证书；排名第三的员工将获得5美元的证书。

　　为防止员工将毫无价值的客户作为潜在客户，表格中有这样一个问题："你为什么认为此人是理想的潜在客户？"如果列出的人正处于失业或没有令人满意的商业或家庭关系，一些客户名字被排除在外。其他还需排除包括那些已经在名册上或由其他员工在比赛期间已提交的名字。每一个未能列入参赛资格的客户都会退回给提交名字的员工，并明确说明拒绝的原因。

　　有时，广告宣传造成的浪费会给企业带来特别沉重的负担，许多零售业高管或许觉得塔利－阿伯特公司的计划值得考虑。当一份客户名单上满是毫无价值的名字时，邮寄销售很难实现。不准确的名单会造成大量的邮资、时间和材料的浪费。无论是什么产品，这里提及的计划可以为任何一个商人所用。在不影响计划成功的情况下，奖励可以增加、减少或完全取消，使用荣誉提名奖和每日参赛者排名策略几乎可与使用现金奖励产生相同效果。

如何利用报纸广告赚钱

对于主要依靠地区赞助的普通小企业而言，公认的促销手段是报纸广告。正如直邮广告在选择潜在客户方面具有的优势一样，报纸广告在创造大众接受度方面也具有优势。基于每花 1 美元所产生的效果而言，它是所有广告类型中最便宜的，而且对于那些在优质报纸服务的社区中经营零售业的人特别有用。

然而，与任何其他形式的促销活动一样，要么正确利用报纸广告，要么不用。太多商人认为只有手头宽绰或等待一些特殊场合才适合使用广告，进而"在报纸上刊登广告"。这种毫无计划的努力不会给你或报纸出版商带来好处。通过报纸广告赚钱的唯一有效方法是制订计划，当然不是几周或几个月的计划，而是为期 3 年的计划。

在制订计划时，首先要确定你希望报纸广告能产生什么效果。当然，你希望用它吸引新客户，但更重要的是，希望它能在你的社区中对你的业务及其服务能力建立某种特定印象。你知道，创造这样的印象需要时间，偶尔做个广告肯定不行，必须定期做广告，使用某种特定的"文案"风格，围绕一个公众会联想到业务的主导理念来构建广告故事。一遍又一遍通过广告重复主导理念，有时你也会感到厌倦，但请记住，好的广告就是需要不断重复。引用一家著名广告公司的格言："坚持不懈才能成功。"有了新想法可以随心所欲地更改广告文案，但要确保广告内容牢牢抓住两个原则——赋予其个性的独特风格和主导理念。

为了说明这些原则在实践中的作用，展示精心策划的广告在促进小型企业发展方面的巨大力量，以下几个例子将展示小型企业如何通过不懈和明智地使用优质广告，来支持其成长为大型企业。

哈丁如何经营餐馆

当约翰·哈丁在芝加哥经营第一家餐馆时，几乎没有人注意到它，因为它只是芝加哥数百家餐馆中的其中一家。顾客和餐饮从业者都希望他秉持公平的原则做生意，这样餐厅运营才会稳定，才能实现盈亏平衡。有些人认为当时芝加哥的餐馆太多了，哈丁再开一家餐馆的做法不可取。然而，哈丁却有不同的想法。他在芝加哥餐饮业取得了成功——他现在拥有7家餐馆，证明了他很善于经营。

人们来到哈丁餐馆有几个原因，其中优质的食物可能是最重要的。但是首次光顾的顾客都会在结账前享受哈丁亲自提供的服务。哈丁承认了这一事实。他通过在晨报上刊登小广告来吸引顾客。哈丁的广告不仅具有独特的视角，而且半幽默式的文案内容，以及广告中的插图都是吸引顾客的诀窍。但他并没有完全依靠小小的文案，他还做了详细的计划，对餐厅的窗户进行装饰，使其与报纸的故事联系起来。通过广告主打咸牛肉和卷心菜，他很快被称为"咸牛肉大王"。不久，许多人源源不断地涌到他的餐馆探访美食。

橱窗里经常会挂着美味食品的大照片，"配合"公众的季节性饮食习惯。例如，大斋节前和期间，广告都在宣传大斋节的菜肴。禁酒令修正案被废除后不久，哈丁就刊登了一则关于火腿的广告，上面是一只坐在香槟酒杯里大笑的小猪。文案如下：

"幸福的火腿！

几年前，在禁酒令颁布之前，位于131号克拉克街（现在是哈丁餐厅的地址）的老里格哈马尔酒吧以其非常独特的火腿制作方式而闻名。它的制作方式不是简单地切下一片火腿放在两片面包之间即可。天呐！他们居然把火腿蘸上最美味的香槟酱调制品。太棒了！哈丁餐厅重新采用这个食谱。现在哈丁所有餐厅的切肉师制作三明治前，都会把完美烘焙的糖腌火腿片蘸上香槟酱。当然，如果你不想要酱汁，告诉切肉师，价格还是15美分。"

自从这则广告出现在芝加哥晨报上，哈丁的餐馆每天人山人海。每天的广告费用约75美元，广告成本不是很高，效果却很好。

哈丁在设备和固定家具上花了不少钱。然而，购买完所使用的设备后，只需再花300美元即可开办餐厅。装饰橱窗时，可以使用放大的菜肴照片来增强视觉效果。聘请当地摄影师拍下菜肴的照片，只要花3～4美元，就可以把照片放大到任何你想要的尺寸。通过咨询当地报纸出版商来策划广告，可能提前得知与你广告密切相关的特殊场合的公告。有一些经营良好的餐馆更有利可图，因为餐馆老板可以利用广告提供的许多机会赚钱。

改变策略开启洗衣房走向巅峰之路

麦克莱伦与其他从业者一样，从不把广告当回事。对他来说，广告宣传与其他宣传策略大同小异。他偶尔会买个广告进行宣传，只当自己做个好人，为广告行业作点贡献。当然，他也未从广告中得到任何回报。

一天，他和一群朋友共进午餐时，又在抱怨"广告不赚钱"。这时，一位年轻广告从业者打断他说："你错了，其实可以从广告中得到回报，只是你从未曾广告投入中得到回报罢了。我想我可以告诉你原因。因为你没有制订计划，也没有做任何宣传活动，对吗？你只是纯粹打广告，只是认为应该做个广告罢了。"

麦克莱伦先生不得不承认他说的是事实。那次交谈后，他和广告从业者开了一次小型会议并制订广告计划。当麦克莱伦先生看到这个计划时，大吃一惊，因为一年要支出5000美元的广告费。每周只洗4000件衣物，却要花5000美元做广告的计划让他大吃一惊。然而，广告从业者坚持如此，最后麦克莱伦先生同意尝试他的计划。

随着广告开始投入，订单接踵而至，麦克莱伦先生起初想要退出这个计划，但还是坚持下来了。然后，广告渐渐开始凸显作用，没过多久，业务量从每周4000件增加到1.8万件。

广告继续拉动业务增长，还增设了干洗业务。麦克莱伦先生通过广告建立的商业信誉奠定了成功的基础。在改进宣传方式后，他还开了其他分店。10年内，麦克莱伦先生的洗衣店已经发展成为世界上最大的洗衣店。今天，他在14个城市建立了洗衣和干洗服务公司，一颗5000美元的广告种子成长为1000万美元的企业。

30美元广告开启米洛·琼斯香肠生意

大约50年前，负责威斯康星州阿特金森堡巡回传教的传教士在教友米洛·琼斯的农场共进晚餐。这顿饭的特色菜是琼斯太太做的香肠，香肠肉不是用普通的黄脚鸡做的。

牧师对琼斯太太制作的香肠味道赞不绝口，在巡回传教时向大家做了推荐。不久琼斯农场的香肠很快就供不应求。

有一天，琼斯先生想到，如果附近城市的人知道他妻子制作的香肠，可能销量会更多。因此，他决定为香肠做广告。作为一个保守的新英格兰人，他的第一个广告非常低调，在阿特金森堡的报纸上只占了几英寸，但效果却很好。

在米洛·琼斯得知自家香肠的名声前，其实它早已在整个威斯康星州享有盛誉。然后他开始去芝加哥分销，当然，广告上的投入也更多了。尽管每磅香肠多收10美分，但它依然风靡全国，并成为全国一流饭店的特色产品。

与那些大型包装公司相比，琼斯公司的生意不算大。这是家族成员有意为之，他们更关心公司的名誉而不是财富。不管怎样，它仍然是美国商业成功的传奇之一——它的经营方式是通过广告一步步扩大市场，进而实现建立全国性的企业。

满足儿童需求的餐厅

中西部城镇的一家餐厅老板通过为儿童提供餐饮服务，建立了利润丰厚的副业。他有专门的儿童菜单，列出了对孩子们健康有益的菜肴。不用说，每道菜肴都是精心准备的，以契合儿童多变的口胃。儿童菜单配有儿童嬉戏、跳绳和玩弹珠的剪影画，这些人像贴纸是从当地一家新奇商店购买，简单地装饰在日常菜单上。

另一个让他收获颇丰的想法是为孩子们准备特殊派对。如果你了解孩子们，就会知道他们中任何人都宁愿在餐厅而不是在自己家里开派对。餐厅派对让孩子们觉得自己很重要，彰显自己很成熟。因为他的餐厅在住宅区和小型公寓楼附近，所以有机会满足许多孩子们的需求。他还通过联系附近的教堂和学校来增加光顾餐厅孩子们的数量，以优惠价格吸引孩子们在他的餐厅举办派对和晚餐会。

可回收容器促进销售

伟大的企业都是围绕着一个简单的销售理念建立起来的，尤妮塔饼干亦是如此。在国民饼干公司想出把苏打饼干装在5美分的密封纸盒里之前，人们总是谨慎购买，因为饼干很难保持酥脆。密封后的苏打饼干的口感也许并不比密封包装前好，但这个想法成就了一个企业。今天，各种各样的食品都以密封包装出售。

如今，饼干、黄油、蜂蜜和各种家中自制的甜点都可以进行巧妙的密封包装。如果你知道如何烘焙出美味的饼干，将它们整齐地包装在密封罐中供给定期的客户，这种营销方式将大幅简化产品销售。事实上，在伊利诺伊州的内珀维尔市，有一位女士就通过这种方式建立了有利可图的饼干生意。

威斯康星州日内瓦的一位农民想出了用3磅和5磅容量的密封罐代替普通容器运送黄油的想法。密封罐内置一个小型电冰箱，并用夹子紧紧夹住盖子。通过这种方式，黄油可以免受可被其吸收气味的影响。顾客在购买第一罐黄油时预付25美分押金，而后农夫只要拿走用完黄油的"空罐"继续装油送来即可，就像送奶工拿走空牛奶瓶装奶一样。这些可回收容器增加了"销售量"。

还有一个例子讲的是纽约提康德罗加的一位女士，她擅长制作草莓酱，当她想到用最新款的"皮尔森"啤酒杯存放草莓酱替代普通的保鲜玻璃杯时，销售额翻了一番。这种玻璃杯的成本并不高，而且由于禁酒令被废除，每个女性都渴望用最新款的玻璃杯招待客人。事实证明，玻璃杯的实用价值正是需求的诱因。

一次广告冒险为韦伯面包店开辟了成功之路

韦伯面包在洛杉矶人尽皆知。然而，1926年并非如此，当时戴尔·韦伯的面包店不过是社区众多面包店的其中一家。

一天，韦伯面包店遭到劳工组织攻击，韦伯先生决定通过广告向公众公开审理案件。他不仅赢了官司，还发现了更有价值的东西——对广告力量的信仰。事实证明，新发现的信仰是韦伯烘焙公司发展的起点。

韦伯刚开始利用广告进行宣传时，店里只有18辆手推车提供服务。当他启动每月投资2000美元广告计划一年后，面包店的业务已经发展到需要42辆手推车提供服务。他决定每赚1美元，拿出3.5美分用于广告投入。到第二年年底，手推车数量已增至65辆。

然而，他并没有止步于此。他通过广告获得了丰厚的收益，业务持续增长。又过了一年，面包店共拥有84辆手推车，广告投放的第四年末，需要110辆手推车为他稳步扩大的业务提供了服务。四年内业务量大约增长了500%。

当然，仅靠广告不能取得如此显著的效果，但它确实发挥了重要作用。如果戴尔·韦伯没有铤而走险，把最初的资金用于广告投入，谁能知道他的生意会是怎样的结果？他终究还是成功了。

每月150美元广告费如何创造出1000万美元的企业

早在1905年，吉布斯在华盛顿特区开了一家药店。他的朋友们都觉得他很傻，因为华盛顿已有太多药店，根本赚不到钱。

然而吉布斯认为，无论这个领域有多拥挤，总还有发展空间。他相信，只要一家企业有独特的策略，并且日复一日向人们宣传，它一定会获得成功。

因此，他拿出9000美元投资药店，其中2000美元用于全年广告计划，这样每个月大约有150美元将用于广告投入，剩余资金用于购买固定设备和存货。吉布斯对广告的信仰或许与他的经历有关。尽管遇到种种挫折，他还是坚持自己的计划。那一年，他的销售额达到了2.2万美元。1905年，也是创业的第一年，生意似乎还不错。

如今，华盛顿的人民药店每年交易额超过1000万美元，它在邓白氏公司的信用等级很高。全国各地的药剂师纷纷到华盛顿学习吉布斯营销方式。吉布斯接受采访时表示，公司成功的真正秘诀在于年复一年地将销售额的2%用于广告投入。他说："任何零售商试图在没有计划年复一年连续广告投入的情况下经营企业，对我而言这是不可思议的。"

露天市场增加额外利润

几年前,一个在芝加哥郊区商店的杂货商买下了店拐角附近的一块地,因为他有机会以便宜的价格购买,想着有一天可以用来扩大自己的商店。一天,他去乡下旅行,突然看到路边摊上的水果和蔬菜卖得很好,和他店里的一样好,而且价格也都差不多。他想起自己商店旁边的那块空地,决定做个试验。接下来一个星期,他找了个木匠在空地上搭了一些架子和立柱。一个彩色条纹的遮阳篷从商店的一侧一直延伸到立柱,架子上摆满了蔬菜和水果。对面有很多停车位,无疑从一开始就为这块空地带来新顾客创造了条件。他从早春一直经营到深秋,发现几乎所有顾客都被露天市场所吸引直到冬季来临要关闭市场,发现依然还有顾客来购买。建造这个市场大约要花850美元,但通过这笔支出,他净赚约了7500美元,同时大幅增加了商店里的产品销量。

与美食共度美好时光

4个月前,霍华德·史蒂文斯在距密歇根州底特律15英里的一条人迹罕至的高速公路旁租了一块10英亩空地,开了一家威赛德旅馆。他储备了几箱啤酒和一些三明治,但第一个月生意惨淡。然后他决定把这个地方"装饰一番"。两个月后,越来越多的顾客被吸引来到这里,利润也随之攀升。

"我发现想要吸引顾客,除了几张旧桌椅和几瓶啤酒外,其他东西也不可或缺,"史蒂文斯说,"我先支付了275美元购买二手酒吧设备和餐厅设备,并同意按月支付640美元余款。还找来几个当地木匠,让他们把旅馆大房间地板重新粉刷一遍,以便用来跳舞。然后,我在房间两侧摆放一些黑色和银色玻璃桌面的桌子，属于现代样式但不贵。我很幸运地得到一个半圆形吧台，后面挂着几面长镜。总而言之，初始投资共花了 407 美元，其中包括冰箱和做饭用的炉灶。我有两个自动电炸锅、一个烤架和一个烤箱，可以一次烤九只鸡或四块猪腰肉。"

"为了让人们了解我所提供的餐品，我做了 17 个招牌，并把它们放在道路沿线的重要位置。每个招牌都有不同类型的烤肉三明治，并涂上各种颜色，每个标价 15 美分。然后用大写字母写着旅馆名字，以及招牌到旅馆的距离。开业的第一个晚上让我感到吃惊，仅 6 点到 9 点期间，就有 119 辆车停在旅馆前面，每辆车平均有 3 个人进来。我和我的妻子试图招待所有顾客，9 点半就售完了所有食物。因此，这样的客流量足以预示未来的成功。第二天，我们花了一整天时间烤鸡、猪腰肉和牛肉块，那天晚上的生意出奇的好。小舞池里挤满了人，优质收音机为人们提供音乐，而且可以收听底特律酒店的舞蹈节目。

"在乡下开车的人喜欢在某个地方停下来休息和吃饭。如果可以跳舞，他们会停留更长时间。然而，他们不喜欢为食物花太多钱，花 15 美分买个三明治足矣。这个售价也有利可图，每个人平均花费约 40 美分。鉴于销售额的毛利润为 50%，我们有不错的营收。"

自从添加新设备以来，史蒂文斯每周为 603 位客户提供服务。他雇了两个女孩帮忙打理生意，每周支付每人 15 美元。扣除所有费用后，一周平均净利润为 89.67 美元。在大城市附近开设路边摊的机会很多，在收银台附近放一些猜谜游戏或冷饮也可以增加利润。

第九章

赚 1000 元的 1000 种方法

通过邮购销售商品

虽然邮购是最费力、最困难的赚钱方式之一，但它仍然创造了巨额财富。除了作为一种购买方式外，一个成功的邮购商还需要有敏锐的价值观和良好的促销判断力。具备这些特点且有干劲的人，用少量的资金即可开办适度规模的邮购企业，并将其朝着成功而有价值的方向发展。

邮购的概念和背景本质上源于美国，是西部开发的副产品。当时距离很远，交通不便，生活在农村或小城镇的人们很难买到满意的产品。虽然邮购业发展不到50年，但短时间内实现了年销售额超过10亿美元。这个数字很有趣，因为它反映了部分公众对邮购的信心，而真正了不起之处在于人们用这种方式购买了"看不见摸不着的产品"。对所购产品的印象产生于介绍性文字，买家凭借对产品的信任把钱寄出，且卖方保证如果对产品不满意，可全款退还。

1872年，蒙哥马利·沃德和乔治·索恩在芝加哥北克拉克街825号的一个小房间里创办了第一家全国性大型邮购公司，初始投资略高于2400美元。沃德在密歇根州圣约瑟夫市工作期间，萌生了利用直邮进行现金销售的想法。由于当时缺乏资金，他无法将自己的想法付诸实践。为了赚钱，1871年，他在圣路易斯找了一份旅行推销员的工作。他终于攒了1600美元，这在当时是一笔不小的数目，并说服密歇根州卡拉马祖的朋友乔治·索恩来芝加哥和他共事。1874年，他们创办的公司发行首个产品目录，做成小册子，列出了一些广泛使用的纺织品。这也是今天大型邮购目录发行的前身。

虽然通过邮寄销售的想法归功于蒙哥马利·沃德，但该行业取得的巨大进步以及公众接受邮购方式则要归功于理查德·西尔斯的开拓性工作，他是一名比沃德更优秀的推销员。西尔斯在"销售包装"方面很有天分，这是优秀邮购员必备的素质之一。因此，其成名致富的故事想必会引起任何打算从事邮购业人的特别兴趣。通过研究他处理新业务所遇到各种问题的方法，以及制定的策略，都让人受益匪浅。后续将讲述西尔斯为创办伟大的西尔斯·罗巴克公司奠定基础的故事。

邮购业务的要点

与普遍看法相反，通过邮寄出售任何东西都是不切实际的。但自从蒙哥马利·沃德开始创业以来，邮购业发生了很大变化。创办普通邮购业的机会因便利的交通方式和商品连锁店而变少，资金不足的商人选择邮购销售则显得过于投机。虽然创办普通邮购业的机会可能更少，但创办特别邮购业的大门依然敞开。全国性广告、广播和电影宣传的商品并不总是受到美国商人青睐，却创造了各种各样的新需求，提高了人们的品味，让人们不满足于商店里琳琅满目的普通商品，尝试接受有特别吸引力的商品。因此，我们可以将其作为创办邮购业的首要原则，即销售的商品或方式必须与众不同。

人们易于通过邮购买到在当地商店没有的商品，或者他们觉得邮购所买的商品价格更实惠。有趣的是，理查德·西尔斯获得成功不是因为销售的手表，而是销售手表的方式。当他成为明尼苏达州北红杉车站代理时，积累了一些销售无人认领商品的经验。他发现人们会以高价购买此类商品，因为他们觉得自己是从别人的不幸中获利。他萌生了批发购买手表的想法，然后给手表安上丢失的名义并寄给其他票务代理人。当票务代理人写信告诉他没人认领时，西尔斯回信说按某种价格出售，并从中扣除佣金。虽然这种做法在当今很难取得成功，但西尔斯采用"分段销售"的原则，无论过去还是现在，一样有效。仅仅向他人推销商品是不够的，必须提出并说明购买的理由。

由于邮购需建立在买方对卖方完全信任的基础上，因此公司或企业的名字显得格外重要。如果可能，用盎格鲁-撒克逊人名字来命名。纽约的查尔斯·威廉商店是大型邮购公司之一，与另一家公司合并之前，多年来成功利用邮购销售女装。这只是一家公司名，该公司既没有查尔斯先生，也没有威廉先生。如果莫里斯·罗森鲍姆在创办国家披风公司时使用自己的名字命名，是否会获得成功值得怀疑。一般来说，使用容易记住的姓氏命名公司比带有商业色彩的名称更胜一筹。人们对公司名字很感兴趣，喜欢和自己有类似喜好的人做生意。这样一来，若是觉得对购买的东西不满意，可以直接写信给企业主并痛斥一番，而责骂公司似乎不尽如人意。同样，人们普遍认为，使用盎格鲁－撒克逊名字命名比使用外国名的人更值得信赖。当然，这只是一种感觉，但仅在保证满意的情况下，让买方寄钱购买商品，更不能忽视公众心血来潮的小细节。

再次订购的重要性

常客名单是邮购业成功的支柱。虽然可以买到邮购人名单，并从中选择所需的客户，但认为这样便可建立盈利业务是不可行的。诚然，有些业务可以通过这种方式获得，但其成本会抵消所有利润。建立合适的邮寄名单，名单中大部分人对你销售的商品感兴趣，无论他们是对你的广告样品回复过还是之前下过订单，这样做可以控制销售成本。

需要注意的是，当涉及创造需求产品时，销售成本要高得多。例如，通过邮寄方式销售家庭教育培训课的成本接近33%；许多出版商估算2美元订阅费的销售成本约100%，必须完全依靠续订来盈利。销售无需求产品时，按成本的3倍定价则为上策。假设该公式用于定价3美元的商品，其中包括1美元制造成本、1美元销售成本及1美元管理费和利润。邮寄给新客户的产品退货率通常在2%～6%，具体取决于其对产品的认可程度及产品类型。另外，老客户的直邮退货率约为10%～20%。这些数据足以凸显产品质量获得客户再次订购的重要性。如果产品可以成功通过直邮销售，有必要利用已创建的客户名单建立整个业务链。

编写"文案"用于邮购销售

优秀"文案"在邮寄销售中很重要，因为产品的文字表述或目录好坏的差异可能直接导致盈利与否。具有成效的文案编写并不意味着默守陈规，成功往往需要勇于打破陈规，大胆地沿着未开辟的道路前进。拉尔夫·沃兹沃斯作为成功的邮购文案作家而闻名，以下建议可能会有所帮助。

如果有人认为编写邮购文案很容易，不妨让他试试。因为编写过程中，会发现自己忽略了许多重要卖点。接下来的例子足以说明其对销售产生的影响。在伊利诺伊州，有个农民决定买一个奶油分离器。由于无法从蒙哥马利·沃德百货公司、西尔斯百货公司以及罗巴克公司的产品做出选择，他套上马车，到处向街坊邻居间打听这些产品。

使用西尔斯分离器的人们觉得这款机器好，而使用沃德分离器的人们确信该公司的产品是最好的。他拿不定主意还是回家了，直到他妻子指出西尔斯产品文案上写着"255磅"重量保证，而沃德只有"190磅"。最后，他买了西尔斯的产品。其实，重量较轻才是优势，但沃德的广告制作人未能在文案中加以利用。

由于邮购文案编写的产品卖点"不可视"，务必涵盖所有卖点，尤其是可以引起共鸣的卖点。举个例子，假设你被要求为一件售价为25美元的新天鹅绒连衣裙撰写文案，通常文案风格如下所写。

"哪个女人会不乐意穿着售价仅为25美元的漂亮天鹅绒礼服？"

从邮购角度来看，文案内容没有体现销售的重要卖点，比如天鹅绒的款式、用途、价值、品质、适合对象、颜色、尺码和适用的场合。为了体现完整性，文案应该如下所写。

"这款华丽只有3/4袖长的真丝雪纺天鹅绒礼服，巧妙地用优质丝绸制成，哪个女人会不乐意穿着它在最后一刻出现，艳压群芳？该款礼服适合在非正式聚会穿，面料舒适，物有所值。长度视尺码而定；尺码：34～44；颜色：海军蓝、红色和棕色；特价：25美元。"

为时装、家具或奶油分离器编写邮购广告看似不难,但在拥有大量实践经验前,会遗漏许多重要卖点。文案编写培训有助于处理一般的广告文案,让自己意识到是否忽略了任何有销售价值的卖点。

写给零售商的文案自然要强调不同的卖点,但也有一些不可忽略的基本要点。内容应重在强调商品的利润、市场需求、受欢迎程度、报价,以及材料、尺寸或其他信息,便于经销商采购订单。

因此,写给经销商的礼服文案应如下所示:

优质真丝雪纺天鹅绒礼服属于巴黎新款式,在纽约市场上很畅销,应该会受欢迎。这种缎面袖礼服需求量很大,售价低,利润却很可观。

尺码:34~44;颜色:海军蓝、红色和棕色;价格:不少于6件,每件16美元。另外,限时特价每件15美元。

你会注意到,写给零售商的文案不像写给消费者的文案那么长。他们对商品概念比较清晰,不需要了解那么多细节。下订单与否很大程度取决于商品价格、质保和信誉。他们从头到尾最关心的是利润,这才是文案内容需强调的重点。

邮寄销售可获利商品

正如本章开头所述,能否通过向潜在客户邮寄产品来建立需求,取决于产品本身。或是选择具有一些独特品质的产品,或是推出一个独特的计划来展示产品。因此,最好是选择易于生产的产品来建立邮购业。选择邮购的产品应该有一个明显的理由。为了说明这一点,下面列举了一些已成功通过邮寄销售的产品的建议。

A. 专业书籍

许多人对专业书籍感兴趣。有些人从事技术工作,他们是购买绝版、有价值技术书籍的潜在客户,而有些人对收集初版书籍更感兴趣。借此可按照100种专业来汇编新书和二手书的书籍清单,将清单发给那些感兴趣的客户。如果你生活在伦敦、纽约、波士顿或费城这样的城市，还可以衍生一项副业，即从经销商那里购买珍本图书，而后根据人们在你开设的书摊查阅书籍所花的时间收取费用。

B. 专业印字母

大多数人都喜欢带有印字母的物品。迎合这种爱好建立一个有利可图的邮购业，提供印有字母的香烟、火柴、纸牌、桥牌得分簿、座位牌、记帐簿、玻璃器皿、文具等，也可以出售印有字母的衬衫和服装。整理出有需求的买家名单很大程度上依赖专类出版物的小广告，而后邮寄给他们，因此需要花些时间和金钱。一旦有了买家名单，意味着有销售市场，因为印有与个人相关的字母物品的需求永无止境。通常可以与制造商协商来完成客户订单，同时，通过字母设计的所有权来掌控业务。

C. 手工领带和床单

被公认为制作某些手工艺品总部的地方，一个有生意头脑的人可以通过邮寄推销当地的产品来赚钱。目前手工领带很流行，属于同类别的还有手工床单、钩织地毯等。除了领带，这些产品无需反复购买，可以给为丈夫买领带的女人推销床单或地毯。在开展此类业务时，为商品定价至关重要，用来支付高昂的销售费用。人们购买手工艺品，不是因为价格，而是因为某些独特的品质。因此，价格并不重要，重要的是推销过程中要适当地突出产品的独特品质。

D. 特色小吃

新墨西哥州一对年轻夫妇通过邮寄销售"仙人掌糖果"赚了不少钱；精明的旧金山广告从业者熟悉这座城市的华人区，靠经营一家由华人制作的米糖公司起家；已退休的佛罗里达州印刷推销员每年在北部销售玻璃罐装的柑橘皮蜜饯赚取数百美元。在这些例子中，每项事业取得的成功很大程度上是因为销售"与众不同"的糖制食品的想法吸引了某些群体，再次证明邮寄名单决定了成功与否。每百人中只有少数人是邮购糖制食品的潜在客户，一旦建立起买家名单，就可以保证稳定的收入。

E. 印度风味

人们也可以通过邮寄销售国外进口美食来赚钱，成功的秘诀在于出售食品店没有的东西。一个有上进心的英国人，住在印度期间通过孟买一家制造商为他安排托运咖喱、调味品和类似商品，赚了很多钱并建立了有利可图的生意。他制作了一份吸引人的产品目录，通过插图赋予一种东印度气氛，介绍这些新奇东西并解释它们在印度是如何使用的。吸引人们前来购买的动力出于人类天生的好奇心，人们总喜欢尝试从未尝试过的东西。该目录在面向富人的杂志上做广告，通过调查，他建立了一份合适的顾客名单。通过不断改变产品线，添加来自其他国家的特色食品，他获得了增加销售额所需的重复订单，从而使企业盈利。

引人注目的推销信

撰写一封带有好感且用于招揽生意的信函对建立邮购业更为重要。幸运的是，写作技能可以习得，而且还有技巧可用，内容应以自然、友好、有效的方式用文字简单表述，就像一位邮购员说的那样，"将写好的信装进信封并封起来即可"。

引人注目的推销信需具备两个主要因素：一是对人性的理解；二是自我表述的能力，这样才能快速解决客户遇到的重要问题。后者有时也被表述成"触动神经"的能力。

每封信体现自我个性也很关键，很多信读起来冰冷生硬。若信的内容能与人的个性相结合，那么推销起来则更加游刃有余。

为了说明对人性的了解意味着什么，用作者被指派起草一封唱片广告的后续信来解释。这封信是一家制造公司准备发给其他公司的，目的是让他们下订单。唱片广告不过是一个噱头，唱片随附的卡片则明确要求潜在客户将其带回家并在留声机上播放。

这似乎是一个很好的广告噱头，引起了很多评论，但它没有产生预期的回复效果，所以决定写后续信来跟进。

起草的第一封信纯粹是为了提醒潜在客户，是否按要求在留声机上试过唱片。但客户反馈寥寥，于是他又写了一封。这封信由销售经理亲自修改，信中主要请求潜在客户就唱片广告的销售创意发表意见。向潜在客户解释，这些唱片将作为销售计划的组成部分，但第一封信仅仅体现销售经理急于想要得到这种广告方式的结果。信的结尾是请求潜在客户下订单。

第二封得到的回报比第一封信高三倍。同等条件下，第二封信充分体现了销售经理对人性的了解。

他知道写信的要点。询问客户的意见后，不仅要奉承他们，而且要抓住机会发表自己的意见。这个例子便是如此。

写推销信时，可以有多种方法发挥人性的作用。发出的推销信有90%的失败原因是作者没能明白其在信中的重要性。信的措辞、用语都非常重要，但毕竟规划才是关键，一个规划得当但措辞糟糕的信比没有规划却使用世界上最好的语法更胜一筹。

很多推销信的内容东拉西扯，让人一无所获。阅读它们就像看一场热闹非凡的马戏，过后没有具体的印象，唯有一堆乱七八糟的字眼。若是信的内容可以描述成一幅画，无需出现推销商品的词，只有在读者心中留下不可磨灭的印象才会激发顾客购买的欲望。作者忽视读者感兴趣的内容是使推销信变得不值钱的一个原因。相反，事实证明十有八九的推销对象，尤其是商务人士，只读开头一段，快速浏览中间部分，然后看最后一段关于产品以及它的成本。

成功的推销信会在最后一段提供产品的完整信息。花大量时间写推销信，然后附上回函卡，在没有任何销售设限的情况下，概括地告诉买方产品的整体情况，这种做法很常见。许多测试发现，当回函卡随信或通函附上时，大多数商人依据长期的经验会优先阅读回函卡，从中可以了解产品的整体情况，与阅读通函相比，花费的精力和阅读量要少得多。因此，回函卡上写太多内容是不可取的。

编写优秀推销信的技巧

用打字机打印个人口述的推销信时，其内容应重在吸引读者。许多有名气的商业公司不重视书写结构和专业排列的商业信函。每家公司都应该有一本信函风格手册，当速记员初次受雇时，将这本手册交给她，她便有章可循。手册是建立标准信函最有效的方法，不仅节省速记员的时间，而且对于一些粗心大意的速记员受益良多。

风格手册的内容应以"清晰"表达为主，也让独断的人和速记员了解写一封表达清晰的信函重要性。所写内容要多用短句，分段恰当，正确地使用标点符号，以便轻松理解其含义。特别要注意长句的使用，受过高等教育的人能理解的语言，未必适用于受过普通教育的人。

据传柯蒂斯出版公司的赛勒斯·柯蒂斯的成功很大程度上归功于编辑信函的能力。他擅长使用蓝色铅笔进行编辑，本应在最后一段呈现的内容倒叙到首段是他常用的技巧。

对于缺乏经验的信函，作者常犯的错误是喜用冗长的引言扼杀他们的推销故事。商人走进客户办公室，不会想到用一些有趣的故事来开始推销，而会毫不犹豫地把一些怪诞的故事扯进信的开头。甚至还有所谓的信函专家，他们会在每一封信的开头写一些牵强附会的介绍，而这些介绍与所销售的产品毫无关系。

这些专家认为这种做法值得关注。但是，如果信函作者无法掌握写信对象需要解决的问题，以至于无法通过这种方式与他取得联系，那么他没有能力胜任手头的工作。商人不喜欢冗长的介绍，反而希望早点进入正题。他想尽快读完晨起需要阅读的邮件，而后开始一天的工作，更没有时间去"仙境"里远足。

太多的"你"比太多的"我们"更糟糕

几乎所有涉及书信写作的文章都强调"你"的概念。他们会告诉读者，一封成功的推销信，必须跟潜在客户谈论关于他的问题、他的困难和他的考验，绝不能谈论自己的愿望或期望，甚至以任何方式提及业务。因此，你会认为在信中使用"我们"这个词是不合适的。其实，写信人与读者的距离越近，效果就越好，没有什么比他自己让人更感兴趣。推销员或作者在推销信中谈论自己，必然会引起别人的兴趣。信中注重强调"你"的概念，似乎使用太多了。虽然这一概念完全合理，但经常被写推销信的作者滥用。

销售信的品质	信件内容
1. 开始是否有效？ 小心它挑战读者，让读者陷入敌对的心态。如果可能，给它一个新的开始，或者将它体现在写作的理由中，不要从头开始。	1. 它能吸引读者吗？ 段落短而边距宽吗？有被涂改吗？签名清晰吗？
2. 这会让他想要你销售的产品吗？ 你不能向一个人销售他不想要的东西。如果你在卖一把椅子，应该让他想象一下，饭后悠闲地坐在一把大椅子上抽雪茄是多么地美妙。	2. 行动是持续的吗？ 把所有无意义的单词和短语用蓝笔写下来。把你想要表达的信息清晰地记在脑海中，让信中的每一步都朝着那个目标迈进。
3. 它能建立信心吗？ 你是要让一个从未见过的陌生人相信你的话，相信你说的是真的吗？为什么不使用一个证明段落，让其他人来讲述你的美德？万一他不满意，你做了什么准备？	3. 它是否反映了你的个性？ 不要过于夸张，否则会给人留下夸夸其谈的印象。让它承载一种真诚和渴望服务的气氛，要注意最高级和"非常"这个词的使用。

续表

销售信的品质	信件内容
4.请求下订单吗？ 请记住，人们不是读心术者。你可能非常清楚你为什么要写它们以及你想让它们做什么，但他们真的知道吗？	4.语法正确吗？ 你是否在应该说"were"的时候用了"was"；用"who"代替"whom"；用"differ with"而不是"differ from"；用"shall"而不是"will"，等等。

以"你"的观点写推销信和把"我们"改成"你"区别很大，很多作者都是这么做的。如果信中有一个"你"的观点并且从这个角度写信，那么信中使用"我们"多少次或写了多少关于自己的内容都不会产生任何影响，因为描述自己的部分会引起写信对象的兴趣。别人不了解你之前，怎么和你做生意？假设你正在销售肥皂，你因其纯度高于同样价格的其他肥皂而感到骄傲，这是可以理解的。你努力工作是为了获得优质肥皂制造者的声誉，让你的客户认为你是公平和可信的。但如果你完全受本能支配，在信中反复强调，客户其实并不会关心，他真正关心的是肥皂能给他带来的好处。

让别人大声赞美你

信的语气决定了推销的成败与否，老练的推销员深知这一点，因此信的内容主张低调。信中使用"我们请求陈述""您顺从的仆人"和"征得您的同意"等表达常被取笑，也许这些是不必要的，但推销信至少含有令人愉悦的谦逊基调。

没有什么比自吹自擂更能影响信函的语气，许多作者觉得这是必要的，为了达到目的，他们过度沉溺于使用最高级的措词，有些陈述可能是正确的，但这样的陈述反而加强了潜在客户的怀疑。一位大师级的作者总是将陈述的基调降低到人们可接受的程度（写得很直白），选择轻描淡写陈述事实。他很少使用最高级，还特别注意不过度使用"非常"这个词。

林肯和富兰克林的书信虽然不是推销信，但以真诚和尊重他人意见的语气写信值得关注。本杰明·富兰克林在他的自传中评论道，谦卑是与人交往的一个重要因素。他说："我不能自夸因获得这种美德而取得许多成功，但我确实学到了很多。我给自己定了一条规则，既不与别人的意见发生直接冲突，也不反对自己的意见，我甚至禁止自己使用语言中带有固定意见的词或表达，例如'肯定''毫无疑问'等。反之，我采用'我设想''我理解'或者'我想象'一件事是这样那样的，或者'目前在我看来'是这样那样的等代替。当另一个人断言我对某件事的看法是错误的，我不会以突然反驳他为乐。回答他时，我一开始会说，在某些情况下，他的意见是正确的，但在我看来还是有些不同。我提出意见的谦虚方式让他们更容易接受。"

富兰克林的观点有很多道理。寄给客户和潜在客户的推销信，要避免出现轻易断言的语气，或者以任何方式试图夸大所销售商品的优点，那么我们就是明智的。

如果必须说明我们产品的优点，使用附件即可。我们经常收到客户的来信，利用做标记方式可以快速找到核心内容，借此可以为我们指明销售要点。

请求订单

你可能遇到过态度友好、彬彬有礼的年轻推销员，每天都来拜访你，与你谈论天气等，但从来不告诉你他想要什么或他想要你做什么。这些推销员能结交到好朋友，但通常很难接到好订单，推销信的作者也是如此。许多人可以写出一封非常人性化且有趣的推销信，但被阅读后，还是不能获得业务。虽然得到了很多满意的回复，但订单却很少。

上述两种情况遇到的问题都一样。推销员没有得到订单，因为他没有请求下订单，而写推销信的人没有达成他想要的效果，因为他没有在信中明确地告诉潜在客户需要做什么。

任何推销信发出去前，应确切告诉收信人你想让他采取什么行动，所采取的行动尽可能容易实现。

这并不意味着信中只需要一些陈词滥调的表达，例如"现在就做"或"今天寄回卡片"；也不意味着信的结尾应以某种霸道、武断的语气结束，要求潜在客户做某些事情却不给他做这些事情的理由。然而，它表明一封合理的推销信确实能引起潜在客户的关注、兴趣、期待，直到最后采取行动。

如果潜在客户采取行动前选择嘎然而止，那么所有的工作都付诸东流。所以，推销信最后一段或最后几段，对写信对象提出明确目的，而且表明你让他做的事有利可图。然后告诉他你要他做什么，这样就开始推销了。如果你想让他签署订单，那就请求他签署订单；如果你想让他寄回一张回复卡，那就请求他寄回一张回复卡。

业余生意发展成世界上最大的邮购公司

1884年，西尔斯·罗巴克公司创始人理查德·西尔斯以西尔斯手表公司的名义做业余邮购生意，赚到了第一笔1000美元。他还利用业余时间用钢笔写推销信。后来，他抽不出更多的时间写信，向在附近工作的一名铁路工人寻求帮助。世界上最大的邮购公司就是从这个简陋的地方发展起来的。不久，西尔斯先生靠业余工作赚了很多钱，于是他辞去了电报员的工作，搬到明尼阿波利斯，用攒下的8000美元开始认真地从事邮购业。

19世纪80年代后期，他搬到了芝加哥，生意越来越好。后来，他接受芝加哥一家公司给出的很有吸引力的报价，出售的条件是西尔斯先生5

年内不得在芝加哥从事邮购业。公司完成转让后,西尔斯回到了明尼阿波利斯。此刻,他的冷静以惊人的方式展现出来。他还不到24岁,但银行存款超过10万美元,全是靠自己的邮购生意赚来的。这么年轻就拥有这么大笔钱,往往让人觉得不可思议,但西尔斯先生不以为意。他首先给母亲买了一套房。然后,他将大部分资金用于购买明尼苏达州8%的农场抵押贷款。

他在明尼阿波利斯重新开始邮购业务。此时,罗巴克先生给他当修理工。后来,他们建立伙伴关系,新业务突飞猛进发展起来。芝加哥作为配送中心的优势强烈地吸引了西尔斯先生。所以按约定的5年期限结束时,1895年,他又从明尼阿波利斯搬到了芝加哥。罗巴克又在西尔斯身边工作了大约4年。

西尔斯先生是一位了不起的工作狂,连续几个星期每天工作18个小时。创业初期,他是公司所有想法和计划的倡导者,并且自己撰写文案。一旦有了想法,就废寝忘食地工作,直到把想法转变为实践,或者至少在条件允许的情况下交给助手完成。

西尔斯太太经常抱怨他对生意的投入。他早上离开家后,她不知道他什么时候能回来。有时她会在清晨接到他在办公室打来的电话,还有几次是第二天在离芝加哥几百英里的工厂或开往纽约的火车上打来的电话。即使要去很远的地方,他也从不松懈还未完成的工作。

制作广告或产品目录时,西尔斯从来没有考虑过钱的问题,主要是做好即可。他从未真正对自己的工作感到满意。他会拿起刚刚印刷的广告或产品目录,仔细查看并提出修改建议,确保文案具有吸引力。他还会重新订购已经设置好字体的版面用于推销。

第一个广告是他推出的著名"不花钱"系列。当广告呈现在大众面前时,广告界惊呆了。他的广告违反了优秀广告的每一条原则,体积小、字体排列紧密、描述详尽、难以阅读,而且没有标题。他们开始打广告说:"不要钱,只要剪下这则广告,还给我们,我们就寄给你……"没有人相信人们会看这么小的字体。但西尔斯认为,只要主题有趣,人们不会漏掉任何一个字,最终他获得了成功。

在一大堆发行的出版物中,每一期都有5~20个这种类型的广告,总发行量在2000万~3000万之间。每月广告费在5万~6万美元不等,他的推销活动还分发了价值数百万美元的商品。与此同时,他正在建立庞大的邮寄目录名单。

1907年处于金融危机恐慌中,西尔斯先生却展示了真正的气魄。由于资金紧张,销售额有所下降。然而,他推断人们仍然想要购买东西,即使他们手上没有现金,或者害怕花掉手上的钱。为了解决这个问题,西尔斯先生在一张纸条上写道:"如果你没有现金随订单寄给我们,可以把任何可以充当现金的东西寄给我们,个人支票或票据交换所凭证都可以,充当现金使用。"这则广告在全国播出后,每周需打印和邮寄数百万张这样的纸条。每一封寄给客户的信件或包裹,都会附上一张这样的纸条。

可以说,整个推销计划令人大吃一惊。当其他公司在削减开支时,西尔斯却在增加开支,结果订单如潮水般涌来,所缴的税达到了极限。通过做不寻常的事,西尔斯先生收获了不寻常的结果。

因为他认为广告应对商品进行详细地描述,所以他的产品被描述地淋漓尽致。他希望潜在买家可以从广告上得知钱可以用来换什么。例如,在西装广告中,不仅描述外套的衬里和纽扣,而且连纽扣孔都提到了。

确保商品质量是开展邮购业的策略之一。他认为顾客永远是对的,无论付出什么代价,都必须让顾客满意。当一位顾客抱怨他收到的商品不合适时,告知要求退货,即使商品已经使用过,钱也会如数退还。他一直坚持如此,因而钱会不差分毫地退回。

他坚持商品必须始终如一,并通过货到付款的方式来支持这一策略。西尔斯先生可能是第一个经审批发货并支付双向运输费的商人。他总是愿意自己承担风险,保证顾客的一切利益。

强调个人因素在广告中的重要作用是另一个策略。信函的措辞总是带有个人色彩,而且每封信都以他的名字而不是公司的名字署名。他想让每个顾客觉得自己是在和一个有血有肉的人打交道,而不是公司。他用简单、友好的方式与顾客交流,每一封信都流露出善意和真诚。

他知道一部分人不习惯写作,不会表达自己;他也知道人们的惰性心理会阻碍推销商品。为了克服所有障碍,他开创了"就这样做"广告风格。广告上写着:"如果你想要这个目录,只需给我们写一封信或寄一张明信片,然后附上'把你的大目录寄给我',我们就会邮寄给你,而且邮费已付。"他也了解到普通的乡村家庭不会写材料,所以他又在广告中说:"用你的方式和语言给我们写信,我们会理解并正确填写你的订单。如果你手边没有空白单,可用普通纸书写。如果对商品不完全满意,我们将承担所有风险并立即退钱,包括你支付的运费。"

西尔斯认为,一个人在商业上积累财富后可以退休了。因此他在商业生涯早期就建立了一个没有他的指导和管理就可以继续经营的团体。1908年他放弃了管理公司的权力,安享晚年。

拥有百万客户的单人生意

早在19世纪90年代,一个年轻人驾着他的马车沿着荒凉的乡村道路前行,这对爱荷华州西南部的农民来说早已司空见惯。他的名字叫亨利·菲尔德,旁边的马车座位上放着一篮子种子袋,从一个农场穿梭到另一个农场,在小镇和村庄挨家挨户地推销这些种子袋。他在自己的花园种植和培育种子,甚至还打印了种子包装袋,自己出去销售。他的生意只属于自己。

那时,爱荷华州西南部没有任何大城镇和道路。他不得不穿过田地去寻找需要购买种子的农民。但是,无论天气的温度是四十多摄氏度还是低于零摄氏度,无论道路上尘土飞扬还是泥泞不堪,亨利·菲尔德都在不停地推销。他为偏远农场的人们带去更多的种子、种植的实用建议、其他农民种植的消息、有关需要好的种子才有好收成的道理。但最重要的是,他带来了友善和鼓励。农民和他们的家人都喜欢他,热切地期待他的来访。

不久,这些顾客想要购买更多亨利·菲尔德的种子,于是他通过邮递让顾客自己去取订单,这样他们可以全身心地投入到种子的种植和运输中。之后他在爱荷华州的谢南多厄购买了一些二手印刷设备,印了一本普通的种子目录,开启邮购业。

吸引农民的诀窍

多年来，亨利·菲尔德同农民的接触，使他知道如何通过书面语和口头语的信函成功吸引他们。首先，叙述的内容必须简明扼要。正如他自己曾经说过的那样："独自在寒冷的天气驱车前行，遇到一个带着一大堆玉米去市场的农民，不能让他停下脚步和你交流，因为他在寒冷的天气中会瑟瑟发抖。你得尽可能简短地告诉他关于你的生意，获得他的订单后，让他继续去城里。这和你给他写信或者寄目录是一样的，必须马上开始行动。"

然而，这并不意味着亨利·菲尔德的推销信和产品目录没有体现成为成功推销员所需的友好和亲切感。他只是没有犯文学或"书本"式写作的错误，而是用与人面对面的交谈方式来完成销售。他使用客户常用的日常口语表达方式进行交流，对待他们就像隔壁邻居般那样亲近。他还说了几句闲话，但又非常小心翼翼，谨防长篇大论。

从一开始，人们就喜欢他做生意的方式。他们养成了邮寄订单的习惯，不久之后，来自内布拉斯加州、密苏里州和堪萨斯州的订单开始从他未拜访过的人那里寄来。年复一年，他的产品目录越来越多，但他继续用第一人称给他们写信，从未偏离友好、个性化的风格，正是这种风格奠定了他早期成功的基础。

今天，位于爱荷华州谢南多厄的亨利·菲尔德公司拥有 100 多万客户，业务量已经从每年几百美元增加到 300 万美元。除了销售种子和植物外亨利·菲尔德还涉足普通商品领域，出售工作服、鞋子、帽子和各种各样其他产品。为了成功销售它们，他在已建立的邮购实践中开发了许多创新。例如，他发现出售单件工作服无利可图，以三件为单位出售则可获利。由于农民按蒲式耳购买土豆、苹果和玉米，他认为农民也会按蒲式耳购买橘子，所以他也这么卖。咖啡豆装在 3 磅、5 磅、10 磅和 25 磅的容器里，罐头食品以 12 瓶为一组出售。虽然商店以 1 磅、3 磅和 5 磅的包装出售西梅干，但亨利·菲尔德只出售 20 磅和 25 磅的包装。

利用无线电增加消费者数量

10年前，亨利·莫尔德在谢南多厄买了一台破旧的广播电台，对其进行修复。从那时起，通过广播卖出商品的数量比邮寄出售更多。他现在以"无线电订购"商人和邮购商人而闻名。大部分靠自己进行广播宣传，曾经还亲自给数百名客户打电话，然后给数千人写信并发送商品目录，现在数百万中西部人都能听到他的声音。从1899～1924年的25年时间里，他的邮购销售额增加到每年60万美元。由于他能够通过无线方式接触更多的客户，销售额很快增加到300万美元。

但是，尽管他经营的工厂很大，尽管种植的种子、植物和鳞茎植物的田地有好几英亩，尽管他拥有广播电台和大型百货商店，公司的百万顾客依然觉得他们是直接同亨利·菲尔德打交道。虽然每年有近50万农民和小镇居民参观他的工厂，他们可能从未亲眼见过他，但通过信函、广播和产品目录，他们认为他是一位值得信赖的老朋友。这就是他能每天获得1000件邮寄订单的原因。

第十章

赚 1000 元的 1000 种方法

出售个人服务

我们首先给自己列个问题目录。例如，喜欢做什么？擅长做什么？能驾轻就熟地做大多数人难以做到的事情吗？可以满足什么需求？这几个犀利的问题是在尝试出售服务前应扪心自问的。如果你能找到这些问题的答案，那么建立个人服务业并非难事。

出售服务和找工作存在区别。在某个场合，你的身份是一名企业家，而在另一个场合，你的身份是一名雇员。究竟什么人才能称为企业家？他要勇于承担商业风险，勇于从风险中获利或承担损失。他的收入来自顾客或客户（视情况而定），而不是雇主。企业家通常也是雇主，仍然要承担随之而来的风险和盈利。大多数成功的企业家、商人和制造商都来自创业阶层，通常把销售自己的服务作为开端。随着他们不断掌握技能和知识，向他人出售服务而获利。

要想获得大众的掌声，除要迎合公众的需求，还要比其他人做得更加出色。这一点尤其适用于艺术家，因为他们提供娱乐服务。若想在活动中取得成功，必须超越他人。当你做到这一点，就能建立声誉，成功也会接踵而至。

你不要选择多数人已经从事的职业。只有选择自己感兴趣的事，获得成功的机率更大。20年前，芝加哥有一个广告从业者发现极少人知道如何给推销员写励志信。他还发现，有趣、实用、信息丰富的信函可以帮助销售人员成功解决日常遇到的销售难题。于是他辞去工作，为雇用销售员公司的销售经理提供服务。其实，这些销售经理本可以写出和这位广告人一样优秀，甚至更优秀的励志信，但他们没有时间。他们的精力都用在工作上，所以很乐意每月支付10美元给这位年轻的广告从业者，让他每周给销售员写一封励志信。由于销售员的问题有许多相似之处，他发现同一封信，只要稍作改动，适用于任何企业。一年之内，他每月收到200多家公司支付的服务费。27岁时，他的年收入已超过2万美元！然而，如果他受雇于这些公司中的任何一家，年收入很难超过7000美元。那他成功的秘诀是什么？其实答案很简单。他成为了该行业的专家，而且比其他人做得更加出色。如果他一开始立志成为世界上最优秀的广告从业者，也许现在还在为实现这个目标而努力。然而，他利用销售领域存在需求的某一项服务，全身心投入并致力于把这项服务做到最好。换句话说，他努力成为这方面专家。

提供专业化服务在我们现代复杂的生活中甚为重要，不仅适用于商业，也适用于其他领域。能把事情做好是一种资本，也是一种荣誉。当通过出售服务赚取1000美元时，一定要注意提供专业化服务，因为我们生活在一个人才辈出的时代。医生之所以看重专业化，是因为他们知道机会只属于那些彻底掌握某些特定疾病或专注于身体某一特定部位治疗的人。全科医生在社区生活中扮演了非常重要的角色，受到社区的尊重。医学行业的巨大财富来源于专业化，法律、教育、工程领域皆是如此。人们愿意支付高额费用来获取那些被认为比其他人更了解他们感兴趣的事物的人的建议或意见。

查宾创业起点源于培训课程

霍华德·查宾忧虑不知如何赚取"第一个1000美元"。高中毕业后，他了解了各所学校开设的技术课程，决定报考机械工程专业。但他没有足够的钱上大学，所以决定一边工作，一边读函授课程。这事发生在5年前。如今，查宾成功地经营了一家工程服务公司。虽然规模不大，但过去一年也创造了几千美元利润。

"当我决定学习工程专业时，去了芝加哥一家工程公司，解释说愿意以微薄的薪水工作，而自己最想要的是获得教育的机会。我告诉他们只要能勉强支付我函授课程的费用就心满意足，经理同意了。'我就是这样开始的，'他说道，'后来被安排去经理办公室工作。'除了上函授课程，还要上课堂指导课，但不会影响工作时间。有了办公室学到的建议，加上课堂实践和理论学习，发现自己很快取得了进步。

"我花了两年时间完成函授课程学习。在此期间，还实现了升职加薪。我把所有赚来的钱都存起来，因为在校学习期间已经习惯了节俭的生活。工作的第3年，因我的雇主在一个大项目里犯错，公司破产了。失业期间，我为自己的未来做规划。我已经存了190美元，而且有能力独自从事专业化工作。我列了一份可从事此类工作的目录，并去相关地点实地考察。我发现许多小工厂都不用电机，因为雇不起电工。这对我来说似乎是一个很好的机会，我开始同他们签订合同以保持设备处于良好状态，并根据合同内容每月对其进行维修。我拜访了工厂、洗衣店等有电机驱动轴和机器装置的地方，根据不同工作量，每月收取5~50美元不等服务费。我同意在此基础上提供修理、安装以及维护。我花了4天签了7家公司合同，每月收入共有104美元。我独自做这些工作，将近1个月时间里，每天连续工作17个小时。当我判断哪些电机运转状况不好并经过维修后，更容易维护。因此，现在每个月只有几天的工作量，我又去拜访其他公司，共签了5份合同，共计120美元服务费。我发现这些公司的电机设备已经很久没有维护，我不得不拼命地工作。现在每月收入大约有224美元。

"4个月后，我已经和21家公司签了合同，每月总计885美元服务费。我一个人无法完成这么多工作，所以雇了两个优秀电工，给他们支付全额工资，监督他们完成工作。除此之外，我还签了更多的合同，利润也在快速增加。不到一年，每月利润达到了490美元，我也雇了5个全额工资的电工。"

查宾提供了每个制造业都需要的服务。经过训练后，技术熟练的技工可以效仿他，以定期、合理的收费方式为小规模制造商提供类似的服务。

这类服务很受小规模制造商的欢迎，因为他们的机器也可以得到定期维护，花费还很低。

一天提供一朵鲜花服务

聪明的格尼·克莱斯勒是纽约一名年轻的广告女郎，她认为如果花商主动出击，而不是坐等客户找上门，可能会获得更多的生意。因此，她在一幢老式建筑租了一间阁楼，发广告宣传一天提供一朵鲜花或一周提供一束鲜花的"服务"。一天提供一朵鲜花收取10美分，一天提供两朵鲜花收取15美分。那些希望获得这项服务的人与她签订按周或按月的付款合同。她在短时间内就有了1000名客户。

克莱斯勒小姐每天早晨4点半开始工作，先去市场买花，之后她的助手们开始制作花束，信童8点开始配送订单。客户根据自己的需求来改变订单中花的品种，比如周一选玫瑰花，周二选康乃馨，周三选栀子花等。另外，顾客可以签订需要每天向生病的朋友送花的合同。

克莱斯勒小姐还提出为各种周年纪念活动提供鲜花服务。只要把家人的周年纪念所需鲜花的清单交给她，鲜花会在指定日期送达，账单会根据合同每月寄送一次。除了这些服务外，她还为派对准备特殊的餐桌装饰，并为婚礼、茶会、派对等其他社交活动安排花卉装饰。她还设计了一些特别的花卉图案，其中有许多被送到巴黎的沙龙和伦敦的派对上使用。今天花店使用玻璃纸盒的主意就起源于克莱斯勒小姐。

克利夫兰市的玛格丽特·哈珀也有类似的想法，但她的鲜花都来自自家花园。多年来，她一直是个热心的园丁，从春天到早秋，她的老房子周围开满了各种各样的花。种花是她最感兴趣、最热衷的一件事。她在家里精心布置的切花和花园一样，赢得许多赞美。她有时间、有鲜花、有艺术鉴赏力布置它们，只是缺少一份买花的顾客名单。她对广告推销一无所知，但一位经营信件店的朋友以成本价为她制作了一些精美的宣传单，她用儿子的便携式打字机将地址印在信封上。这份名单由以下这些人组成：她熟识的银行家、律师、牙医、儿子学校的老师、城镇附近酒店公寓楼的业主、附近小公司负责人，以及几个街区外的两间茶室和一家餐厅的经理。她通过个人拜访以及在每次拜访时向潜在客户推销自己想法的方式宣传鲜花。

每天早上，她的两个儿子负责送花，每个月她对这些花收款一次。这样，她就有机会与顾客接触，便于处理任何投诉。同时，她还可以向顾客推销花的其他用途。通过为客户提供恰当的建议，还获得了许多餐馆、宴会、婚礼、派对、"新生儿"摇篮会和节日庆祝活动等装饰的订单。到了冬天，她从花市买鲜花，并以稍高的价格继续为客户服务。

两个纽约年轻人也发现，建立鲜花服务是他们摆脱困境的一个好办法。从一个职业介绍所到另一个职业介绍所找工作让他们精疲力尽，直到他们意识到创业才是唯一出路。他们全身上下合起来只有1.5美元，就这样开启了创业之旅。他们用仅有的"资金"购买了1000张名片，从一个办公室到另一个办公室，从一家酒店到另一家酒店，从一家餐厅到另一家餐厅不断分发，并进行推销。现如今，他们已经建立了一个效益不错的小规模企业。对于他们而言，如果花卉批发商不同意等到购买后的下个月10号开单付款，那么就没有多余资金购买鲜花，则会寸步难行。这样的付款方式让他们有时间在账单到期之前收回销售款。由于他们可以随时获得批发商提供的鲜花，因此无需投资存货。出售的鲜花按月收费，每隔3天换一次花束。当然，价格高低取决于供应花束的数量。

清洗地毯是一项快速盈利的生意

爱德华·安德森通过清洗地毯赚到第一笔1000美元，而他对自己积累财富的轻松程度感到惊讶。当他失去俄亥俄州中部一家百货公司经理的工作时，开始以这种独特的方式谋生。其想法源于先前那家百货公司，它使用一台专门用来清洗地毯的地毯清洗机。

"我写信给这台机器制造商，了解到可以用分期付款方式购买该机器，"安德森说，"我很快在家附近获得一些清洁地毯的订单，每张地毯清洗价格为1.5美元，而且清洗过程无需挪动地毯。之后，我将首付款邮寄给制造商。机器附带完整的操作说明。当我开始接单工作时，令我惊讶的是，清洁地毯所花的时间是预计的 1/3 左右。一个早上，我清理了 7 张地毯，赚了 10.5 美元。"

"当天下午，在家附近四处寻找地毯清洁订单。我毫不费力地获得了第一笔订单，但要获得更多订单却遇到一些困难。大多数家庭主妇认为，以我的报价，可能会毁掉一条昂贵的地毯，或者无法有效地清洁地毯。一位女士说：'如果你能做的很好，怎么会这么便宜。'我解释了这款机器的清洗方式，但她根本不相信。还有一些人说不想清洁地毯，只是询问我正在做的工作。

"我请求她们打电话给早上清理过地毯的人，但她们似乎不愿意。回家后，我列出城里的办公楼、写字楼、酒店和公寓楼的数量。随后几天我拜访了这些地方的经理，在那一周，我只赚了 30 美元。这种情况不算糟糕。然而，第二周令人大失所望，我想知道如何才能获得足够的订单来支付这台机器的费用。我开始拼命努力，说服他们下订单，但似乎总是在人们清洗完地毯后才拜访他们。

"有一天我突然想到，如果拜访时人们不需要清洗地毯，以后可能需要。因此，我打印了一些卡片，说明我提供的服务。然而，这些卡片对于获取订单没能产生效应，而且离购买机器首付款的时间越来越近。于是我回访第一批清洗地毯的顾客，问他们是否可以介绍一些朋友给我。一位女士说她第二天要去见一些朋友，然后再回复我。两天后，她打电话说住在城市另一边的一个朋友想清理地毯，并答应如果我能像宣传说的那么好，会为我争取更多的生意。我立即赶过去完成这项工作，还获得了 3 个额外的订单。之后我写信给制造商，询问是否有更好的方法获取业务。公司发给我了许多实用的推销术，细细领会后我发现获取业务的方式过于'高压'。当人们对我的清洗方式表示怀疑时，我有些敌对情绪。后来，我改变待人的方式，结果收效良好。两个月后，我以和蔼可亲的态度与好脾气为人所知，对潜在客户彬彬有礼，让他们愿意聆听我的推销。

"以礼相待也为我获得办公楼和酒店经理的订单铺平道路。我第一次去拜访一位酒店经理时和他吵了一架，但他却给了我一份清洁酒店走廊地毯的工作。这项工作花了 13 个小时才完成，收益为 93 美元。然而，第二次或第五次拜访时没有得到他的订单，但我每次去拜访他都表现得彬彬有礼，因为我已经吸取了经验教训。经过多次拜访经理后，我从租户那里得到了总计107美元的订单，另外，大楼的业主也提供了12美元订单。"

安德森的经历让他确信，强调礼貌在销售工作中的重要性。他清理一块地毯收费1.5美元，12分钟就能完成。现在，他的日平均利润约为16美元。机器采用旋转电刷，插在有电流的灯座上即可工作，而且制造商能保证清洗效果会令人满意。这款机器利用专利工艺将肥皂和水注入刷子来清理地毯。然而，机器清洗过程中水或肥皂不会洒在地板上，也不会损坏地毯。安德森的总投资（包括购买机器的费用）为317美元。

创办包装品配送服务业

两年前，詹姆斯·奥佛豪斯用仅剩的100美元买了一辆可容纳35人的二手卡车，还花了几美元修理。他在车上画了一个标志，意在向全世界宣布他从事配送和搬家业务，但是没生意。他在公寓的前厅坐了好几天一无所获，感觉芝加哥没人需要配送或搬运任何东西。然后他去商店找一些零活做，类似把一些沉重的箱子送到仓库，再把货物搬回店里等。他通过这种方式勉强维持生计，但他认为生意会越来越好。一天，一个连锁店经理在街上拦住他，问他生意怎么样，然后说如果他愿意配送店里的食品杂货，每天可以赚几美元配送费。这就是他的创业起点。今天，他在芝加哥南部有7辆全新送货车，而且车的数量还在增加。

"当A&P店长让我为他的客户送货时，他解释说这家店是现金自提店，不提供送货服务，然后他指出当时给他送货的那个家伙服务很差。如果我提供这项服务，每天可以赚几美元，我非常感谢他。配送一盒10美分食品杂货的费用由客户自己支付，并在交付时收取，我只要去商店把货装上卡车，然后送过去即可。但是每天的量不多，而且那家店不支付油费。我接了另一家连锁店、两个独营的杂货店和三个肉店的送货业务，去每家店取一次货，装上卡车后配送。每天营业结束时，商店经理或老板会用收到的钱款支付配送费，这样我才能够继续经营下去。

"这类服务的特点是送货频率高。食物通常是急需品，一天要去商店取四次，分别是上午 10 点、11 点半和下午 2 点、4 点。我取走所有装着肉类和食品杂货的盒子和包装袋四处配送，送完大约要 1 个小时。这样一来，确保在任何一家商店购买食品杂货的人可以尽早拿到东西，准备晚饭。

"当商店顾客信赖我的服务时，更多的人会选择送货上门。女性不喜欢提重物。一配克土豆重 15 磅，没有哪个女性愿意自己提着一配克土豆。然而，如果有人替她拿土豆和其他杂货，她会很高兴并愿意支付 10 分硬币。一个月内，我在这个社区的业务从每天 40 件包装品增加到 129 件。两个月里，我平均每天配送 150 件包装品，这个数据可以说是配送数量最多的。因为我还接了其他社区的商店包装品配送，又雇了一个帮手，买了一辆二手卡车，业务发展很快。"

没有一个小镇或大城镇不欢迎来自商店提供的优质送货服务。如果当地有类似奥佛豪斯提供的可靠服务，大多数商店的人要么停止其他送货服务，要么停止自己给客户送货服务。提供此类服务是选择创业的快捷途径。

为"难以找到合适衣服"的女人制衣

有一天，芝加哥的一个女裁缝无意中听到一个非常丰满的女人向一个小店主抱怨，说她很难在商店买到合适的衣服。女裁缝略表歉意之后和丰满女人约好了试衣时间。丰满女人有一个和她身材差不多的妹妹，后来也成了她的客户。她们两个都认识一些因身材过于丰满而难以买到合适衣服的朋友，很快女裁缝做起了不错的小生意。

女裁缝是个聪明人，通过向顾客出售内衣和定制衣服而获利。她还建议顾客提前计划每个季节所需的衣服，建议她们如何用最少的花费和时间让自己穿衣得体。这不仅有助于合理安排自己的工作，而且还增加了工作量——替顾客修改上一季衣服。

她意识到，除非可以利用自己的想法为客户提供服务，否则将失去为她们制衣的机会，这也是该行业能否取得成功的秘诀。于是，她浏览了一遍款式书，看看百货公司里较好的新面料，也看看"时髦女装商店"出售的衣服。她把面料样品带回家贴在卡片上，在下方列出价格，另外，把适合丰满女人身材的款式制衣图样也贴在卡片上。客户越来越信赖她对款式和品味的判断，让她在制衣方面更加得心应手。

这位裁缝师的大部分制衣订单来自客户的推荐，其中一些就是通过一位女裁缝的推荐而获得的。两位裁缝达成一项协议，向她们的客户推荐彼此，这是一个互利共赢的计划。

最近，她发现了另一个"市场"——为身材高大的女性制衣。这些女人同样很难买到现成、合适的衣服，更难的是没有专门的商店能满足她们的需求。和一般身材的女性相比，高个子女性需要更长的袖子、更长的裙子和更长的腰身，所以她们直接购买的衣服有时需要重新修改。虽然建立这项业务有点困难，但它的业务量在慢慢增加，主要是通过满足客户需求的"口碑"广告进行宣传。

组建射箭俱乐部

1929 年，迪兹是一个拥有 70 个员工的西北商人。1931 年，他却成了加利福尼亚州奥克兰市的一名普通工人。对一个年老体弱的人来说，挖沟是一项艰苦的工作，但是当一个人有了妻子和孩子……

第二年既失业也没有积蓄的迪兹先生对一位牧师说："我要么培养一项业余爱好赚钱，要么就得发疯。"牧师回答说："好主意，我指的是爱好。"

迪兹之所以选择射箭，是因为他的儿子和女儿都是射箭童子军成员，还因为半个世纪前，他幼时生活在加州北部荒野，曾学过如何在森林里制作弓和箭，以及如何射击。

到了 1932 年秋天，他成为童子军委员会成员，并说服了 60% 的成员将射箭作为一个项目进行练习。第二年春天，他发现自己对射箭越来越感兴趣，决定把这项业余爱好当作毕生事业，致力于实现东湾地区成为美国的射箭中心的目标。

那年夏天，童子军进行探险过程时，他偶然看到一种极为坚硬的草，其可做成靶子。他将样品邮寄给华盛顿的农业部，得知它的确是美国最坚硬的草。种植那块土地的主人允许迪兹先生拿走他所需的量，他说这种草被称为野生莱姆草，不能用作饲草。迪兹先生用它做了一个试射靶子，发现其比任何用过的靶子都更实用。于是他割了一吨将它们运走，利用业余时间制作靶子，之后用这些靶子与体育器械制造商交易，换取制造体育器械（弓和箭）的原材料。

与此同时，他组建伯克利弓箭手俱乐部，以培养优秀人才而为人所知。该俱乐部共有 60 人，包括教师和东湾地区辛劳的投资商，还有一个由 30 个男孩和女孩组成的初级射箭小组。此外，还包括 15 个"远距离射手"，他正在训练他们捕猎大型动物。

当联邦紧急教育计划准备推出娱乐活动时，迪兹先生拜访了该计划执行委员，但被拒绝了，因为他们认为射箭不安全。迪兹先生不断拜访他们，直到他们同意迪兹先生为学生提供该种体育用具做一次尝试。迪兹先生相信自己可以做到。他一共制作了几十把弓和几百把箭，以备不时之需。

在接下来 6 个月里，有 500 名学生报名参加了该项活动，在 2000 个学时中，没有发生一次事故。其中有 70 人还加入了射箭俱乐部，许多人从迪兹那里获得射箭装备。

他学会了如何通过反复试验和赢得专业制弓师的帮助来制作这类用具。今天迪兹先生的弓既美观又坚固，而且他设计的 15 磅重的练习弓对初学者来说比普通的 25 磅或 30 磅的要好用得多。

迪兹认为，他作为一名教师得到令人羡慕的声誉，归功于揭开射箭的神秘面纱，只是单纯地将其视为一项机械运动。当他看到弯腰驼背、面色苍白的男人、女人和儿童变得精神矍铄时，他非常高兴。

他的爱好得到了家庭的支持，但更重要的是，这项运动让他的身体得到康复。

代写生意

1933年2月，纽约市的弗雷德·贝尔意识到他的广告业务即将破产时，决定放弃它，转而和亨利·伍兹组建代写办公室。代写办公室是做什么的？如果你被要求为你的协会发言或写文章，你就可以马上联系代写办公室。他们会为你准备好演讲稿或文章。专业人士和商务人士都使用该服务，许多要为销售人员准备励志材料的保险公司总代理也在使用该服务。

办公室刚成立之初，这项服务的收费从每字4美分到11美分不等。要价太高，但过了一段时间他们才意识到这一点。现在收费是1.5美分到6美分，部分费用归作者所有，剩下的属于办公室。

目前有200多名写作专家，涉及科学、建筑、金融、工程、营销和其他几个领域。在一年时间里，该办公室接到大约有1200个关于演讲、书籍、文章和报告的求助电话。

由于人们不愿意承认聘请专家为自己写作，所以创造"口碑"广告的可能性很小。因此，从一开始，该办公室几乎每周都会在纽约报纸上刊登一英寸长的广告。

任何对社区的需求有所了解的年轻商人都可以组织这种类型的机构。活跃在商业协会、职业俱乐部、社交俱乐部、女性俱乐部、文学俱乐部、科学组织中的人们在准备出版手稿或演讲时都需要训练有素的写作专家帮助。有一群优秀的员工骨干，他们是各自领域的专家，负责提供服务；也有很多有能力的作家也都希望有机会在业余时间赚点外快。

快照支付假期账单

几年前，芝加哥郊区一所高中的教师罗伯特·休斯用一只廉价的小布朗尼拍照。随着时间的推移，他坚持着自己的爱好，并投资买了一台更好的相机。在漫长的假期里，他随身携带相机拍了很多照片。一天，他冲洗了一些在男孩营地周围拍的照片，把它们拿给营地负责人看，结果，他得到了200张照片的订单。从那时起，他就靠出售快照来支付假期费用。夏季酒店、营地、铁路、旅行社、客栈、度假农场、俱乐部等，都为他提供了销售市场。

休斯先生找到了一些特殊的快照出售渠道。有一次在西部和西南部度假时，他为一位讲师定做了照片，然后冲洗成彩色幻灯片。还有一次，他受一家旅行社的委托去威斯康星州拍摄一些照片，并赚了2500美元佣金。他还不时为广告小册子制作插图。不久前，一家熔炉公司让他以不同的角度拍摄地板和天花板上的调风口。

从这个爱好中他也可以获得乐趣。他很喜欢的一张照片是为一位渔民拍摄的，那个渔夫拿着鱼。然后，休斯被要求"放大"这条鱼，也就是说，把鱼放大到像是在地上拖着走，而渔夫的身形要保持原来的大小。从这张照片可以看出渔夫和他的同伴们玩得很开心。大多数避暑胜地都渴望获得那些钓到鱼或捕到猎物的客人的明信片，大量订购这些明信片在柜台上出售，或用于广告。

休斯先生亲自冲洗所有照片，这样就可以确保他想要的效果，并用底片做各种实验，他还能学到很多关于摄影的知识。他掌握了复制旧照片的技巧，例如银版照相法，修复了许多被遗忘的珍贵旧照片。可见一旦你掌握了拍摄人物照片的技巧，赚钱就会变得容易。

遛狗

一群自称"遛狗人"的有志青年在纽约创办了一家盈利公司。对年轻人的要求是穿当季合适的衣服、腿脚便利和对狗的喜爱。人们能在第五大道、公园大道和中央公园看到遛狗者的身影，让狗的血统得以展示。

这项服务受到希望得到狗狗陪伴但没有精力长时间陪它们散步的老年人、伤残人士和无法定期抽出时间的人的青睐。在芝加哥，另一个组织也为忙碌的狗主人开展了遛狗、对狗清洁和美容的服务。

在纽约开发的另一项狗服务是所谓的"小狗俱乐部"。公园巷酒店在屋顶开设"小狗俱乐部"，狗狗可以在这里吃午餐、打盹、玩耍或梳理毛发，而它们的主人则在酒店的餐厅享用午餐。如果小狗愿意的话，主人可以让它整个下午独自晒太阳。专业兽医会为狗制定各种饮食方案。这个想法使主人不仅可以专心享用美食，也有效利用了空地。

一辆旧卡车可以做什么

几年前，詹姆斯·布拉德利因雇佣他的公司倒闭而失业了。在威斯康星州的阿特金森堡小镇上，他发现每天找点事做变得越来越困难。当然，他也会时不时地在这里或那里找点活干，但都不长久。

有一天，他在自己的小房子里走来走去，想想该做什么，碰巧看到了车库里一辆旧卡车底盘。他想，如果他能把那台旧机器修好，也许就能找到卡车运输的工作。在几个街区外的一个垃圾场，他为车身找到了材料，将其安装在卡车上并涂上油漆，詹姆斯·布拉德利已经准备好工作了。

一开始生意很难做，他和他的妻子都密切关注着卡车运输相关的任何工作机会。第一份工作是为一个要搬到密尔沃基的当地居民搬运家居用品，随后在附近镇上又出现了一份类似的工作，渐渐地他发现自己可以做一些大型货车公司根本不屑于做的零工。很快詹姆斯·布拉德利就拥有了一支卡车车队，拥有通往密尔沃基的卡车运输的特许经营权，还有几份特殊合同来处理不同公司的运输订单，其中一家是密尔沃基共和国钢铁公司。同时，还与其他各地的货运公司协商，在他所管辖的特定地点运送货物。

从事全国易货业务的交易员

贸易商交易所是一家从事全国易货交易的机构，成立才几年，就成为全国最大的易货交易机构之一。经营这家店的萨维诺·莫里佐声称，他每年处理的商品价值50万美元，每个月最多接收4500件商品。每个月大约有3.6万封信经他的手，他将处理任何东西的交换——商品、农产品、牲畜、宠物等等。

据说，阿拉巴马州的一个有萨克斯管的学生想要一台显微镜，住在亚利桑那州的一个妇女有一台显微镜，但想要一些猪，而俄克拉荷马州的一个农民养了6头小猪，却想要一个萨克斯管。商人交易所让农夫、妇女和学生相互沟通，结果大家都满意地得到了各自想要的物品。还有一些奇怪的交易：6只灰松鼠换了一个真空吸尘器；49把剃须刷和一块大理石板换了一辆双门跑车；一把西班牙梳子和精美的服装换36次美容疗程。

虽然这个交易所是一个全国性的机构，并且能够通过大量的交易赚到不少的钱，许多小镇都有极好的机会，让类似的交易所或多或少地在当地运作。一个廉价的商店、自己的家，或在另一个商店，都可以实现。传单和当地报纸的广告会给你带来对物品的需求，或者会让你接触到有东西要卖的人。一旦你的商店被大家所知，你的客户自然会通过"口碑"广告发展起来，在这样资金短缺的时期，交换是非常受欢迎的。

大有可为的男孩俱乐部

　　约翰·班克罗夫特在大学时曾是一名出色的运动员，他发现毕业后很难找到他理想的工作，所以他为自己找了一份不但收入丰厚，而且满足社会需求的工作。他创办了一个体育爱好者俱乐部，称之为"斯普林菲尔德男孩俱乐部"。他将男孩们分为两组，第一组由8岁及8岁以下的男孩组成，抽出每周两天放学后和星期六早上上课；第二组是9～14岁的男孩，每周三下午上课。每个男孩每月的费用为3.5～5美元不等，每组有20～25个男孩，约翰·班克罗夫特的年收入超过1000美元。他用这笔钱支付游泳池的费用、助手工资、"球童车"操作费和其他杂费等。

　　俱乐部全年分为两个学期：春夏学期和秋冬学期。体育活动因季节而异，包括棒球、足球、游泳、拳击、远足、划船等。他还在当地的一家酒店做了特别的安排，以便在湖水太冷的时候使用酒店的泳池。当然，在游泳季，男孩们会被带到海滩上游泳课；在下雨天，孩子们会被教导制作风筝和玩具飞机之类的东西，然后教他们如何飞行。有时，约翰·班克罗夫特和他的助手会带孩子们远足，以便他们可以学习一些自然知识。

　　在学期结束时，他会在酒店泳池举办一场体育赛事，所有男孩的父母和朋友都会被邀请。即使是小男孩也会参加拳击比赛，他们的技术让观众感到惊讶。当然，这个比赛具有宣传价值，增加了男孩俱乐部成员。

　　这是一项居住在任何一个地方的年轻人都可以从事的活动，如果他受过一些体育训练，就知道如何与一群男孩相处；年轻女性也能应付类似的女孩群体。在这种情况下，运动员的训练项目包括游泳、跳水、网球、篮球、徒步旅行和滑冰等。

如何开始明信片广告服务

亚当·安德森是盐湖城的一名会计,碰巧走进一家装备现代化的肉铺,当时一位合伙人正在向客户打招呼。

"你好,史密斯太太。"他说,"我已经6个多月没见到你了,你搬走了吗?"

"没有。"她回答,"我还住在原来的地方,但沿着这条街往反方向走几个街区就到了,我刚养成了在那里买肉的习惯。"

"我真希望你能回来,来我们这买肉。"屠夫继续说,"非常感谢您的惠顾。"

"我想我会的。"她说,"这里的一切看起来都很好,你总是照顾我们。我们明天晚上有客人,我会打电话告诉你我需要的东西。现在给我来一小份牛里脊肉。"

就这样轻而易举地赢回了老客户。这让安德森想起在一个月前,他收到了当地一家服装商寄来的一张明信片,这张明信片促使他在一家好几年没有光顾的商店里买了一套复活节套装。卡片很简单,顶部大致再现了一小段音乐。这是一首诗中的几个小节。卡片上简短的文字意为管理人员怀念他的惠顾,希望他能来买一套复活节套装。他想,如果赢回老客户真的那么容易,为什么没有更多的商家采取措施去争取老客户呢?

安德森先生和屠夫讨论了这件事,并说出明信片的想法。他从屠夫最近几个月记录的旧账目中发现,将近600名客户没有交易记录,让他大吃一惊。安德森离开店后,决心弄清楚这些明信片是如何产生的。

第二天,他了解到有几种不同的复印和寻址机器用于处理明信片广告,而且这些小型机器的售价低至35美元。他对销售员销售的其中一台机器产生了兴趣,并给了他几张在这台机器上制作的用于广告目的明信片样品。

在他无薪休假期间,安德森很满意这种赚钱的方式。他把样品卡拿到屠夫那里,屠夫订购了三个系列,每个月都寄给老顾客。之后,他找到了一个拥有更多客户名单的药剂师，为那些已经停止购买的老客户订购了一张卡片，上面有一些新的特殊药品。很快，安德森就向城市各处的装潢店、音乐店、油漆店、木材场以及许多其他类型的商人和小型制造厂出售了总价值超过 2500 美元的业务。他在头两周支付了机器的费用，墨水和补给品费用比较少。他最大的一笔开销是在邮局买的每张 1 美分的明信片，但总共也不到 9.5 美元。他很快就向商人提出了一些想法，因此他的工作（包括为每个案例写卡片）获得了更高的价格。第一个月的利润不错；第二个月，在刚从高中毕业的儿子的帮助下，他拿到了剩下的订单；到第三个月的时候，总利润足以购买更大的设备并让他的儿子做一个小生意。

把节目带给观众

狂欢节结束后，考克斯发现自己身处佐治亚州的一个小镇，他被迫在那里呆了几天，发现这个不到 100 人的小镇，没有娱乐设施，单调乏味，毫无生气。于是，他突然有了一个想法，这个主意给他带来了足够的利润，使大城市的戏剧家们都目瞪口呆。打算为离铁路几英里远的内陆地区生活的人们带来了一场演出，但他没有带演员来，而是带来了会说话的电影。

他去亚特兰大花 300 美元买了一个便携式的音响装置，然后把它放在他的二手卡车上。有了这些装备，他又得到了一个便携式屏幕和一部名为《战斗》的长达 1000 英尺的胶卷。第二天晚上，他在距离亚特兰大 100 英里的小镇上，举行这部电影首场演出。他为第一次演出租了一间教室，并邀请镇上的人参加。很多人都是第一次听有声电影。第二天，他又去了另一个城镇，再次租了一间教室，两场演出共有 175 名观众。两个城镇考克斯都收取了 15 美分的入场费，并决定将费用固定下来。第一周结束时，他的利润为 104.5 美元，因此他决定下周六在一个 1600 人的小镇上放映一部更好的电影，一部以音乐喜剧为特色的新电影被订购运往那个城镇。那个镇上出席的人数比其他镇上的多。事实证明，这是一本万利的，所以他打算现在每周播放两次。按照自己的日程安排，在前往下一个小镇时，他会沿途停下来在树上、栅栏和谷仓上张贴公告，公布下一场演出的地点，从而确保有很多观众观看。通过计算每周平均开支约为62美元，而每周利润略高于150美元，这是一笔相当可观的收入。

考克斯的想法可能会便于这个国家的一些地方实施，这些地方的城镇和村庄远离铁路和城市，主要是没有电影院。考克斯不会租用首映或第二次放映的电影，而是以低成本购买旧电影并反复使用。

点石成金

约翰·唐斯是得克萨斯州圣安东尼奥马里兰冶炼与精炼公司的老板兼化验员，他在城市的中心发现了金子。事情是这样的：有一天，唐斯先生碰巧在看当地一栋设有牙科诊所的大楼时，门卫从大楼的焚化炉里运走了灰烬，他突然有了一个想法。"给我一份那些骨灰的样本。"他说。他把骨灰拿到办公室化验，发现样品中含有足够的黄金，平均每吨价值140美元。

他的预感是对的。牙医与黄金打交道，用于锉、刮、塑形，很自然地，细小的黄金颗粒掉落在地板上，被扫了起来，最后变成了焚化炉的灰烬。于是他签约购买了这座建筑的清扫物。

就这样，美国最特别的企业之一成立了，考虑到所需的投资，这也是最赚钱的企业之一。从圣安东尼奥开始，唐斯迅速扩大了购买范围。他从达拉斯、沃斯堡和休斯顿的医疗办公楼中购买了大量清扫物，达拉斯其中一栋大楼的清扫物每吨包含价值700美元的黄金。

今天，唐斯先生从30个不同州的医疗办公楼里购买清扫物。他每个月会收到大约10吨骨灰和垃圾，化验费用从每吨100美元到2000美元不等。然而，阿拉斯加著名的朱诺金矿正在成功地运作，每吨黄金仅值50美分。

当然，这是一项专业业务，需要特殊的技能和知识，不是每个人都能做到。然而，它确实显示了隐藏在你身边的机会，只要你对它们密切关注并铭记于心。

卡车菜园俱乐部

纽约州的农民种植卡车菜园已经好几年了，并挨家挨户地销售。一段时间以来，他一直对自己劳动的微薄回报感到不满，但似乎无法找到摆脱困境的办法。一天晚上，当他站在农场外，思考如何以一本万利的方式将顾客和种植成果联结在一起时，突然想到可以组织一群人并为他们种植菜园。起初他的家人认为此想法不可行，但他坚持建立俱乐部，于是很快组织了一个百人团体。

每个成员可以选择想种的蔬菜——豌豆、甜玉米、胡萝卜、生菜和其他蔬菜，然后卡车农民在园地种植这些蔬菜。每排蔬菜种植、栽培和施肥的费用是1美元。成员们只要乐意，任何时候都可以开车前往农场，亲自挑选和采摘蔬菜。当他们的车满载着蔬菜离开时，十有八九还会在车里放一些蜂蜜、黄油或鸡蛋。这个农民很聪明，不仅能让顾客购买蔬菜，而且还向他们出售其他产品，从中获得一笔不错的收入。

为餐馆规划"小型晚餐"

住在芝加哥市的海伦·尤因被评为了优秀厨师,不久前,她结识了一位餐馆老板的妻子,谈到了家庭烹饪和餐馆烹饪的不同之处。"如果有人能教我丈夫制作品种多样的菜单。"这位朋友说,"他或许能够留住顾客。很多顾客不再光顾了,因为他们的菜品太单调了。"后来,在听说加利福尼亚州有一位餐馆经营者因各种各样的菜肴而获得成功后,尤因小姐决定开始研究菜单。

"在逛了很多餐馆并查看菜单后,我发现经营餐馆的人都想让自家菜单标新立异(脱颖而出)。"尤因小姐说,"我还发现,顾客需要多样化的菜单,每天都要有新鲜的东西,这样才能重新唤起他们对食物的兴趣。与此同时,我又想到,保持食物吸引力的秘诀就是要量少,这是厨师们获得'家庭烹饪'味道的唯一方法。因此,我安排了一系列称之为'小晚餐'的活动,把它们推荐给几家餐馆的老板。他们考虑后同意使用。我就是这样开始了现在的职业生涯。"

尤因小姐在芝加哥"大环"(指美国芝加哥市的商业中心)办公楼开设了一家办公室,开始向芝加哥的餐馆老板出售午餐菜单。她称这种不同寻常的业务为"规划服务",每月统一收取5美元费用。不到一年,她从近两百家餐馆获得了这项服务的订阅,利润也开始逐渐累积,成为一笔可观的数目。她只做了力所能及的事:计划简单、便宜的膳食。类似的服务也可以在其他城市开展并一本万利,因为那里的小餐馆老板缺乏想象力,无法规划出均衡、多样化的菜单。在为零售价为25美分或30美分的小型午餐制作菜单时,最好记住,餐厅必须确保所提供的每种食品的售价至少是零售成本的两倍,才能盈利。因此,一顿25美分的饭成本不应超过12.5美分。菜谱显示了每一种食物的适当数量,应该与这项服务一起每天提交,将相同的食谱发送给每位厨师。没有必要在这种性质的服务上投入大量资金。只需准备第一个菜单,将其油印,然后将副本邮寄给每个订阅者。在准备这些菜单时,一定要记住食物供应的季节变化。

开在卡车上的"修理"店

爱荷华州得梅因市 77 岁的乔治·伯利，凭借修理的绝技，过上了不错的生活。他的口头禅是"如果伯利修不好，就扔了吧"。

人们已经完全信任他，将自己最珍贵的物品托付给他。当然，建立这种信任以及由此产生的稳定客户是需要时间的。他通过学习该领域的标准书籍，如亨利的《二十世纪技巧、结构和加工》，了解了在这项工作中使用的规则。另外，他还制作并向顾客销售优质家具抛光剂而获取额外的收入。在制作这种抛光剂时，并没有试图与市场上任何便宜的抛光剂相竞争，而是通过制造高价产品来获得丰厚的利润。

他的大部分工作是在店里完成的，那里有合适的设备和工具来处理各种类型的维修工作。然而，在某些情况下，维修工作必须在客户的家里进行。

在费城，一名男子将"修理"业务发展成一支福特卡车车队。如果一名家庭主妇的水龙头漏水，或者电熨斗"坏了"，她就会叫"修理先生"来修理，而不是叫水管工或电工来修理，他们可能会收取两三美元修理费。一个小时之内，"修理"卡车开到门口，几分钟后就完成了维修工作。这项业务的成功在于，每辆卡车都配备了种类齐全的维修零件，可以修复房屋中几乎所有可能出现的问题，并使用街区系统加快服务速度。卡车司机必须与总部的"调度员"保持联系。接到的每一个电话都会被存档，司机打电话时，会收到一份他所在地区所有存档的电话清单。这样就可以向客户及时提供低价的服务。由于所需的维修零件和工具都在卡车里，而不是在水管工或电工店里，因此节省了取维修工具和零件的高额费用。

在每个城市配备一辆"修理"卡车很有必要。开展这样的业务需要的是对一些家用电器和设备的了解，约 50 美元的维修配件，一些特殊的工具，如"固定"水龙头阀门的铰刀，以及一辆可被改造成带轮子"修理"店的轻型卡车。

用"小额资金"开办艺术学院

你是否想过在闲暇的日子里,最可靠的赚钱方法之一就是帮助人们利用闲暇时间来丰富他们的文化生活?现今美国人越来越有"艺术意识"。商人们组织了艺术俱乐部,女性们由于电器的出现而从家务中解脱出来,转而开始投身于音乐、戏剧和其他艺术。刚毕业的年轻人发现工作机会很少,就开始学习绘画和设计。所有这些都为那些对艺术有了解的人们带来了机会。最重要的是,你可以在没有任何资金的情况下开办一所艺术学校。

当埃莉诺·维兰德决定创办纽约艺术学院时,她根本没有钱。于是,她给一栋写字楼的业主女儿教授一门艺术课程,以换取办公室租金。后来,她发现需要一名速记员和一名文员,所以她又用艺术和音乐教学来抵偿聘请速记员的工资。

一位女士送给她一架钢琴、两个大镜子、画架和一个模型架,以换取她女儿的绘画课,新的艺术学院很快就要开业了。开学那天,精力充沛的维兰德小姐招收了几个学生,很快就有足够的钱让她继续前进。

"我教一个木匠如何跳舞,以换取安装隔板的清洁工作;一位波兰厨师希望她的女儿成为一名舞蹈家,给她教授课程的费用用来支付员工的膳食费用,"维兰德小姐说,"最初几个月赚不了很多钱,但通过交易能让我渡过难关。大约有100名学生被录取,其中大多数人以这样或那样的方式解决学费,但也有少数人自己付钱。我创办这所学校是因为我厌倦了舞台,虽然我没有钱,但我还是下定决心要开办。"

这位意志坚定的小个子女人15岁便在巴黎夜总会模仿卢卡雷利、密斯盖特和伊冯娜·普林坦普斯。16岁时,她成为里昂歌剧院的首席舞蹈家。她在齐格菲尔德的"三个火枪手"中跳过舞,作为维尔玛班基的替身出现在电影中,并与塔拉瑟夫、科贝勒夫和福肯一起学习舞蹈。有了这样的背景,维兰德是一位称职的艺术导师,当时她觉得,她只需要一个开始的机会。

有抱负的年轻人,可能会找到一种方法,通过应用易货原则,就像维兰德小姐那样。如果你没有钱，就用易货贸易的想法来换取资金，开始做你能胜任的事。

迎合学童需求

住在芝加哥郊区的弗兰克·哈特曼太太发现收入减少时很难让家庭维持舒适的生活，她突然想到了为学校的孩子提供午餐和晚餐的主意。当她决定开始实施这个计划时，这个消息很快就传遍了整个社区。她9岁的小女儿告诉了学校的同学们，哈特曼太太也告诉了她的邻居、朋友、教堂和俱乐部的成员。她发现为一群少年准备午餐很有趣。孩子们说午餐就像聚会一样，他们热切地盼望着有一天妈妈去参加桥牌午餐或去芝加哥及其他地方，这样他们就可以到哈特曼太太家和别的孩子们一起吃午饭。

提供有营养的食物是让孩子们在哈特曼太太家用餐的一个重要原因。孩子们不再去学校商店买15美分的糖果、火腿三明治或一碗汤，而是花25美分买一顿营养均衡的饭菜。午餐包括牛奶或可可饮料、面包、黄油、水果甜点、自制饼干或蛋糕和主菜。冬天的主菜是热菜，比如烤鸡蛋、含有小肉块的烤饭，或者是塞满米饭或肉的烤番茄。夏天则供应全麦面包、蔬菜沙拉，或者填充白软干酪的西红柿，及其他一些凉菜。饭菜放在长长的饭桌上，每道菜都是精心准备的。只要有可能，她会提供各种精美的菜肴，比如独特的果冻、与众不同的冰糕、切成各种各样精美形状的饼干等。这些小改变并不意味着更多的开支，但确实需要更多的工作。然而，正是这种对细节的关注让孩子们一次又一次地回来。只要有可能，她就会迎合孩子对某一种食物的特殊喜好，依次搭配其他孩子喜欢的菜肴。她自己的小女儿坐在餐桌旁，让午餐团看起来像一个大家庭。

甜点15美分、牛奶12～15美分、一条面包8美分、主菜20美分、黄油5～6美分、再加上燃气费10美分，每顿饭的成本大约是70或80美分。一组10个人，每人25美分，利润大约在1.5～1.75美元，而这项工作最多只需要两个小时。晚餐费用为 50 美分，有两三个小客人为购买全家的晚餐，也会创造些利润。哈特曼先生是一个和蔼可亲的人，喜欢孩子们围绕在身边，他通常在晚饭后陪孩子们步行回家，确保他们安全到家。如果妈妈们想让他们在哈特曼家呆一晚上，每个孩子会额外收取 50 美分的费用。

有一次，她列出了孩子父母的名字，并让她的妹妹给每位母亲寄了一封信，信中描述了为孩子们提供的各种菜单。她还强调，烹饪时使用了最好的食材，并且为孩子们提供适合成长的食物，其中有几封信也寄给潜在客户，结果在她的午餐桌旁出现了一些新面孔。

将天赋转化为利润

商业成功的原则常常被忽视，那就是努力把一件事做得比别人更出色。这一想法在那句谚语（老话）中体现的淋漓尽致：寻找能做一个更好的捕鼠器的人，无论他在多远的地方。以枪支为例，你几乎不会认为"枪支治疗"是一门赚钱的生意，但枪就是这样偶然。然而，旧金山的杰克·罗斯克却发现它是非常有利可图的。

1927 年，还在上高中的杰克·罗斯克因为对枪支很好奇，经常去拜访一个枪械制造匠。他的一些问题对这位制枪匠来说太深奥了（他是个工匠而不是神谕师），却给他留下了深刻的印象。这个男孩是一个"天生的制枪匠"，他让杰克放学后帮助他，教他很多东西，毕业后收他为徒，直到生意难以为继。

然后，罗斯克开始打工，但他对枪支的兴趣从未减弱，他继续研究过去和现在的枪支。但很少有关于枪支主题的权威书籍，有些书籍还是限量发行。于是他加入了全国步枪协会，希望能找到关于枪支的书籍。最终，他能够看着任何一把枪就告诉你关于它的一切，这意味着他大概可以说出 9 万种不同类型的枪。

当罗斯克回到旧金山时，他的制枪师父重新开始做生意，但只能给他兼职的工作。修普通的枪，对于他这种专业能力很强的人来说不算什么，他的才能已被塑造成一种艺术，但是哪里能使他的服务变得有价值呢？

事实证明，任何一行的艺术家都会找到适合自己的位置。两年前在旧金山开了一家独特的店，被称为"远西爱好者商店"——收藏家的圣地。在这里可以找到瓷器、拓荒者的遗物、古装书籍，以及数百种稀有的东西。然而，它最值得注意的是收藏枪支。这家商店拥有太平洋海岸最大的枪支库存，超过600件，主要是收藏家的物品。其中有小德林格、1836年的大帕特森以及第一个柯尔特模型；精美的手工雕刻盒中有华丽的法国决斗手枪，还有普通的、坚固的纯美式步枪，比如丹尼尔·布恩用过的步枪。

我们需要的是一个对枪支历史和操作了如指掌的枪支专家，可以将商店购买的旧型号改装并告诉顾客库存的各种枪支情况。总而言之，我们需要一个在枪支进入商店到出售这段时间里负责管理枪支的人。这些工作都不容易，但杰克·罗斯克却能完美胜任。

他的天赋，加上他多年的学习和积累的经验，给了他第六感，使他能够在没有指导或先例的情况下将一个古老的、不完整的枪支模型分解，并重新组装整体。

他说这就像学习速记，"你要不断地工作和练习，直到它成为第二天性"。四年的机械制图和两年的木工手艺无疑给他带来了很大的帮助。

专攻小狗素描

　　戴安娜·索恩这个名字能让人立刻联想起一位成功的艺术家的照片。然而，索恩小姐经历了一段极其艰难的时期，在找到将自己的技能资本化的方法之前，她的收入只能勉强维持生计。像许多有才华的人一样，像许多有聪明商业想法的人一样，她对自己的工作缺乏正确的导向。

　　索恩小姐拥有在德国和英国学习的优势。但在伦敦19岁时（那时战争刚开始），她出售和修理打字机，当过记者、打字员、剧本作家，干过任何谋生的工作。她发现没人需要她的素描，她感到绝望。回到纽约后，她以打字为生，养活自己和弟弟妹妹。她承认，要不是那条狗，她今天可能还在挣扎。她在一家宠物店发现了它，它的身世不必仔细检查，但它却是一个了不起的模型。她被小狗的滑稽动作、矮胖笨拙的身型以及对周围的陌生世界表现出的困惑逗乐了。她给它画了一幅又一幅的素描，1926年卖掉了第一幅画，这幅画是关于一个年轻女孩在一只小猎犬后面以极快的速度滑冰，称之为《罗琳的家》而备受关注。只要把一只可爱的小狗放在照片中，就能区分"售出"和"未售出"。

　　她发现90%的人喜欢狗，尤其是小狗。一张小狗的照片就能"打动他们"。于是她用铅笔和画笔描绘出它们各种神态、各种姿势。索恩把狗画得越多，画得就越好。人们停下来看她的画，因为画中的小狗很逼真，所以很吸引人。索恩在广大爱狗人士中很受欢迎。不久，狗主人们就请求她为自己的狗画素描。今天，来自世界各地的纯种宠物被带到她这里，让她画素描。她已成为当地和欧洲著名的小狗插画家。她画的斯科蒂斯，被认为是画过最好的。然后你看到西班牙猎犬，会认为它们是最狡猾的。然而，波士顿梗犬可能更能激起你的兴趣，和戴安娜·索恩一样受欢迎。

　　如果你觉得你拥有某种天赋却无法取得成功，你的业务由于某种原因而没有成功，那就寻找一个能让你在工作中超越竞争对手的想法。如果你做东西，就要想办法让它们对买家有吸引力；如果你卖东西，你可以改变销售方式，这就是成败的区别。无论你做什么，你都可以打开一些新的思路，为你打开一个市场。

关于"手提袋"的新观点

"这是我赚 1000 美元的秘诀，"切斯特·瑞安说，"找一些'金色挖掘机'，这种新奇的机器看起来像小型起重机或挖掘机，只需 1 美分或 5 美分即可运行。里面放着价值五六美元的新奇商品，还有一些糖果，小挖掘机将根据您的运气挑选糖果或新奇商品。这些新奇商品包括照相机、精美的点烟器、手表、钢笔等类似的物品。这些新奇物品可以由店主兑换或由幸运玩家根据需要保留。我买了好看的照相机、火机、钢笔，我还可以买到更便宜的物品，但它们的外观并不好看。这是你成功的一个重要因素，要让人们'购买'你的照相机、打火机、手表等产品的秘诀是他们的外观质量。它们必须看起来很好，而且看起来很容易被'挖掘者'捡到。"

"虽然在这种情况下，任何物品的零售价可能只有一两美元，但冒险的乐趣似乎足以吸引大多数玩家。这台机器不需要维修，总是能运转。然而，当我开始使用它们时，误以为可以用劣质商品获得认可，也不知道如何挑选放置机器的最佳地点。

"意识到一个好位置抵得上十个差位置，我研究了选择地点的方法。我了解到，想赚钱的人必须像选连锁店的位置一样科学地研究地点。他必须检查进入药店、理发店、雪茄店、糖果店或熟食店的人数，应该知道什么时候有一大群人进来，以及是否有一大群人。他会发现，如果一群人在一个地方闲逛一个小时，在当晚几乎没有更多时间光顾而离开，这台机器就没有机会。那么，一台机器每周顶多只能赚 10 美元左右。然而，在任何一个城市的好的街区角落里的小酒馆、咖啡馆、药店或糖果店，整个下午和晚上都有人进进出出。如果商店里一直有 5 个以上的人，可以笃定挖掘机上的收入会相当不错。放置在这种位置的机器每周很容易"赚取"25 或 30

美元的利润。

"我向店主支付现金箱中金额的 35% 作为佣金，扣除赎回费用。这是一种自由分法，但后来我的机器放在好的位置，就不同了。一年前我在一家药店里放了一台机器，一天要卖 29 美元。这个地方整天都很热闹，许多医生断断续续地出现在那里，他们每次出去都往机器里投入 0.5～1 美元不等。因为这个地方的生意很忙，我每隔三四天就得去买一趟新货。

"'金色挖掘机'如此受欢迎的一个原因是因为普通人相信自己能打败这些机器。事实上，没有机器是制造出来就可以被打败的。这是为了盈利，而且一直如此。但这种信念却足以促使人们反复玩这些游戏。他们不在乎赢了什么，目标是赢得比赛。有些人确实战胜了它，但大多数人没有。所有人都为了比赛的乐趣和获胜的运动而玩游戏。这是激发每个玩游戏的精神动力。"

在他经营这些机器的头 5 个月里，瑞安的利润总计超过 1000 美元。他一次性付清了账单，这些机器每台花了 89 美元。如果你打算经营这种类型的机器，最好从一台或多台二手机器开始，可以以较低的成本购买。这种生意确实可以赚到钱。

为母亲服务成为一门生意

每时每刻都有新生儿出生，意味着要有一个为母亲提供各种服装、装备、玩具和其他生活用品的市场。要想吸引新生儿母亲中的大多数人，还是得由女性来想办法。迪迪洗涤公司创始人知道这些母亲很想找个人来帮她们减轻婴儿出生后的第一年无休止的洗衣工作，于是她与丈夫阿尔伯特·刘讨论了这个想法。起初他持怀疑态度，但决定试一试。由此，迪迪洗涤公司应运而生。

这项服务吸引了很多有小婴儿的女性。公司在纸巾供应服务理念上有所发展。它为婴儿提供餐巾纸，清洗脏衣服，留下干净的"必需品"。当然，像这样的生意必须建立在绝对清洁和卫生的基础上。在迪迪洗涤工厂的一次参观毫无疑问地证明了这不仅是口号，也是绝对的事实。这个想法非常成功，现在迪迪洗涤公司有十几家分支机构在经营。这些不是真正意义上的分支，因为每个子工厂都独立于母工厂。分支机构的经营者仅为使用迪迪许可证的特权支付费用。

这种赚钱的生意再一次证明，当一个社区确实需要某种服务时，那些经济而有效地提供这种服务的男人或女人很快就会赚到第一个 1000 美元，甚至更多。

在商店里放一张台球桌

在俄亥俄州哥伦布市马丁旗下的一栋大楼里经营雪茄店的租客只续签了店铺面积 1/4 的租约时，马丁很担心。那个时候很难再找到商店的租户，似乎没有人愿意租店铺的后半部分。马丁很快就放弃了找房客的希望，转而考虑自己利用这些空间获利的可能性。

对雪茄店运营的一项研究表明，年轻人更倾向于留在店里，他们可以在傍晚和晚上与朋友见面和交谈。每天下午 4 点以后，雪茄摊上总会有几个男人围着，他们似乎无事可做。马丁认为，迎合这些人，给他们提供有益身心的娱乐活动，有助于雪茄销售，是有利可图的。

马丁决定在商店里放两三张袖珍台球桌。大多数时候，店里的男人，足以让人期待一场公平的台球比赛。他的租客很喜欢这个主意，因为他知道进店的人越多，雪茄和香烟就卖得越多。桌子和设备准备就绪，马丁的台球室开业了。每根球杆收 5 美分，或者以每小时 50 美分的价格把桌子租给玩家。然而，很少有人按小时租用桌子。通常两三个人或四个人玩完一局后付钱。下午和晚上玩的人最多，第一个月的利润是 156 美元。

马丁在桌子和设备上的总投资是 198 美元。这些桌子是从制造商那里买来的，经过翻新，放在店里时使用状况很好。他以延期付款的方式购买它们，因此只需要很少的现金投资。

在许多城市都有开设袖珍台球室的机会，而且可以从各地的制造商那里买到翻新设备，位置优越的商店空间也很容易获得。通过与理发师或雪茄经销商安排使用理发店或商店的空间，租金会降低并可以保证利润。

随着时间的推移，业务蒸蒸日上，从中积累了数千美元的利润可以扩展自己的商店，摆放更多的桌子。这是一个不需要特殊培训的行业，也不会束缚你。它提供了许多赚钱的"副业"机会。

例如，角落里的可口可乐冷却器几乎足以支付房租，而一些别针游戏或类似的景点肯定也能赚钱。在闲暇时间，有一个真正的机会来开办企业，为社区的人们提供有益健康的娱乐设施，这几乎是一种"顺其自然"的业务。赚1000美元没有比这更简单的方法。

流动图书馆的成功取决于满足客户喜好

芝加哥的沙利文兄弟俩通过调查流动图书馆业务发现，那些定期向读者提供图书的图书馆，比等待读者有兴趣时来图书馆买书，会获得更大的利润。他们没有提供临时业务，只在城市北侧的一座办公楼里租了房间，并储备了有权威性作者的几卷书。将一打这样的书装在一个购物袋中，每本书就开始在密歇根大道和城市中央商务区的大型办公楼中流通。秘书、速记员和书记员在很大程度上是他们的目标客户。当他们拜访的一位秘书对他们提供的权威性作者不感兴趣时，沙利文兄弟询问她对书籍的喜好，并问她希望想看什么样的书。

他们根据所拜访办公室人员的喜好和要求的方式编制图书清单，最终建立起一个有几千册藏书和2800名顾客的图书馆。这个漫游图书馆的会员收费标准为1美元，3美元及以上的书每周租金是50美分，2.5～3美元的书租金是35美分，2.5美元以下的书每周租金是25美分。沙利文兄弟有固定的时间去拜访特定的办公楼，每周拜访一次所有的客户。

为了不让自己在日常工作中超负荷阅读不必要的书籍，每晚在准备第二天早上要拜访的客户前，他们都会查看第二天要拜访客户的档案卡，标注他们已经阅读过的书籍并挑选适合客户喜好的新书。例如，如果一个客户开始读《雅尔纳》或《雅尔纳的白橡树》，接下来肯定会想读《芬奇的财富》，而后是出自同一作者的《雅尔纳大师》。一个喜欢休·沃波尔的客户会很高兴读到《凡妮莎》；喜欢威廉·福克纳的客户可能也会喜欢厄斯金·考德威尔。

《孤独之井》出版后，兄弟俩买了400册，每周收取50美分的租金，只允许会员持有一周。两年来，这400册书一直在流通。另一本畅销出租的书是米切尔太太的《飘》。这本书也买了400册，一直在流通。

这样的书给沙利文兄弟带来了可观的利润。然而，他们对《尤利西斯》的猜测是不准确的，他们超量购买了一本并不受公众欢迎的书。

熟悉客户，了解他们的喜好，当拜访的客户忙于打电话时，要有耐心和时间等待，赢得她的满意，才能获得更多稳定和满意的客户。在任何行业中，满意的客户就是最好的广告。

为艺术家提供剪报服务

当卡尔·杰克逊向艺术家和他们的朋友推销杂志订阅时，了解到他们在画画时经常找不到合适的插图。在城市的公共图书馆虽有插图文件，但需要花费大量的时间来寻找，而时间对艺术家来说就是金钱。所以他开始为艺术家提供剪报服务。过去的两年里，他从这项业务中每年挣1500多英镑，几乎没有其他额外花费。

杰克逊指出："好多艺术家，这个领域的领导者，利用我的服务，就像那些雇不起模特的穷人一样。"

"在芝加哥，有好几百个男人和女人靠这样或那样的艺术作品谋生。他们买不起所有杂志（尤其是价格较高的外国出版物）。但每个杂志上都有艺术作品。我从一组精选的杂志上剪下精心绘制的插图并将它们编入索引。我可以为艺术家提供他们想要的任何有关素描的插图。例如，一位艺术家被要求画一幅描绘罗宾汉时期弓箭手的画之前。之前他不得不去图书馆，查找所需的照片，画几张草图。但他现在只需给我打电话。我打开文件档案，挑出两三个发给他，他只要花3美元。

"你看这儿有47个钢制文件柜。我从一个钢制文件柜里的30多本杂志开始，剪下每张插图。因为他们有一些特殊的工作，比如为学校教科书配插图，或者为一本杂志画一幅旧墨西哥的图画，他们需要的剪报，恰巧我有。我从杂志上剪下的插图获得的费用使我能够购买订阅一些主流期刊和歌曲。不久我的业务利润越来越丰厚。然后我给几家电影公司写了信，解释了我为艺术家提供的服务，并提到他们中的一些人要求将电影明星的照片用于杂志。我得到了两家工作室的许可，他们同意寄给我的照片都不会以任何方式用于广告。电影工作者在艺术上展现他们的主题有非凡的能力，而艺术家们渴望这些照片，他们以好价钱把它们全买下了，其中一张照片，我收了75块钱。

"在很多情况下，艺术家会归还剪报。如果艺术家归还的剪报完好无损，我就给他打五折。我平均每天有9次剪报电话。大部分剪报都被退回到我的文件中，平均每笔订单的费用是1.8美元。"

类似为艺术家提供的服务，在任何城市都会有，这样的服务会受到高度赞赏，而且实际上不需要投资，同时对你来说也是非常有利可图的。

65 岁开始印刷业务

半个世纪前，在伊利诺伊州罗斯维尔小镇，弗兰克·弗莱利决定学习印刷业务。他的继父是那个村子里一家旅馆的老板，在他成为一个"印刷之父"之前，大部分时间都在餐厅服务、给老式炉子添煤，以及在小镇旅店做零活。那个时候，印刷工人是行业中的贵族，穿着长礼服和戴着高级丝质帽子工作。对一个年轻人来说，成为这样一个大人物的想法是很有吸引力的。

后来他成为了一名印刷商，而且是一名优秀的印刷商。接着，他从罗斯维尔漂泊到丹维尔，后到布卢明顿，再到斯普林菲尔德，最后来到乌尔班纳，在那里他度过了一生中的大部分时光。有一段时间，他还在当地几家商店当领班，甚至还在《乌尔班纳快递先驱报》工作过。弗莱利最终成为了著名的印刷商，他计划每一项工作时，就像画家画一幅画或音乐家写一首曲子一样，对艺术有强烈的感情。如今，很少有印刷商可以与"印刷之父"相提并论。

但是印刷厂老板的生活很艰辛。弗雷利的儿子已经从大学毕业了，似乎没有理由让他再继续如此努力地工作。他卖掉了自己的生意，成为双子城印刷公司的主管。他有自己的房子，积攒了足够的钱，可以过上舒适的生活。但他不想放弃印刷油墨的气味或戈登印刷机的叮当声，打印机对他的吸引力就像马蹄声对马戏团演员的吸引力一样强烈。他打算继续工作，直到他在人间的日子结束。

但是有一天，这家店的老板决定让一个年轻人来管理这家店。"印刷之父"弗莱利已经 60 多岁了，该退休了。"年纪太大了，不能再工作了，你应该做点简单的事。"老板说。这句话困扰着所有 50 岁以上的人，也是在大萧条时期成千上万人听到过的。所以七年前，他们在双子城印刷公司的办公室前台和"印刷之父"交谈后，那天晚上他就离开了，被打上"太老不能工作"的烙印。

但"印刷之父"弗莱利和大多数面临同样问题的男人之间有些不同。

他不认为自己老了，也不打算做点简单的事。他不喜欢等死。那天晚上，在弗莱利家召开了一次"董事会议"。出席会议的成员是弗兰克·弗莱利夫妇。"我要在这所房子里开一家我自己的小店，"公司的总裁说，"我去买些打字机、印刷机、刀具以及其他东西，在这两个镇上有许多人了解我的工作，喜欢我的工作。他们会很乐意给我提供尽可能多的工作。我现在就到地下室去准备。"

这个决定才开始发酵，没有哪个女人希望自己的地下室里有个印刷厂，而且噪音太大，混乱不堪。因此，他们最终妥协，决定建一个只能容纳一辆车大小的小车库印刷室。在那个砖砌的车库比游客的小屋还小，却诞生了"印刷之父"弗莱利。

弗莱利建立了一项新业务，因管理费很少，很快就实现了盈利。仅1年左右，地板上就堆满了主打印机的设备和工具。"印刷之父"的印刷品很出色的消息很快被传开了，他只雇佣了一个年轻人踢印刷机，一个女孩做装订工作，这个"年纪大了不能再工作"的男人在他的小砖印刷厂里平均每周净赚100美元。

弗莱利为什么能成功？也许，"印刷之父"自己引用爱默生的一句话解释了他成功的秘诀："如果一个人能写一本更好的书，能更好地宣扬，或者比他的邻居制作的捕鼠器更好，即便他在树林里建房子，世界也会开辟一条通往他大门的捷径。"捕鼠器也好，印刷也好，都是一样的。一个在任何一种技艺上都出类拔萃，且体魄强健、精神抖擞的人，就不必害怕年老的魔咒。

做一个"自由摄影师"

拍摄"有人情味"的照片可以赚大钱——李·克拉克证明了这一点。过去的几个月,他在芝加哥四处拍照,平均每天挣 15 美元。

当克拉克参加了一家外地报纸举办的比赛后,开始"拍摄"一些有人情味的照片。这家报纸承诺每刊登一张照片支付 5 美元。克拉克决定用参加比赛赚到的钱买一台相机。他拍摄了芝加哥及其周边景点的"特写"照片,并寄给报社。一周后,他收到一张 80 美元的支票,用于支付 24 张照片中的 16 张。在接下来的 3 个星期里,他陆续收到了来自全国各大报业集团和广告公司共计 70 美元的支票,用来购买他的照片。显然这是一大笔钱。

"很多照片卖不出去,"克拉克指出,"因为它们的构图很差,或者缺乏人情味。你可以单向拍照,但没有任何意义。然而,从一个'尖锐'的角度拍摄照片才会脱颖而出。小猫、小狗、婴儿和名人的照片最畅销。抓拍一张小猫从鞋边探出头来的好照片,就能从报业集团那里赚到 5 美元或更多的钱。我把 3 只棕色卷毛小狗放进一个铁丝纸篓里,快速拍下它们的特写,然后从纽约的一家广告公司那里拿到了 20 美元。后来他们用它来为客户的罐头狗粮做广告。"

李·克拉克的图片之所以畅销的另一个原因是,他分析了目前在全国广告中使用的图片,观察了图片的发展趋势后,然后他相应地输出所需的照片。

因为冲洗、打印底片和印刷品与照片的销路有很大关系,克拉克让最了解如何获得结果的专业人士来完成。有些摄影师更喜欢自己冲洗胶卷。冲洗一包胶卷要花 20 美分,打印一张照片要花 5 美分。当然,并不是他拍的每张照片都能卖出去,但他的平均销量约为所有照片的 1/9。他每天拍摄 35～40 张照片,胶片、打印和冲洗在内的费用每天接近 6 美元。

通过相机磨砂玻璃研究拍摄对象,可以很容易地找到拍照的最佳角度。磨砂玻璃中显示的图像与成品照片中显示的图像完全相同。在业余时间对相机进行研究是有利可图且令人愉快的。报业集团、杂志出版商、广告公司、百货公司、服装店和学校为合适类型的照片提供了市场。如果你有良好的"相机意识"和技能，你可以为不同寻常的照片找到良好的市场，例如代顿的约翰·卡贝尔通过旅行拍摄的"日历"照片，每年能挣到 1 万美元以上。你能想象有什么比这更令人愉快的事情吗？

销售信息

每个城市通常有四五个经销商销售各种家居产品，有销售洗衣机的电器经销商、销售燃气灶的公用事业公司、卖收音机和卖油燃器的商店等。所有的商人都在寻找"潜在客户"，也就是说，他们需要知道镇上考虑购买他们设备的人的名字，这样他们可以通过拜访让客户对他们的设备感兴趣。

挨家挨户的征求意见获得的"线索"是昂贵的。虽然经销商正在做这样的事，但花费太大了。如果可以让这些经销商用较少的钱就可以获得"潜在客户"，他们会欣然接受的。一位失业的广告人认为，通过亲自走访镇上的每家住户，拜访一个住户相当于经销商打 5 个电话。

因此，他在打印时留下空白，列出各种各样的问题。例如从家庭主妇那里可以获得以下信息：你使用真空吸尘器吗？使用多长时间了？打算什么时候换个新的？你可能会买什么牌子的吸尘器？他用"罗克福德家庭设备调查"这样的标题来凸显这些空白。活页夹里装着大约 50 张这样的空白纸，他开始打电话这样介绍自己："我叫斯塔姆，正在为《罗克福德星报》的一篇文章对罗克福德家庭使用的家用电器进行调查（他此前曾联系过该报的出版商，后者表示他很乐意在自己的新闻专栏中发表调查摘要，这对他的广告客户有帮助）。请你回答几个关于你家里使用的煤气和电器的问题可以吗？"

接着，他去找那些经销商，向他们说明从电话中获得的信息，并询问他们是否愿意为获得的每条线索支付 25 美分。他承认，有些线索可能是经销商已经联系过的人，但他表示，这些存在的比例很小。大多数情况下，他获得了经销商没有的数据，这些数据对经销商很有帮助，例如，客户对经销商的竞争对手经营设备的偏好。当然，这个建议只对行业的一个经销商提出，先到先得。

斯坦姆拜访的每一个案例，都至少为他的一个"客户"获得了线索，在许多情况下，他为所有"客户"都取得了线索。他发现他可以在一天之内拜访大约 40 个房主，不分白天和晚上。扣除打印调查问卷的成本，剩下就是净利润，你可以算出他花了多长时间赚到 1000 美元。

寻找稀有硬币

报纸上有一篇关于一位女士以 400 美元的价格将半元银币卖给硬币收藏家的报道，促使威廉姆斯利用业余时间来寻找稀有硬币。他拿到一张"想要的"便士、5 分镍币、25 分硬币和半元银币的清单，并记住了所有提供高价的硬币的日期和铸币标记。每天晚上，他都要检查白天在餐馆、雪茄店和加油站兑换纸币时所得到的每一枚小硬币，这种工作获得了可观的利润。威廉姆斯宣称，许多硬币的价值超过其面值的 1000 倍，每天有成千上万的硬币在全国流通，其所有者并不知道它们的价值。

"我卖出的第一枚硬币是 1913 年的自由头像 5 分镍币，得到了 50 美元，并鼓励我去寻找其他稀有硬币。"威廉姆斯说。几天后，他从一名电车售票员那里得到一枚 5 美分零钱，是 1803 年铸造的银币。"那个售票员把那枚小银币递给我时，以为是 10 美分零钱。然而，我很高兴得到它，因为几天后我以 30 美元的价格把它卖掉了。大约一周后，我在一个午餐店排队付账，排在我前面的那个人正在和收银员争论用一枚硬币换取 1 美元钞票的事。它是 1853 年铸造的半美元硬币，收银员说它和其他没什么区别。'我买了。'我尽可能漫不经心地说。两周后我卖了 165 美元。"

威廉姆斯不都是通过这种方式得到他所有的稀有硬币。他从朋友和邻居那里低价买了一些,然后再转手赚了一大笔钱。他的一个朋友在自家后院挖出了一个旧铁罐,里面有 7 枚 1894 年的 10 角硬币,知道威廉姆斯正在找这些硬币,就全都给了威廉姆斯。威廉姆斯仔细地看了看,挑了一枚并付了 1 美元。他的朋友心甘情愿地出售它。"你看,"威廉姆斯解释道,"他认为所有的硬币都具有相同的价值。不过我挑的那枚是 7 枚中唯一一件价值超过 10 美分的。那枚硬币上因有一个'S'铸币标记而变得很有价值。最终,我得到了 100 美元的报酬。"

在美国发行的硬币中包括:1796 年发行的半美分硬币,最高价 75 美元;1799 年发行的 1 美分硬币售价高达 80 美元;1802 年的 5 美分硬币售价高达 150 美元;1827 年的 25 美分硬币售价高达 300 美元;1838 年新奥尔良铸币厂在半身像和日期之间标着"O"半元银币售价高达 500 美元;1853 年的半元银币售价高达 250 美元;1804 银元最高可达 2500 美元;1885 年贸易银元价格最高可达 250 美元;1863 年带有"S"铸币标志的 2.5 美元的金币高达 250 美元;产自北卡罗来纳州在花环下方带有字母"C"的金币最高可达 500 美元;1873 年发行的 3 美元金币的价格高达 1000 美元;1822 年面值 5 美元的金币则高达 5000 美元。数百种其他硬币的价格在 15~70 美元。

任何人都可以用业余时间来寻找美国硬币而获利,可从可靠的硬币收藏家处获得所需硬币的完整清单。这些清单上标明了日期、标记和其他规格,以便你能辨认出所要的硬币,以及收藏家愿意为它们支付的价格。通过放大镜检查(你可以在任何一家新奇商店花 25 美分或 50 美分买到),经过处理而光滑的硬币,特殊的铸币厂字母和标记变得清晰,无法用肉眼检测到。

当你拥有一枚罕见的硬币时,请把它寄给硬币经销商,他会立即给你寄来支票。但要确保硬币收藏家是可靠的,和邮票商一样,硬币经销商中也有很多冒牌货。

开在家里的手工店

来自伊利诺伊州威尔梅特的林德斯特伦太太一直是一个精力充沛且忙碌的女人。当她丈夫整修地板的生意开始走下坡路时,她决定放手一搏,增加家庭收入。

她很擅长缝纫,所以萌生了在自己家里开一家"手工店"的想法。她在当地报纸上登了一则小广告,宣布这家"手工店"可以缝补、改装衣服,以及做许多妇女因为不喜欢或没有时间而忽略的小零工。

广告刊登后不久,有许多小缝补工作接踵而至。后来,随着她的声名鹊起,不仅接了修补的工作,还接到了缝制新衣的订单。很快他们那幢老式大房子餐厅的角落就容纳不下她的业务,需要把带有凸窗的餐厅变成一个工作室,储物架和挂成品衣服的衣柜都靠在了墙壁上。

林德斯特伦太太很快就不再从事修补工作,过去的4年里,她一直忙于制作帷幔、精美的缎面被子、贴花和拼布工作被,以及常规的服装制作。最近,她不得不聘请助手来帮忙。

有一段时间,"手工店"是这个六口之家唯一的支撑。现在丈夫有了另一份工作,两个儿子也有了工作,女儿们都去上学了,店里比以往任何时候都要忙。开"手工店"的想法一直是林德斯特伦太太的"宠物梦",但要有真正的需求才得以发展。如今,她的客户中有一些是芝加哥北岸的中产家庭和拥有几家大型室内装饰商店的老板。

当你问她是否要退休时,因为现在这个家庭没有她的事业也能过得很好,她很快回答说:"哦,不!这是我的事业,只要有订单,我就会全力以赴。"到目前为止,每年的利润都比前一年有大幅增长。

捕虾女

佛罗里达州房地产泡沫破裂后，赛迪·米勒和其他许多人一样破产了。在四处寻找让自己重新站起来的方法时，她发现了"捕虾"。当她第一次经营虾码头时，她雇了一个帮手，但他还在度假，于是她决定自己经营。

"捕虾"对任何人来说都是一项艰巨的工作，对女性来说尤其困难。在旺季，工作不分昼夜地进行。赛迪·米勒和她的助手们穿着橡胶工作服和齐臀靴，寻找这种难以捕获的小虾，而这些小虾正是渔民们迫切需要的鱼饵，无所谓大小。由于虾的栖息地每天都在变化，因此在冬天捕杀它们更有难度，所以也更值钱。1月、2月和3月属于稀缺季，一打虾售价50或75美分，夏季的价格低至25美分。然而，赛迪·米勒从不以低于100美分的价格出售。

从一个小生意起步，到旺季已经发展到需要很多帮手。虽然"捕虾"并没有让赛迪·米勒变得大富大贵，但她却从中赚了几万美元。

租赁轮胎解决销售问题

当你想到一个轮胎站时，你也许会想到一个人买了几百个轮胎，申请营业许可证后，租了一个商店，开始做生意。哈罗德·霍尔特就是这样开始的。他在设备和库存上的投资不到300美元，但他并没有投资成功。直到一位朋友建议他学一些商业管理的知识，他才意识到入不敷出是因为他缺乏经验。于是，他咨询了一门商业管理课程，并进入了一所评价不错的函授学校学习。经过3个月的学习，他开始改变。完成所有课程后他开始朝着他的第二个1000美元前进。

"一开始,我以为所有的商业管理课程都只会教我簿记方法等,并不会带来任何收入。我的簿记不需要系统化,我真正需要的是创建新业务的想法,维持我现有的业务。在课程开始时,我惊讶地发现许多课程都是有关的商业建设理念。这里引用一个例子,展示了一个人如何利用一个想法,把它应用到自己的业务中,并最终赚得盆满钵满。这就是"赫兹自动驾驶"的想法。我经过仔细考虑,决定尝试一个类似的方法,比如应用到汽车轮胎上。我计算了一个轮胎的批发成本,以及根据轮胎租用的天数支付一个轮胎所需的费用。我对其中的利润感到惊讶,但我不相信有人愿意租汽车轮胎。于是我挂了一个牌子,以每天 25 美分的价格给驾车者租用一个新轮胎。

"第二天早上,有两个男人来了,每人各租了四个轮胎。我拿了他们的车牌号,换了轮胎。他们说需要新轮胎,但没钱买,我向他们保证一半的租金用于购买新轮胎,他们听了很高兴。那天晚些时候,我又出租了 6 个轮胎,换轮胎的最低费用是 75 美分,两天的租金为 50 美分。在这个星期结束之前,我租了 26 个轮胎,其中 24 个被租客买走了,另外两个被退回,租金也全部付清了。"

所以企业管理培训是很有价值的,不仅有助于极大地减少费用,而且可以防止你因为缺乏经验而做出危险的决定。这类课程的价格差别很大,但都可以通过每月几美元的延期付款获得。

52 种女性赚钱的方法

一位从事兼职工作 8 年、拥有多项技能的女性声称,任何一个女人只要愿意工作,都可以在业余时间赚钱,不要轻视任何一份工作,因为它或许是一种迅速和可靠的赚钱途径。

她强调了让你所在社区的每个人都知道你可以胜任各种工作的重要性。"拜访你可能会服务的每个营业场所,不要请求工作机会,但要留下你的姓名、地址以及电话号码,并表示在紧急情况下,你很乐意为他们提供服务。

请女性俱乐部、教会社团和其他组织证明你的资质,也可以联系医生、红十字会证明你的健康状况。询问与你从事一样工作的女性,当她们太忙而无法接受工作时,能把机会转赠给你。反过来,请记住在任何可能的情况下,你必须将工作机会回赠给她们。许多紧急工作可能因无法联系到人而丢失,因此自己必须要有个电话。不要拒绝看似比较小的工作,如果只是一个小时的工作,就接受它,很多短时工加起来一个月就结束了。"

如何在业余时间赚钱的最好方法是把你能做的事情列一个清单。当你开始列这个清单的时候,你会惊讶于这些年你所取得的成就。下面的列表包含了大多数女性都能做的事情。事实上,你可能因为能够处理更多这样的工作,而不会遇到工作相冲突的困难:

书评组——任何一个"博览群书"的女人都可以通过召集15~20个女人组成阅读俱乐部,评论现有的书籍,这是一种愉快而有益的消遣方式。这类俱乐部大约每周聚会一次,收取小额会员费,作为书评者的报酬。在芝加哥郊区有一个这样的阅读俱乐部,有30个会员,他们支付10美元来听12个系列的讲座或评论。在这种情况下,负责做书评的女性与当地的一名女性安排召集她们的朋友加入俱乐部。作为对她的合作回报,她不需要支付会员费。

为外地顾客购物——小镇上的专业购物者为她的顾客节省时间和车费。她不需要向他们收取额外费用,因为城市商店给购物者的折扣高达10%或15%。每周去一次城市的购物者可能会赚到15~40美元,甚至更多。

为流通图书馆送书——图书馆可以通过向顾客送书来增加流通。如果你有车,你可以一天送两到三趟。一次可以给几个商店送货来增加收入。

教授跳交际舞;孩子们也一样——可以在自己家里教小班。收音机或留声机提供音乐。如果您所在的城市没有大型学院,开办这样的学校或许可以获得成功。门口可以支付入场费,也有出售季票。设一个茶点吧(这可以租给别人),尽你的所能聘请一个优秀的管弦乐队。

占卜——今天,茶室发现占卜师的加入促进了生意的发展。可以用卡片、掌纹或水晶来预测未来,占星术也很受欢迎。如果你能清楚地判断人性,你会变得相当熟练。关于占卜的书籍有很多,只需学以致用即可。这在夏季和冬季度假胜地也是一项有利可图的业务。

在教堂合唱团唱歌——许多教堂为这项服务付费,当然你必须有一个动听的嗓音。

侍应生——只供应午餐和晚餐的茶室在高峰时段需要额外的帮助。酒席承办商、酒店餐厅和旅馆也需要雇佣额外的帮手,把你的姓名和电话号码留给经理。

教授桥牌——许多桥牌高手发现,当家庭收入开始下降时,可以找到一种高收入的方法。桥牌可以由私人授课(费用通常较高)或团体授课。如果在家教授团体桥牌,每人每小时收费 25 美分是合理的。

生病期间全权负责一个家庭——当一个母亲在医院或在家里休养,家里需要有人来照顾家庭和孩子。这通常是一份紧急工作,薪水也很高。

女孩夏令营的辅导员——如果你了解孩子并且可以轻松地应对她们,这份工作不仅能给你带来收入,还能让你度过一个愉快的夏天。

如果你有车——每天早上开车送四五个邻居上班,晚上接他们;提供驾驶指导课程,一节课可以给你带来 1 美元或 1.5 美元;送一群孩子上下学。把你的名字和电话留给当地的酒店和旅行社,并为想要参观小镇的游客提供服务。如果附近有避暑胜地,配合火车或轮船,将游客带到他们的酒店。

缝补亚麻布和精美的花边——稍加练习,你就能成为这方面的专家。缝补亚麻布最佳方法之一是在磨损或撕裂的地方织上亚麻线,这些可以从褶边里面固定。修补花边比较困难。然而,一些关于花边的书会给你指导。

清洗窗帘和精致的亚麻布——大多数女人对窗帘和精致的亚麻布很挑剔,不喜欢把它们交给普通的洗衣店。通过出色的工作,在该领域建立声誉是一件简单的事情。在尘土飞扬的大城市,按合同要求每年清洗一定次数的窗帘,每次洗窗帘按规定的金额支付。

教高尔夫球——许多女性高尔夫球打得很好,对学习如何打高尔夫比赛很感兴趣。收费从每小时 2 美元到 4.5 美元不等。

开设公开演讲课程——围绕公共演讲能培养你稳重的气质的理念来构建你的课程。俱乐部的会员和商人都可以接受这个想法。如果你在学校培养了很强的辩论能力,你可以应付这样的课程,只需研究一下已出版的关于公开演讲的书籍。

在假期期间辅导学生——如果你有任何教学经验,或者如果你一直在帮助你的孩子学习功课,你就有资格从事这份工作。

夏季让孩子在家里寄宿——如果你家在乡下或海边住,房间很宽敞,你可以安排几个孩子来寄宿。一个舒适的现代化农场，孩子们可以在这里得到锻炼和享受美食，是一个理想的地方。

洗染机构——开一个机构，尔后等着工作来找你是不够的。你必须出去寻找订单。这项业务的优势之一是有机会获得重复订单。

房地产租赁中介——这项业务可以在自己家中处理。联系你所在社区和邻近地区的业主。如果您遇到这样的机会，不要忽视任何出售房地产的机会。事实上，当你成为一名租房中介后，可以扩展到房地产销售，可以研究一下房地产法律和合同方面的书籍，但学不到太多知识。

为女性俱乐部准备资料和演讲稿——这项服务的费用取决于准备工作所花费的时间和所做的工作量。图书馆可提供任何主题的资料。演讲稿或资料应仔细打印一式两份，并在需要前几天提交。通过联系俱乐部和文学社团来争取这类工作，还要注意报纸上的会议公告。

为病人烹饪——照顾病人与其说是护理，不如说是准备合适的食物。一个人虽然没有受过什么护理方面的培训，但如果他是一个好厨师，能够把食物做得很可口，那么他可以满足病人挑剔的胃口而挣很多钱。联系你附近的医生，获得预约订单。

在你的城市建立娱乐公司——在你的社区预定人才，然后联系教堂、俱乐部等。艺人收入的一部分是你的佣金。有时需要联系附近城市的大型预订机构，以获得比你所在社区更优秀的人才，在准备节目和介绍娱乐项目方面建立声誉。

为当地银行招揽客户——与当地银行建立联系，提供潜在客户的名字，收取象征性的费用。对于一个非常了解自己的社区并且喜欢与人接触的女性来说，这是一项有趣的工作。

指导业余戏剧团体——如果你有任何戏剧经验，可以在你的城镇组织一个戏剧团体，提供指导教会团体提供的福利戏剧表演，或指导俱乐部的短剧和独幕剧。这项服务可收取适量的费用。

处理电话总机——有些旅馆和公寓式旅馆愿意提供宿舍来提供电话总机服务。如果你现在还不知道怎么操作总机，找个人来教你怎么操作并支付她的报酬，然后给她1个小时左右的时间来代替她工作。你也可以在休假期间到不同的酒店和办公室操作。

记账——许多小型零售商、制造公司、酒店和商店都雇不起全职的记账员。如果你有做这方面工作经验，通过拜访这些公司，提出每月为他们处理一次账簿，收取少量费用来逐步发展客户。

在信封上写地址——如果家里有打字机，可以在家里完成。几乎每家商行、信函和印刷店都有发展前景。在你所在城市的职业介绍所、俱乐部、协会等处登记这些企业。有些公司更喜欢亲笔书写。书写地址的费用是 2～3 美元。一个好的打字员一天能打印 1000 个信封地址。

教音乐——如果你的父母曾在你的音乐课上花了很多钱，而且家里有一架钢琴，那就拿出你的旧乐谱，加强练习。你会惊讶地发现再次进入这种演奏是多么容易。记住，你不必等到成为一个有成就的音乐家才能教钢琴。一些学钢琴的学生会付很多钱来听课。

美甲——每个社区都有不愿意去美容院的妇女。如果你有车，你可以在她们家里给她们修指甲。你所需要携带的只是一个装备齐全的工具箱。修指甲很容易学，做好业务以确保回头客。当然，收费应该比美容院的稍高一些。

管理慈善义卖——通常，慈善义卖或其他慈善企业赚不到更多钱的原因是缺乏良好的管理。如果你在这类事情上有天分，可以从中获得 10%～15% 的收入。成功完成一两件事后，就很容易得到管理其他公司的机会。

打电话——许多零售商委托女性给顾客打电话，告诉他们特价销售，或者预约销售电器的特殊推销员等。零售商会支付电话费，并为你的工作增加一笔费用。有些公司还对收到的所有订单支付佣金。

城镇调查员——对收款公司、食品制造商、邮购公司和广告代理公司的调查通常由女性进行。给这些企业写信，告诉他们你可以处理这类工作。公共图书馆可以告诉你在哪里找到名单。

照顾孩子——当他们的父母晚上去看电影、桥牌派对等时，负责照顾他们的孩子。通常的收费是 0.75～1.25 美元。安排暑假期间照顾孩子，这项服务的收费将取决于父母离开的时间长短及其他因素。

照看残疾人——自闭症者和残疾人觉得他们的日子漫长而无聊。如果你脾气好，有一副讨人喜欢的嗓音，擅长朗读或讲故事，照看残疾人将会是一份赚钱的工作。联系附近的医生、牧师和护士。

寄养狗、猫和鸟——当人们暑假外出时，罗孚、彼得和迪基必须被寄养，因为不便携带它们。如果你在城郊有一个很大的地方，在那里小狗可以开心地到处跑来跑去，那就宣传你的"寄养狗窝"。与当地的兽医、商店的宠物专柜和宠物商店取得联系。看一下社区报纸上的假期通知，看看那些要离开小镇的人是否有宠物要寄养。

在亚麻布上绣上字母组合——在自己家里开一家字母组合店。向新娘推销给她们新的、精美的亚麻织品绣上字母的想法。你可以增加缝边服务和袜子缝补服务，利用缝纫机可以很容易完成缝边这种廉价的附属工作。

教游泳——如果你擅长游泳，而且有大量的游泳经验，可以在酒店找个泳池并开设游泳课程。应该有一个儿童初级班和两个成人班，一个为初学者和一个为高级学者。每学期结束时举办的花式潜水和游泳比赛将保持学生对课程的兴趣。如果一开始你的资金不足，可以为酒店的客人提供免费的教学以换取使用游泳池的时间。

带着你的相机——如果你有一台好相机并且有一定的拍照技巧，可以专门为孩子、宠物和家拍照。父母为他们的孩子感到自豪，几乎都会买你拍的照片。人们喜欢他们的宠物和家的照片，把它们拍下来，然后冲洗出来，拿给他们看。十有八九他们会买你的照片。在孩子们的夏令营和野餐人群中拍照。注意拍摄大自然的反常现象，例如山谷中突发的暴风雨以及突然的事件。商业报纸、报纸和杂志会购买这些照片。伊士曼柯达公司出版了几本便宜的小册子，这些小册子会给你一些关于用相机赚钱的想法，而且可以在相机商店和公共图书馆找到这些小册子。

训练动物和鸟类——许多女性在这一领域很成功，因为她们有对这份工作的耐心，以及天生对宠物的友善。有一名女士已经无法满足客户的需求。这些猫在幼时经她训练，变得滑稽而有趣，总是供不应求。另一位女士在训练金丝雀唱特殊歌曲方面取得了相当大的成功，比如《扬基歌》。还有一位女士作为一名导盲犬训犬员，在她的业务领域脱颖而出。现在她正在培训训犬员。

租赁设备——如果你有一台吸尘器、一台电动洗衣机或熨斗、一台电动缝纫机、一盏日光灯和动图机，当你不使用它们的时候，把它们出租给你的邻居，并收取少量费用。将设备交给任何人之前，请务必仔细检查你的设备，并在归还时再次检查。

为邮寄公司编制清单——大多数编制邮寄清单的公司都对特定的名单感

兴趣，例如富裕居民、农民、准新娘、果农、家禽饲养员、新生儿等。同样的名单和地址可能被卖给几家公司。总清单也会不时地引起这些公司的兴趣。

剪报服务——毫无疑问，您所在地区的个人和公司或多或少受到关注。人们渴望知道对他们的评价。要运营剪报服务，请通知这些人或公司最近在某某报纸上出现了某项内容。向他们解释他们可能会寄给你25美分的副本。给你的剪报局起一个有尊严的名字。订阅一些较知名的报纸，并从二手杂志店、当地报纸的编辑那里获得其他报纸，或者从新闻经销商处购买未售出的报纸。

规划花园——如果您知道如何种植植物和花卉，并注意颜色和形式的排列，请帮助人们规划他们的花园。看看邻居的花园，你会发现其中很多都是随意布局。在纸上拟定计划，指明灌木、花朵等最具吸引力的布局。展示花园将如何年复一年地变得越来越美，以及未来将在其中发生的变化。当你的计划完成后，拜访花园主人并向他展示计划。注意不要贬低他目前的花园，只是向他推销比现在花园更美丽的想法。你的计划应该卖1美元左右。如果你要监督种植，那么你的费用应该更高。查阅园艺杂志了解种植的想法。

女主人——如果你有良好的社会背景，就好好利用它，成为女主人或女主人的助手。帮助安排晚餐、桥牌派对、文学研究或音乐晚会，以及计划装饰、菜单和娱乐活动。酒店、牧场、度假村、俱乐部、协会、轮船公司等经常需要这种帮助。需要大量招待但对处理这类事情缺乏天赋的人也是潜在客户。

打包助手——有些人天生就有很好的打包能力。如果你有这个本事，打印一些卡片，放在房地产公司、仓库、公寓大楼的经理那里，或是寄给你认识的经常出差的有钱人。有些家庭倾向在暑假期间前往另一个城市，或者出国旅行时，非常愿意将整个打包工作交给你。另一项与这项工作相关的工作是关闭和开放避暑别墅，为出国旅行的人关闭和开放城里的避暑别墅。这可能包括储存贵重的银器、图画或瓷器以及毛皮和羊毛衣服的防蛀工作。

建立洗衣店代理业务——许多女性都发展了经营洗衣店的良好业务。通常洗衣公司在洗衣房后面提供宿舍，并按月支付额外的固定工资。如果代理积极进取并努力争取更多的业务，他可以获得所有新业务的佣金。一些代理商还处理无法用机器熨烫的精美桌布或丝绸服装。

油印操作员——如果你曾经做过油印工作，或者你很容易学会此类简单的操作，买一台二手油印机并宣传你的服务。有许多办公室、俱乐部和机构在一年中不时地使用油印工作。对你所在的城镇进行一番调查，很快你就会有足够的工作让你每天忙碌几个小时。

食品展示者——食品领域的许多制造商雇佣女性在零售店展示他们的食品。这份工作报酬丰厚，对喜欢与人交往、会说话、衣着整洁、健康向上的女性来说很容易。

自由职业秘书——小公司通常请不起全职速记员或秘书。通过走访位于你所在城市办公楼内的小公司来建立你的名单。医生和牙医，有时牧师也需要这种服务。你还可以从你所在城镇的社会女性那里获得工作。社交秘书在小城镇很少见，所以对于一个有事业心的女人而言是一份不错的工作，每天花几个小时服务这样的客户。便携式打字机是这项工作的必需品。你可以在业余时间通过销售文具赚到足够的钱买一台打字机。或者，如果你愿意，可以租一台打字机。

护理——普通家庭发现聘请一名受过训练的护士服务太贵，因此实用型护理服务的需求量很大。几乎每一个女性都能学会履行实际护理的工作。这些工作包括按摩、洗澡、为病人准备食物以及遵循医生的常规命令。你应该在社区医生、护士登记处、诊所和医院进行登记。最好让你社区的商人知道你能做护理工作，因为他们经常被要求推荐这样的人。你所在的城镇可能有一个提供培训的红十字会分支机构。参加这个培训是个好主意，因为它可能对你找到工作有帮助。

针织指导——许多社区针织店的老板常常发现自己的工作量太大，需要额外的助手。当然，每个初学者都希望立即得到关注。擅长针织的女性可以将她的服务卖给她社区内外的小商店的老板。虽然商店的老板可能不需要全职助理，但她可能会很高兴每天有专业人士花两三个小时来帮她。去社区的商店看看他们什么时候最忙，然后向老板建议，在忙碌的时候付给你工作几小时的指导费。有些商店在一周中的某些晚上营业，你可以下午在一家商店工作，晚上到另一家商店工作。有些商店可能每周需要你服务两到三个下午，有些大约两三个晚上对你的服务按小时收费，然后如果你需要额外工作一小时或半小时，你的报酬很容易算出来。

电话服务——专业人士，尤其是医生，他们出诊时需要有人接听电话。这种类型的服务通常被称为医生电话服务。通过与当地电话公司的安排，你的服务名单上的电话将转给你，为你的客户记录信息。如果收到任何消息，客户会安排在一定的时间间隔给你打电话以获得消息。你所在的城镇可能有这种类型的服务，但就像许多此类专门服务一样，通常还会有另一家服务的空间。电话公司将为你提供有关运营成本和运营方法的必要信息。

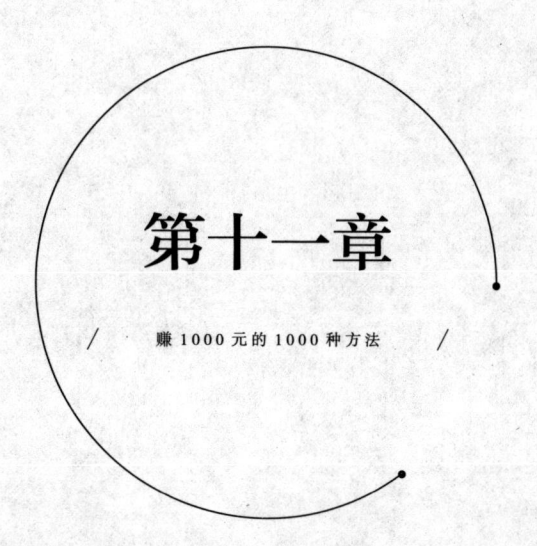

第十一章

赚 1000 元的 1000 种方法

第十一章

支付大学学费

当今许多商界领袖的成功是由于他们在大学期间为支付学费付出了艰辛的努力。学生时代培养的兴趣爱好也为未来的职业生涯奠定了基础。有时，年轻人必须面对自己支付学费，当发现自身具备某种销售能力时，大学毕业后就选择从事销售；一些擅长写论文的学生可能对编辑和新闻工作更感兴趣；还有一些学生在大学期间负责管理橄榄球队或棒球队，而表现出领导才能。

因此，我们非常希望为学生提供机会用于挖掘他们的赚钱潜力。无论大学毕业后从事什么样的工作，与人打交道并说服他人购买的经历被证明是无价的。在平等的基础上与人交往，用清晰而简洁地语言表达自己的想法，一旦习得，哪怕学生时代过去很久，其影响也依然深远。

更重要的是，无论男孩还是女孩，获得教育的同时必须学会赚钱，正确认识金钱的价值对塑造品格极为关键。在校期间，通过努力工作赚取学费的年轻人受人尊重、令人钦佩。事实上，那些勤工俭学的学生比富裕家庭的子女学到得更多。

当然，还有一些传统的赚钱方式来支付学费，比如当服务员、辅导员、在校图书馆或办公室帮忙、在商店当营业员、为当地报纸写专栏等。在校期间，做任何一种工作都可以赚到学费。但是，想要创造更多的赚钱机会，取决于学校地理位置、学生天赋等。

例如，一位年轻人通过销售珠宝来支付学费。因为销售做得很成功，毕业后获得了制造商为他提供的销售工作，现在即将成为公司的销售经理。无独有偶，同一所大学的另一名学生萌生了出版校历的想法。校历的样式类似于海报，每页中间留出空间，用于列出学校当月活动。留空周围还可以做广告宣传，其被出售给当地商人。这些海报贴在学生经常去的地方。广告收入用来制作校历，产生的利润足以支付大部分学费和生活费。

几年前，在埃姆斯市就读的两名工科学生需要自己赚钱支付所需开销，于是创办了寄宿俱乐部。许多学生租的房子不提供膳食，只能在小午餐室就餐。他们看到了提供膳食的商机，四处寻找适合建立这种业务的地方。

镇上有一位女士，把家里的房间租给学生，但不提供膳食。她愿意把自己的大餐厅租给俱乐部，允许他们将食物储存在地下室。每个星期五，两个男孩计算出一周的开支，包括管理费及两位负责煮饭女士的工资，然后按比例让俱乐部的每个成员均摊费用，他们在就餐期间提供服务。通过批发购买食品、杂货和特价商品，可以降低总成本。

伙食虽然简单，但很美味，而且由于寄宿费比其他地方便宜，俱乐部总是满额。两个男孩都很机灵，从不错过向新生推销俱乐部的机会。当然，也会向住在附近宿舍的学生推销。

为了给住在俱乐部的学生增加乐趣，有时他们购买足球主场比赛的季票来举办抽奖活动，而购买本赛季最重要的客场比赛的季票则单独举办抽奖活动。

利用街拍支付大学费用

哈罗德·沃克爱好摄影很多年了，其也成为他利用假期赚钱支付大学学费的方式。沃克使用的这款相机根据移动成像原理，可以在高速下拍摄清晰的照片。相机的焦距是固定的，曝光时间限制在 0.004 秒，因此，使用这款相机的业余爱好者都可以拍出优质照片。

沃克打印了一些硬卡片并编号，带着相机来到繁忙的街角，给每个进入镜头范围的人拍照。之后，递给每个人一张卡片，上面印着："你的照片刚拍完。将这张卡片和 25 美分一并寄给哈罗德·沃克，照片就会寄给你。"从早上 10 点到下午 4 点，沃克共拍了大约 300 人，几天内便收到了 114 张卡片以及随附的 25 美分。拍照平均成本略高于 2 美分，你也可以做得同样好。

用简单的方法可以确定每张卡片对应的照片。卡片的前三个数字表示某个月的第几周、每周星期几和曝光的月份，最后的数字代表拍照编号序码。每天最小编号对应第一个人照片，下一个较小编号对应第二个人照片，以此类推。因此，15637代表在6月第一周星期五拍摄的第37个人的照片。胶片冲洗后裁切时，很容易轮换曝光。

沃克初始总投资为135美元，包括相机在内的成本。他自己印刷卡片，当地工作室冲洗底片价格也实惠。他宣称利用这款相机每天可以赚10美元或更多。

你可以在任何地方使用这种类型的相机，譬如街上、海滩、夏令营、集市、嘉年华会，甚至高速公路沿线，工作几个小时便可以获得丰厚的利润。无需具备操作相机的经验即可拍出佳照，因为按下快门就可以轻松完成整个拍照过程。

制作活动百叶窗支付学费

也许你已经注意到，如今活动的百叶窗帘非常流行，其被广泛应用于私人住宅，以及公共机构。与卷帘相比，这种类型的窗帘优势比较突出，可以在遮挡阳光的同时吸收光线。罗伯特·彼得森曾在芝加哥尼古拉斯·森恩上高中期间参加过手工培训课程，想利用暑假赚取学费。看到人们对活动百叶窗的需求越来越大，而且他认为这种百叶窗容易制作，于是决定从这个行业入手。他买了一把线锯、钻床、喷枪和其他工具，还从一家专门生产板条的工厂购买板条，并做了一些样品。唯一的困难是寻找一根适合在百叶窗上使用的绳子。他尝试了几种不同类别的绳子，发现只有意大利麻绳才能达到预期效果。另外，购买适用于百叶窗的胶带也非易事。他通过询问从事家具制造业的前辈得知最好的胶带产自英国，拿到胶带后，罗伯特走访自己所在地区的家庭，成功获得许多百叶窗的订单，整个夏天他忙得不可开交。他发现小工厂才是优质的潜在客户，百叶窗既能遮挡阳光，又能让光线进来，因此大多数小工厂需求量大。

玛莎·霍普金斯开办商品交易会助力支付学费

虽然玛莎·霍普金斯已经55岁了,但仍然怀揣着一颗年轻、积极向上的心,从未失去对冒险之事的热情。她认为自己或许可以在"次等"接待室开办女性交易会赚钱,帮助侄女支付大学学费。由于她是女性俱乐部的成员,平时积极参与教堂工作、讲座和社区会议,因此她在社区享有盛誉。没过多久,镇上的每个人都知道了她的"交易会"。

通过帮忙出售邻居的古董,她赚了25%佣金。有时,顾客没有带够现金,玛莎·霍普金斯接受用一件家具、一幅画或其他有价值的东西,再加上支付一笔小数目,可以用来购买梦寐以求的物品。当然,很多人会讨价还价,但霍普金斯夫太太是一个"天生的"交易员。"交易会"很快开始盈利,如果你问她为什么能取得成功,她会回答:"嗯,我想我只是喜欢卖,也喜欢买。还有,我的父亲是小镇创始人之一,因而我认识很多人。他是一名医生,我们认识这个地区所有古老家族的成员。然而,我相信真正的原因是每个人都有自己不想要但别人想要的东西。其实,人们只是在交换东西而已,对成年人和小孩而言都是一样有趣。"

在路边石上印门牌号赚钱

早在 1937 年，伊利诺伊州埃文斯顿市西北大学的两名学生拉尔夫和乔治，似乎无法回到学校继续完成第四年学业，除非能找到其他收入来源，而且他们一致认为"越快越好"。一天晚上，拉尔夫谈到最近发生的"重大事情"时，想到了赚钱的好主意。不久前，从汽车下来的两个人停在他打电话的房子前，询问某某门牌号的位置。给他们指完路后，拉尔夫意识到从路边根本看不见门牌号。那天晚上，当他回到与乔治合租的房间时，一起经过复杂的计算后发现，用模板在屋前的路边石上印门牌号可以赚大钱。

他们分别站在街道的一边。每经过一所房子，便在房前的路边石用白漆刷一块方形区域，而后按响门铃。当房主打开门时，他指向白色区域，问他是否愿意在其中印上黑色门牌号。令人惊讶的是，实际上很多人都渴望有人来做这件事。在此之前，其实埃文斯顿约有 3/4 的住户已在路沿石印上了门牌号。

他们首要做的是沿街粉刷白色区域，然后回家拿印黑色号码的模板，这样白色油漆会慢慢变干。任意组合的号码都是收取 25 美分。第一天早上，他们每人花 4 个小时内分别完成 22 个订单，共赚了 5.5 美元。

每个星期六，以及课前和课后，这两个有进取心的"商人"都能出色地完成他们的工作。没过多久，他们发现埃文斯顿市场趋近饱和。之后，他们转向埃文斯顿以南的地区，也就是芝加哥，在那里继续他们的工作。芝加哥地区的印牌工作全部结束后，又转向埃文斯顿以北的其他郊区，用拉尔夫的话说，给那里的居民"编号"。春假期间，他们完成了埃文斯顿北部和西部地区全部工作。暑假临近时，他们决定带着油漆和刷子去拉尔夫家，沿途给"当地人编号"，乔治在他家度暑假。途经农场时，他们用银粉漆给乡村邮箱上漆，并在上面印字、邮局名、乡村免费邮递路线和信箱号，共收取 50 美分。整个夏天，他们在拥有 15 万人口的拉尔夫家乡及其周边地区工作，到了秋季开学，他们赚到足够的钱来支付大四学费。

畅销的体育图片

"我想我很幸运。"加州圣马特奥专科学校的亚伦·鲁比诺在被问及为什么能同时在医学预科课程和副业上如此成功时回答道。众所周知，19岁的鲁比诺是一位面带微笑的黑发巨人，喜欢用格拉菲平板相机拍照，而且照片很畅销。他一直对摄影很感兴趣，直至1935年才将摄影发展成爱好。

他得到一整套拍照装备后，将其带到足球比赛场，用来拍摄精彩的比赛照片。一个星期六，鲁比诺在球场上请一位摄影师协助拍一张照片。他是《旧金山纪事报》的优秀摄影师，不仅给他建议，而且告诉他如果需要任何与拍照相关的信息，可以随时到办公室来找他。后来，鲁比诺找过他，并且和他建立了友谊，如今那位优秀摄影师成了鲁比诺一家的朋友。

鲁比诺不断接到照片订单，业余时间都用来拍照和冲洗照片。他专拍运动主题的照片，因为他自己"热爱"各种运动。

有一天，他给《旧金山纪事报》的体育编辑看了几张照片，结果这个编辑买了所有照片，提出还要买其他和这些一样精彩的照片。鲁比诺一打一打的给体育编辑寄照片，凭借自己对摄影的执着和热情赢得了编辑人员的喜爱。他得到冲洗照片暗室的使用权以及专业人员的建议。起初，他自己提供拍照胶卷，还要为拍摄活动付钱。当照片卖不出去时，他的努力就白费了。现如今鲜有这种情况，报社不仅给他分配任务，而且支付除了使用过的照片以外的胶卷费。报社为他提供记者证，可以免费观看所有体育赛事，这样他有机会认识镇上每个新闻记者。

他指出，"与报社员工一起工作，但并非成为他们的员工"是一种优势。自由摄影师可以一边出售照片，一边保留自己的底片，这是专职摄影师做不到的。鲁比诺向美联社、广域世界和其他优质市场销售照片。以下是他对未来自由摄影师的建议：

注重时效性。凌晨12点到3点目睹一场学校的火灾后，才恍然大悟。等他赶回家冲洗完照片，4点前送到《旧金山纪事报》，却被告知"太晚了，报社已经印刷出照片了"。

不要害怕与人交谈。他喜欢与别人交流，上大学期间，经常搭19英里的便车回家。从福特到帕卡德，他乘坐过各式"便车"。他认为"这是了解他人的绝佳方式"。

足智多谋。他的足智多谋为其获得最大的惊喜和独家新闻创造条件。上大学期间的某个早上，他听说中午校园将举行一场"红色"示威游行活动。多好的拍照机会啊！可惜他的相机在家里。一整个上午，他为如何才能拍到这些照片而纠结。示威活动接近尾声时，鲁比诺趁机躲在游行队伍里。他从学校借来相机，拍下了野蛮的场景：鸡蛋和西红柿在空中飞来飞去，砸向试图平息骚乱的警察。鲁比诺是唯一在场的摄影师，暴徒试图砸向他并杂碎他的相机，但他逃脱了，之后急匆匆赶到《旧金山纪事报》办公室。其他报社试图购买他的照片，但他不卖，所以《旧金山纪事报》是唯一一家在大标题报道中附带照片的报社。

鲁比诺说："我只是用自己的方式从暴徒中挣脱出来。估计是运气。"运气？听起来更像是勇气。

利用冰淇淋机支付大学费用

露西·曼纳斯正在参加大学暑期夏令营活动，发现没有女孩们喜爱的冰淇淋，于是她买了一台手动冰淇淋机。这台机器投资成本不到50美元，其中包括运输费和附带设备费。这台机器足够大，一次可以制作10加仑冰淇淋。另外还配备如何制作各种冰淇淋的详细说明。她把机器搭在帐篷里，然后去附近的小镇，订购冰、牛奶和原材料。就这样，她制出了第一批10加仑的冰淇淋。

"我认为女孩们会最喜欢浓郁香草冰淇淋，"露西说，"但我惊讶地发现她们中的大多数人更喜欢巧克力口味的。因此，第一天我做了10加仑的香草和10加仑的巧克力冰淇淋。营地里有260个女孩，年龄在15～22岁，所有人都渴望吃冰淇淋。但20加仑冰淇淋似乎供过于求，花了两天时间才卖完。"

每个蛋筒冰淇淋售价 5 美分，露西用 10 加仑奶油做了 550 个圆筒冰淇淋。营地里的女孩平均每天买两个，每天平均利润为 13.6 美元。持续 100 天的夏令营活动，她赚了 1000 多美元。

"如果遇到非常炎热的天气，需制作 30 加仑冰淇淋才能满足需求。制做得很辛苦，但赚到钱却很兴奋。营地的探访日是销量最大的一天。那天下午有几个男孩从大约 20 英里外的一个男孩营地来到这里。很多女孩的父母也来了，所以我的生意更好了。"露西发现，制作 1 加仑冰淇淋（包括冰、牛奶、食用香精和其他成分）的成本需要 64 美分，制作 300 个蛋筒冰淇的成本只要 1 美元。

任何人都会操作冰淇淋机，可见赚钱的机会无处不在。在小镇上，如果把冰淇淋机放在商业街销售冰淇淋，成本可能要多出好几倍。

兼职"代理父母"赚钱

大约两年前，毕业于布林莫尔大学的艾莉森·雷蒙德小姐发现除了找到一份临时工外，很难找到其他正式的工作。过去几周，找工作失败的经历让她意识到不得不自主创业。当然，自主创业更加困难。然而，雷蒙德小姐具备特殊的组织才能，使她在不寻常的工作中取得非凡的成就，被称之为"代理父母"。

"代理父母"的工作给那些在业余时间想要赚钱的年轻学生提供了工作机会。这些"代理父母"的工作需要随时待命。例如，琼斯太太的小女儿普莉希拉从学校或营地回家，而琼斯太太无法赶上火车接小女儿。此时，琼斯太太可以打电话给"代理父母"，安排一名学生负责接小女儿并安全送回家。又或者，一个正在康复中的小孩想找个人逗他开心、陪读或玩游戏，小孩的家长也可以打电话让"代理父母"代劳。

除了去火车站接人、在家或医院逗小孩外，"代理父母"还可以带孩子去博物馆、电影院、海滩、游乐场、公园等。在家长购物时，学生们也会陪护孩子一两个小时，或者父母晚上不在家时，替他们照顾孩子。

总之，一个学业任务不重的机灵女孩，可以在大三和大四从事这类工作，毕业后也可以继续创业。工作时，建立卡片档案，记录镇上有孩子的家庭名字，是构成"代理家长"业务的基础。

从衣领行业获利

西北大学埃文斯顿分校的学生阿尔·汉德勒决定在假期销售一种适合软领的固定装置赚外快。通过销售这些装置，他在假期赚了 1000 多美元。因为商品售价仅为 25 美分，创造这么多的利润确实是一个了不起的成就。

汉德勒宣称："这个行业非常吸引我，我自己也穿软领衬衫，知道它的缺点，不像硬衣领那般整洁利落。我自己衬衫上的衣领经常看起来凹凸不平，而且炎热的天气很容易起皱。因此，当我发现一个小小的金属丝装置能起固定作用时，就深深爱上了它。于是，我先拜访和我年龄相仿的人，在软领上做快速示范，通常都能成功将它推销出去。但有时，一个小时也卖不出两个。因为 50 美分销售额只有 35 美分佣金，所以我必须增加销售数量，才能赚到钱。

"我试着去台球室、理发店和类似的地方推销，里面经常只有一两个人，难以提高销售额。去哪里可以提高销量呢？这个问题一直萦绕着我。一天下午，我去了一个棒球场，距比赛开始还有 1 个小时，此时看台上已经坐满了人。我想如果可以出售给他们，应该能增加销售额。于是，我和看台上的人交流后，做成了几笔销售。那天下午，我卖了 114 个用来固定软领的金属丝装置，获得 19.95 美元佣金。第二天我又回到棒球场，又卖了 90 多件商品。但接下来的一天，卖得并不理想。于是我去了海滨浴场，发现很多男人穿着衬衫坐在海边。不到两个小时，我卖了 35 件，兴高采烈地离开了海滩。我相信销售有了一些进展，关键是要寻找销售群体，生意才能做得风生水起。因此，我踏遍了城市的各个地方。

"有些人向我要名片，有些人一次买了两三个装置。当然，也有很多人拒绝我。但我每和40个人交谈，就能卖出10个。在棒球场或海滩等地方与人交谈很容易，能及时得到他们是否愿意购买的回答。然而，我不愿在人群中进行产品演示，因为我不想给人留下叫卖式的印象。我不是小贩，无需大声叫卖我的产品。我仅低声向男人们推销，然后做一个快速的示范，让他们看看我的衣领是怎么固定的，仅此而已。"

汉德勒从问要他名片的顾客那里获得了一些订单。有这样一个潜在客户，当时是纽约巨人队一流接球手。他买了汉德勒的6个衣领装置后，告诉了队中其他人，后来就有几个队友向汉德勒下订单。

芬顿太太的蔬菜罐头生意

当她的女儿准备上大学时，来自得克萨斯州林恩县的芬顿太太意识到农作物的价格很低，可能没有足够的钱供她女儿上四年大学。但是，老话说的好，有志者事竟成。

芬顿太太靠制作蔬菜罐头赚钱。基于家庭示范俱乐部的工作经历，她自己能够生产出高档产品，还获得了在罐头食品上使用官方示范标签的特权。其中的一个大订单来得克萨斯农工学院，向该学院提交了豌豆罐头样品。这些罐头用于大学食堂，包括1000个3号罐头。该校的另一个订单是300个2号豌豆罐头，得克萨斯理工学院的一个宿舍也购买了100个3号罐头和200个2号豇豆罐头。她的另一个常客是拉伯克的一家大酒店，购买的罐头用于宴会和其他特殊场合。

家里所有成员都参与了食品罐头的制作，帮忙收集、清洗和准备装罐的蔬菜。两口大高压锅用来加工罐头，一口可容纳9个3号罐，另一口可容纳15个3号罐。一天之内，芬顿太太在家人的帮助下完成了150个3号罐头和200个2号蔬菜罐头。食用罐装食品的季节大约持续8周，虽然这段时间芬顿太太忙得不可开交,但通过制订详细的工作计划和合理安排厨房,极大地简化了制作过程。每两周种一次蔬菜,每种蔬菜的成熟就有足够的间隔时间,促使罐头制作可以顺利进行。

虽然一些蔬菜种在田地里,但大部分种在地下式灌溉园里。后一种种植方式很有必要,因为土壤中存在矿物质,经过几年的地表灌溉后无法耕种。简单的地下灌溉方法则需要安装三排自制混凝瓦管,每英尺需花费1美分,不包括人工、风车、水箱以及软管的费用。风车把水抽进水箱顶部,在重力作用下,水通过软管进入瓦管的进水口。除非天气特别热,否则每周浇水两三个小时就可以滋润土壤。

随着芬顿太太产品市场不断扩大,赚来的钱足以供她女儿上大学。

为家庭主妇提供"家政服务"解决大学学费问题

珍妮特·哈迪一心想上大学。上高中前,她已经制订了学习家政学的计划,打算在大学毕业后教授这门课程。她的姑姑虽然能供她读完高中,却负担不起上大学的费用。

珍妮特还在上小学时,开始跑腿和做些家务活攒钱。然而,她的专长是烹饪,决心成为这方面的能手。到高中时,她已经能够做出美味的饭菜了。她找到了一个施展专长的领域:为喜欢下午出门打桥牌或高尔夫球的社区"宅民"准备晚餐。准备晚餐前一晚,她会打电话给"客户",获取第二天晚餐所需食物清单。三点半放学回家的路上,她去集市购买清单上所需食物。

当她到达雇主家,从门卫那里拿钥匙,进门后先洗盘子,准备蔬菜和甜点,然后摆放好桌椅。她会把餐厅和客厅收拾得整整齐齐,干干净净,这是每个好管家应具备的。如果晚餐吃烤肉,把肉放在烤箱里即可;但如果吃牛排或排骨,需要提前准备好,当听到雇主开门的声音后立刻把肉放进烤炉里。大约20分钟，晚餐就准备妥当。晚饭后，洗碗并收拾厨房。她的服务费为1.25美元，如果不需要购买食物，服务费为1美元。

一开始，她每周服务一个"客户"，然后又增加了两个。与此同时，她还为大型聚会提供服务。在校期间，平均每周服务四次。上高中的第二个暑假，她花一个月时间全职照顾一个需要食用精心准备食物的病人，这个家庭每周付给她15美元。高中第一年她只赚了150美元，第二年赚了200美元。这些钱加上150美元大学助学金，高三开学前，她共攒了500美元。未来两年她还能攒下400美元。在圣诞节和其他节日，她通过制作和销售咖啡、蛋糕、李子布丁等类似的美食赚外快。高中毕业后，她的积蓄足以供她上至少两年大学，且不用节衣缩食或放弃任何社交活动。大二快结束时，她的姑姑为其购买的保险到期，这笔钱足够支付剩下的两年学费。

销售核桃赚取大学费用

哈里斯太太住在密苏里州一个小镇外的农场里。她照顾着一个正在上大学的女儿，但农场生意总是不好。一天，哈里斯太太注意到核桃树上结满了核桃。她想或许把它们卖了可以增加收入。第二天，她让在农场附近打零工的男孩摘了几蒲式耳核桃，摊在太阳下晒干。干了之后再掰开，小心地从壳里挑出果肉。

其间，她写信给芝加哥的一个姐姐，问她芝加哥是否有销售黑核桃的市场。她的姐姐立刻回信说，可以向附近的两家糖果公司各出售大约10英镑，并按他们的报价出售。她的姐姐还建议再多寄10英镑，她可以卖给朋友。哈里斯太太共寄了30英镑的包裹，两件10英镑的包裹分别给两家糖果公司。姐姐在自家桥牌俱乐部端上一个放了核桃的蛋糕，并提到核桃来自她妹妹的农场。这是一个不错的开始。装在小玻璃纸袋出售的核桃，售价略高于一般市价。正在上大学的女儿也帮了不少忙。她说服了当地一家为大学生提供软糖售卖的商店，拿 10 磅黑核桃销售试试，竟还获得了一家冰淇淋制造商的订单。一家制作各种各样糖果并以"黑胡桃之吻"糖果而知名的糖果店也订购了 10 磅。黑核桃的口碑传遍了大学城，很快就有了很多订单。

哈里斯太太在芝加哥的姐姐是个有生意头脑的人。她拜访了面包房、糖果店和当地的特色食品店，很快获得了一大批顾客。其中许多商店直接向她订购，因为他们想要更多数量以及更实惠的价格。

为什么没有更多的农民家庭从事这类生意？为什么许多想赚 1000 美元的城里人不推销住在农场的人种出的好东西呢？伊利诺伊州温内特卡的一个年轻人，通过圣塔克拉拉山谷一个无花果种植商，为加利福尼亚州供应无花果赚了一大笔钱。上一年，亚特兰大的一个小伙子通过向当地的冷饮店和高档杂货店出售佛罗里达州的酸橙，赚了 1000 多美元。他的酸橙来自迈尔斯堡附近的科帕奇岛。任何不怕辛苦工作的人都可以通过出售高档食品来获得可观的利润，就像他们一样。

通过汽车抛光赚学费

一个星期六下午，亨特利正忙着在"汽油巷"洗车，一个年轻的小伙子走过来对他说："我相信如果给这辆车打蜡后会更好看。"亨特利表示同意："的确，但要花 5~6 美元，我现在还不想花那么多钱。"这时年轻人拿出一张廉价的卡片，卡片中央印着"打蜡"，左下角附着他的姓名、地址和电话号码。

"'汽车打蜡只要 3 美元，而且我会做得很好。'现在我正在给你邻居的车打蜡，就在巷子那头。我是华盛顿大学的学生，周末都有空。下周六上午可以为你服务吗？"

毫无疑问，这辆车确实需要抛光，而且这个小伙子举止得体，所以亨特利让他下周六早上过来，他得到了这份工作。然后他对男孩的工作产生了好奇。"你们有很多这样的工作吗？"他问道。"是的，"学生答完又率直地补充道，"每周末都有，如果得空，一整周都在工作。平均每天至少给一辆车打蜡。现在我在华盛顿读大三，到目前为止，除了第一学期外，我都是靠清洁和抛光汽车来支付大学学费。我有固定的客户，而且他们还把我介绍给他们的朋友。"

"但你是如何创建'客户群'的？"亨特利问道。"与得到抛光你的汽车工作类似，"他笑着回答，"我打印这些卡片，无论我在哪里发现有人正在洗车，都会递上卡片，并提出帮他把车洗好。每当我想向一个人推销业务，我会先去向他邻居推销，我还会去办公室和工厂推销。当我看到一个人坐在一辆看上去需要抛光的汽车时，就走上前，递给他一张名片，告诉他我能做的工作。这种推销方式似乎还不错。"

"好吧，我得去小巷子里工作了，因为我答应在四点半前完成工作。我会留下几张名片给你，如果你的朋友需要清洁和抛光汽车，能让他们知道我，我将不胜感激。我会在周六一大早就来帮你清洗和抛光汽车，谢谢您给予的这份工作。当你的汽车在周六早上经过我的'按摩'后，你会惊喜不已。"

正如亨特利后来对妻子说的，"你如何忍心拒绝这样一个彬彬有礼、雄心勃勃的男孩，尤其是一个如此主动的人呢？"

赚取大学学费的 101 种方法

运动和比赛——除了教授游泳、网球、高尔夫球、滑雪和其他运动之外，擅长体育运动的学生有机会获得执教高中球队的工作、在社区俱乐部中进行体操指导、管理夏季高尔夫俱乐部、担任游乐场指导助理、担任夏令营体育顾问、担任夏季救生员等。当然，那些加入足球或其他球队的学生不能接受这些工作，因为他们将面临退出业余运动员名次排名表并被禁止参加大学田径比赛。

辅导和教学——每小时辅导报酬为 0.5～1.5 美元不等，如果学生能找到足够多的辅导工作，则有一笔不错的收入。许多进入大学的学生需要特殊科目的辅导才能满足入学要求，包括数学、物理和英语。

音乐——受过音乐教育的学生通过给社区里的儿童和成人上音乐课赚钱。他们还可以在当地音乐学校做兼职，教授声乐以及小提琴、钢琴等乐器。通常需要合理的安排教学时间，以免干扰学生的学校课程。如果你是一个优秀的风琴师，有机会获得教堂风琴师的工作，可以组织大学管弦乐队，向避暑胜地、酒店或其他娱乐场所推销自己。许多学生为伴舞乐队伴舞，或在教堂唱诗班唱歌也可以赚几美元。

助教——系主任可以安排学生在实验室或图书馆工作。也有机会获得批改课堂测试卷、检查学生出勤情况、监督音乐练习等工作。虽然这些工作工资不高，但因为在学校工作，可以充分利用闲暇时间。

教学——大学经常为高年级学生提供工作岗位。这些工作通常报酬丰厚，但与其他工作相比，这些工作要求很高，并且占用时间更多。有些学院会雇用学生教师，这些职位待遇很好。

文职工作——可以在学校、当地商业机构和当地零售商店中找文职工作。学过打字和速记的学生可以胜任文职工作。文职除秘书工作外，还可以兼职，包括记账、文件归档、用模版印刷等。每小时报酬 15～40 美分，具体取决于劳动力市场、所在社区和工作的重要性。

出售服务——为残障人士朗读；照顾孩子；给病人按摩；清洁和熨烫衣物；修补工作；做园艺；维护与保养熔炉；窗户清洗；侍应员；商店送货服务；提供餐饮服务；俱乐部、大学宿舍和教堂的门卫服务；为学期论文提供打字服务；代驾；清洁和抛光汽车；为商人分发宣传单……所有这些都可以是支付大学费用的方式。许多大学的学生会创办机构专门管理兼职工作，包括洗衣店、寄宿俱乐部、熨烫和清洁店、旅行社、新闻机构等。当这些机构组织和管理得当时，会给创办人带来足够的利润来支付大学期间的费用。

兼职——学生们经常在当地的制冰公司、银行、木材和煤场、卡车运输公司、制造厂、旅馆、轮船公司、车库等找到兼职工作。与此相关的工作包括：食品检验员、卡车司机、出纳员、侍应员、货物搬运工、汽车修理工、银行职员。学生们除了赚钱，毕业后还可以在这些公司找到全职工作。

手工艺品——那些精通针、锯、漆刷或剪刀的人，利用假期，通过制作满足需求的手工制品赚大钱。节日期间可以制作和销售的一些物品包括：手工编织的围巾、领带和冬季运动时戴的手套；关于学生、历史人物或宠物等的剪影；手绘贺卡；手工手帕；衣领和袖口套装；手工娃娃；洗衣袋和鞋袋；胸花；布面或纸面剪贴簿；服装袋；书架；折叠屏风；船舶或飞机模型；校园照片；悬挂书架，以及印花棉布或靠垫。这些物品可以直接卖给学生，也可以作为礼物送给家人和朋友，还也可以通过礼品店、交易会出售。

糖果制造商——如果家里有人能制作好吃的糖果，可以向你的同学推销。尤其在节假日，需求量总是很大。如奶油糖果、太妃糖、软糖、焦糖、枫糖、用糖浆涂层制成的花生串、老式薄荷棒、蜜饯、无花果等都很受欢迎。

促销和优惠——上面提到管理兼职的学生机构还有机会通过销售校园纪念品、新奇物品、食品、水果、刻卡和其他商品来赚钱。学生交易会为手工艺品销售的投入时间提供丰厚的回报。这些与众不同的促销品通常由高年级学生主导，必须具备主动性和执行能力。

农场和花园工作——在农业学院上大学的学生利用整个夏季，通过帮助挤奶、照料家禽或牲畜、采摘水果、剥玉米壳以及其他农场工作获得食宿和工资。另外，农业学院还为学生提供卡车式花园和校园温室的工作，农业实验站也向学生支付特殊技术工作的费用。

行业和专业——精通某一领域的人，往往能在特定领域找到报酬优厚的工作。无线电修理工作、汽车修理工作、木工车床加工、手表修理以及其他工作，掌握这门手艺的人，通常有用武之地。

销售——许多公司很乐意让大学生来销售他们的产品，大学生也通过可以销售赚钱支付大学学费。学生们销售的商品包括：针织品、珠宝、糖果、书籍、电器、保险、灭火器、家禽、化妆品、霓虹灯、润滑油、衬衫等。

文字工作——新闻学专业的学生可以通过为都市报纸叙述文字内容来赚钱。这类工作是按内容多少计酬。一般来说，学生不需要手写材料，而是通过电话口头把材料传给报社。有天赋的学生常常能写出特别的文章。大学的出版物也能提供赚钱的机会。对广告感兴趣的学生可以为零售商店写广告或为报纸写文案。另外，可以从当地出版物找到排版和校对的工作。以上这些虽然可能只是一份兼职工作，但可以获得额外的工作经验，有助益寻找合适的工作机会。

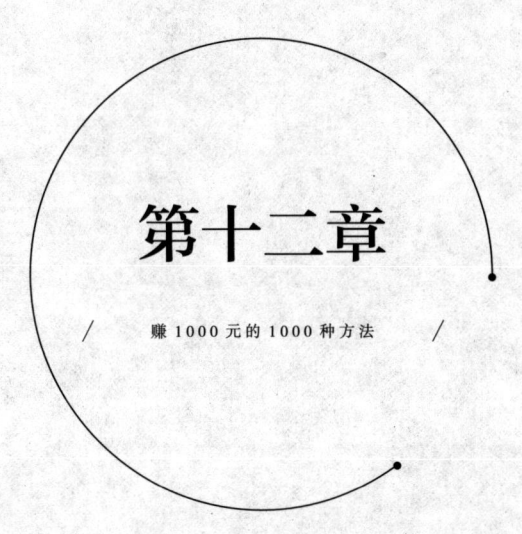

第十二章

赚 1000 元的 1000 种方法

第十二章

赚取第一个 1000 美元后续

经济大萧条期间流行"赚钱比存钱容易"这样一句话，给许多人留下了深刻的印象。

想赚取第一个 1000 美元的人只要抓住机会，巧用自身能力，相信会获得成功。当然，在正常情况下，赚取 1000 美元非常容易。在前面的章节中，你已经了解了成百上千的人们是如何实现这一目标的。但赚取第一个 1000 美元好比踩到梯子的第一级，只是初级目标。一只脚已经踩在梯子上，接下来要面对各种诱惑。若是一心只想赚到第一个 1000 美元，这些诱惑不会成为你的绊脚石。

如果现在你变得"很富有"，会忍不住停下来放松自己。因为你在生意场上打了一场漂亮仗，作为一个正常人，自然会认为此时应是享受胜利果实的时候。于是，你买了新车，要么去旅行，要么去做一件你一直想去做的事。然而，我们知道"一燕不成夏"。如果你现在就把赚来的钱挥霍一空，之后必须依靠救济金来度过晚年，那只能怪你自己。

对你经营的企业以及获得的成功的真正考验还在后面。你打算拿第一个 1000 美元作为获取财富的幼苗，让其在阳光下茁壮成长？还是打算像小孩拿一角钱逗乐百灵鸟一样随意为之？也许你和成千上万人的想法一样，"现在我有了赚钱的秘诀，一切似乎势不可挡"。其实，这种想法很危险，因为这样的你很容易吸引那些正在寻找有 1000 美元银行存款人的注意。当城里的人都在议论你赚了大钱，生意做得很成功、变得很富有时，这时，有人开始想让你提供一些"建议"。有人向你推销不用工作就能赚钱的方法，只要购买一些刚要成立的公司股票。还有人透露自己有石油租赁的内部消息，聪明人可以拿 100 万美元抄底。

毫无疑问，每个利用投机方式赚取 1000 美元的人，最终都会损失 1000 美元。如果有一种可以通过代替努力和勤奋来赚钱的方法，而且这个方法还可以持久赚钱，只是还没有人找到。

一般来说，投资别人经营的新企业赚不到钱。无论投资的理由多么合理，请记住，90%的新企业最终都以失败告终，而你拿回本钱的几率只有10%。许多成功的商人都遵循一条铁律，永远不要把钱投到自己无法掌控的企业中。这并不意味着他们不会投资保持长期盈利记录的老牌公司，因为用于老牌公司的资金是一种投资而不是投机。但是，他们不会投资任何新企业，除非能掌控它们。

来自资深金融家的好建议

1929年，前财政部长安德鲁·梅隆在股市崩盘前接受媒体采访时指出，大多数普通股都被高估了，并暗示"股市"人应该把资金用于债券投资。他提出11条理财原则，当赚取的第一笔1000美元开始慢慢变少时，而你还在考虑如何才能不劳而获，这些原则非常值得牢记！梅隆先生的11条原则如下：

"永远不要购买一无所知的矿山股票，不要轻信在遥远的土地上开采煤矿赚钱的诱人承诺。

"只有富人才敢投资油井。

"只能利用专利提起诉讼。阴谋家们充分利用每一项重大发现和重要发明，而有些人只承诺对其出售。

"'你想买一块沼泽地吗？'有些房地产推销员把沼泽当作'海岸临街'地出售。如果要买房子，就买离家近的地方。

"小心那些打算通过邮寄销售产品的新公司。他们赚到的钱不及你的工资，而那些寄出的产品则一去不复返。

"新制造方法应始终亲自检查和试验。

"'赶快投资，否则为时已晚'是从事非法商业活动股票推销员最喜欢说的一句话。对此，你应该表示怀疑。

"对带有现金折扣或股票红利等特殊诱因持怀疑态度。

"银行家会告诉你有关股市的'小道消息'一文不值。不要以为你有'抄底'入市的机会。

"有钱人可以投机。如果他输了，银行里还有存款，但小投资者没有。永远不要用自己的'备用金'投资股市。

"依靠他人成功的经验创办公司，结果大都不好。不要为别人的梦想买单。"

如果你认为一个投资建议很好，不妨看看那些把钱投到福特公司、标准石油公司和其他现在知名企业的人创造的财富再说。如果他们只投资房地产，现如今又会怎样？

你无法与"共同筹集资金的人"抗衡

任何规则都有例外。有些人终其一生都在炒股并从中赚钱；有些人参加比赛赚钱；有些人在路易斯安那州买彩票中奖而得到几千美元奖金。但要永远记住，你无法与"共同筹集资金的人"抗衡。如果你玩股市、赛马和扑克时间足够长，经纪人、博彩公司和"共同筹集资金的人"将是最终赢家。或许你听说过很多富有的银行家对6%的收益感到满意，何曾听过投机者或赌徒死于富有？他们赚钱的速度和损失的速度一样快，而大多数人最终死于贫困。

根据一家大型保险公司的分析，终身投资的平均收益不到4.5%，其收益还不及金边债券的收益。人们自然希望除了获得债券和抵押贷的投资回报外，还能获得产生巨大回报的投资。但恰恰相反，过去一段时间，投机性投资的收益被证明低于金边证券的收益。

这并不难理解。假设你确实在一些"风险大"的投资中获得了10%或15%收益，但下一次可能损失所有投资本金，而这种损失会抵消之前的收益。一个人在没有成熟判断力之前购买毫无价值的股票，不仅损失本金，而且也失去赚取4~5倍复利的机会。

具体投资实例

为了将前文最后一点解释清楚，让我们假设有两个商人，你和你的一个朋友。联邦酒店出售股票时，两个人都是30岁，都有1000美元银行存款。

你的朋友被丰厚的红利承诺冲昏了头脑，1000美元全部用于购买酒店股票，结果亏了。你对投资别人的梦想不感兴趣，所以选择购买经营稳健公司发行收益率为6%的债券。

我们进一步假设，你迅速将债券利息重新投资购买其他获批收益率为6%的债券，每6个月支付一次利息。

50年过去了，现在80岁的你准备退休。让我们看看你的收益情况。当你40岁时，1000美元用于金边债券投资，涨到了1806美元；到50岁时，涨到了3262美元；到60岁时，涨到了5891美元；到70岁时，涨到了10640美元。现在你80岁了，初始投资1000美元，加之自己的关注和谨慎，涨到了大约2万美元。

通过谨慎行事并保持银行家般的警觉，1000美元初始投资就赚了大约1.9万美元。因追求高额回报而非稳定收益，你的朋友损失了2万美元。这就是投资和投机的区别。你无需担心初始投资的损失，而是错过投资过程产生的复利。投资带来的复利确实是一个惊人的发现。

商人的最佳投资

有很多安全投资方法。一些人认为最好投资建筑和贷款协会，另一些人青睐优质房产的首次抵押贷，其他人只投资上市债券。当然，还有一些人更喜欢经营稳健公司发行的优先股。显然，不存在"最佳"投资。对一个人而言可能是最好的投资，对另一个人而言可能是最差的投资。投资除了本身的价值外，还取决于许多条件。

经济大萧条证明了投资多样化这一古老建议的合理性，不要把所有的鸡蛋放在一个篮子里。在你积累储备金后，建议预留部分积蓄购买你认为会增值的股息记录较长的上市股票。即使是上市公司的股票，除非能承受损失，不需要额外助资，否则千万不要随意投资。

抄底购买旧债券。选择一个与经济暂时萧条的国家重现繁荣息息相关的产业。

购买高担保价债券——银行可以提供高达 80% 贷款的债券。你无法判断何时出意外情况，需要快速筹集资金。所需的资金可能只比债券担保价高一点，这种情况下，你不得不在价格低迷期出售。高担保价债券通常已经"上市"，这是它的一个额外优势。

尽可能买大面额的债券，因为银行家或经纪人出售的债券需收取最低手续费。通常，每 1000 美元收一次手续费。少量高面额债券比跟踪大量小面额债券更容易跟进。选择 5 张 100 美元而不是 1 张 500 美元的唯一好处是可以随时出售任何一张债券。对一个商人而言，借债券比卖债券更合适。

然而，很少有其他投资能像商人创办的企业那样对自己有利。你可能不想把所有的钱都用在扩展业务上，但要提防那些反对你把赚来的钱用在建筑和设备上的人。他们会告诉你，最好把盈余投入股市，可获得 10% 或 20% 的收益，其实最多只能赚 5% 或 10%。

迎风抛锚

赚钱不仅仅是为了得到资本回报。当你把赚来的钱重新投入企业中，其实是为下一次商业周期性下行波动购买保护伞，永远不要忘记企业发展过程中总会起起伏伏。如果你自主创业，已经支付工厂和设备所需的费用，没有任何债务，那么你实现了经济自由，无论大萧条的风刮得多猛也无所畏惧。事实上，你已经为自己的企业建造了一个避风港，用来保护其稳定运营。不管你得到什么消息，避风港在一个经济总是起起伏伏的国家非常实用。大多数人在经济上行时赚钱，下行时亏钱。因此，如果你足够聪明，利用好时机赚钱，好比海水退潮时及时把船的岸锚放下来才能赚钱。

永远不要随波逐流。金融界所有的巨额财富都是通过"在市场上与人群竞争"而获得。换句话说，当买家多于卖家时，永远不要购买，当卖家多于买家时，永远不要出售。卖的时候买，买的时候卖。引用著名财经作家赫伯特·卡森的话："大多数人在经济繁荣时期是乐观主义者，而在萧条时期是悲观主义者。当然，这是自然规律。然而，赚钱的人在繁荣时期是悲观主义者，而在萧条时期是乐观主义者。向悲观主义者购买产品，向乐观主义者出售产品。"为赚取第一个1000美元进行投资时，遵循此建议可以赚得盆满钵盈。